Lily's belofte

Lily Ebert en Dov Forman

Lily's belofte

Hoe ik Auschwitz overleefde
en na 75 jaar de familie vond
van de soldaat die me bevrijdde

Vertaald door Jan Mellema

UITGEVERIJ LUITINGH-SIJTHOFF

Oorspronkelijke titel *Lily's Promise*
Vertaling Jan Mellema
Omslagontwerp Roald Triebels
Omslagbeeld Rena Pearl
Opmaak binnenwerk Crius Group, Hulshout

ISBN 978 90 210 3028 9
ISBN 978 90 210 3032 6 (e-book)
ISBN 978 90 210 3029 6 (luisterboek)
NUR 320

www.lsamsterdam.nl
www.boekenwereld.com

Uitgeverij Luitingh-Sijthoff vindt het belangrijk om op milieuvriendelijke en verantwoorde wijze met natuurlijke bronnen om te gaan. Bij de productie van dit boek is daarom gebruikgemaakt van papier waarvan het zeker is dat de vervaardiging ervan niet tot bosvernietiging heeft geleid.

Ter liefdevolle nagedachtenis aan mijn fantastische moeder, Nina, en mijn kleine broer en zus, Bela en Berta, die alle drie in de gaskamers van Auschwitz-Birkenau zijn omgebracht. Dit boek is ook opgedragen aan de velen van mijn familie die zijn vermoord, en aan allen die niemand hebben om hen te herdenken.

DOV

3 juli 2020

Noord-Londen

'Laten we iets gaan doen, Dov!'

Mijn overgrootmoeder kan geen rust vinden. Lily is zesennegentig en ging altijd naar scholen om de leerlingen te vertellen over haar tijd in Auschwitz, of ze deed haar verhaal tijdens evenementen. Ze vindt het maar niks dat ze in haar eentje thuis moet blijven.

De lockdown is eindelijk wat versoepeld, voor zolang het duurt. Nadat we te vaak in de tuin voor het raam hebben gestaan om met stemverheffing een gesprek te voeren, kan mijn familie eindelijk weer samen met Lily sjabbat vieren, zoals voor de pandemie.

'Laten we iets gaan doen, Dov!' zegt Lily.

Het is vrijdagavond, en we zitten in onze bubbel om de tafel. We zijn opgetogen omdat we weer met z'n allen bij elkaar zijn om de sjabbatkaarsen aan te steken en het brood te zegenen. Het is een speciale avond. Lily zit vol energie.

Maar ik zie hoe ze haar oude leven mist. Ze fleurde altijd op wanneer ze nieuwe mensen ontmoette. Als overlevende koestert Lily de rol die ze speelt in het verspreiden van informatie over de Holocaust. Het is niet gemakkelijk, maar ze is vastbesloten er iets van te maken. Ze weet hoeveel het voor mensen betekent om haar verhaal uit haar mond te horen, hoe het contact van mens tot mens het verschil kan maken in de manier waarop iemand het verleden en ook de toekomst ziet.

'Maak je maar geen zorgen, Safta!' We noemen haar allemaal Safta, omdat mijn moeder haar altijd zo noemde. Het is Hebreeuws voor 'oma'. 'Ik verzin wel wat.'

Wat kan ik doen?

Scholen en musea zijn weer geopend, maar niemand weet wanneer er weer evenementen gehouden kunnen worden. Dat kan nog wel jaren duren. Hoeveel overlevenden van de Holocaust zullen er dan nog over zijn? De coronacrisis heeft één ding duidelijk gemaakt: mijn overgrootmoeder mag dan wel een ouwe taaie zijn, en naar het zich laat aanzien onsterfelijk, maar hoeveel ik ook van haar hou, ze heeft niet het eeuwige leven.

Lily is ongelofelijk ondernemend. Ze wil voortdurend nieuwe dingen uitproberen. Een paar jaar geleden ging ze midden in Liverpool Street Station op een bank zitten en nodigde ze forenzen uit om met haar te komen praten over de Holocaust. Vorig jaar hebben we samen een Twitter-account aangemaakt. Ik heb een paar tweets gepost over haar praatjes voor de Internationale Herdenkingsdag voor de Holocaust in januari.

Nu overweeg ik wat serieuzer om de sociale media in te zetten om een nieuw publiek aan te boren voor Safta en haar verhaal. Ik heb zoveel van haar geleerd. Iedereen die haar ontmoet raakt gecharmeerd van haar. En als er ooit een geschikte tijd was om haar boodschap van tolerantie te verspreiden, dan is het nu wel.

'Misschien kunnen we nog een tweet versturen,' opper ik.

'Of misschien een bezoekje aan een school regelen?' antwoordt ze hoopvol.

Twee weken geleden heb ik haar eerste Zoom-sessie georganiseerd. Ze vertelde haar verhaal aan mijn geschiedenisdocent en gaf zorgvuldig antwoord op zijn vragen. Ze had nog nooit van Zoom gehoord, maar pakte het als een professional op. Ik was ontzettend trots op haar. Ik had meteen contact gezocht met een journalist van *Jewish News*, met de vraag of ze een artikel wilden schrijven over de manier waarop overlevenden het verhaal van de Holocaust tegenwoordig online verspreidden.

'Het is niet zo fijn als echt contact. Ik wil mijn publiek liever zien!' zei ze tegen hem. 'Maar mijn generatie is het gewend om zich aan te passen aan nieuwe situaties. Als het moet, dan doe je het gewoon. Het is altijd goed om te kijken wat je hebt in het leven en er dan het beste van te maken.'

Ik postte een tweet met een linkje naar haar interview. Dat leverde vijfenzestig likes op. Niet slecht, vonden we allemaal.

Maar hoe nu verder? De rest van de sjabbat stel ik haar vragen over haar verhaal. Mijn moeder, Nina, heeft ook een paar vragen. Net als ik is ze altijd heel geïnteresseerd geweest in onze familiegeschiedenis. We zijn allebei opgegroeid in de wetenschap dat Safta een overlevende is. We weten heel goed waarom ze altijd een stukje brood binnen handbereik heeft, en waarom ze voedselverspilling heel erg vindt. Wanneer zij bij ons was, speelden we nooit met speelgoedpistooltjes en maakten we nooit ruzie. We hebben haar talloze malen in het openbaar horen spreken, maar er zijn heel wat dingen die ik nog niet weet van haar.

Hoe is het Lily en haar zussen precies vergaan na Auschwitz? Wat ging er in haar om toen de oorlog afgelopen was? Waarom is ze niet naar Hongarije teruggegaan?

'Hoe was dat voor je, Safta?' vraag ik. 'Waar haalde je de kracht vandaan om verder te leven?'

'Je moet door. Je moet altijd door.'

In het verleden vertelde Lily op sjabbat als regel nooit iets over de Holocaust. Op die dag moest je geen droevige zaken bespreken. Ik weet nog hoe afschuwelijk en gênant ik het vond toen een van mijn vrienden haar op een zaterdag na sjoel vroeg of hij haar tatoeage mocht zien. Hij zat in groep 6, een groep hoger dan ik, en op school hadden ze het net over de Holocaust gehad. Hij wilde er meer van weten en zat vol vragen. Voor het eerst van mijn leven zag ik toen Lily's tatoeage, want die liet ze ons beiden zien. Het was een hele schok, iets wat ik nooit zal vergeten. En daarna hebben we het er jaren niet meer over gehad.

Maar de laatste tijd lijkt ze van mening veranderd over het soort gesprekken dat je op sjabbat kunt voeren. Ik denk dat we ons allemaal bewust zijn geworden van een zekere urgentie. Safta komt met verhalen die we nog nooit gehoord hebben. En hoe meer ze ons vertelt, hoe meer ik wil weten.

'Hoe was dat? Hoe voelde je je toen?'

'Het punt is: als je het zelf niet hebt meegemaakt, zul je het nooit kunnen begrijpen.'

Maar ik wil toch een poging wagen. Om eerlijk te zijn was ik vroeger altijd bang dat ik te veel vragen stelde. Steeds wanneer ze over het verleden praat, beleeft ze het weer opnieuw. Ik wil haar geen pijn doen. Maar tegelijkertijd wil ik zo graag weten wat haar is overkomen. Ik wil inzicht krijgen in wat er is gebeurd. Ik ben zestien. Lily's zusje Piri had voor haar zestiende al een concentratiekamp en dwangarbeid overleefd.

Ik denk veel over Auschwitz na. Aan het eind van het jaar gaan we er met de school naartoe. Hoe groot is de kans dat dat doorgaat? Het plan was dat Lily meeging.

Alles staat op losse schroeven. Het is allemaal zo onvoorspelbaar. Tegenwoordig lijkt het leven zo kwetsbaar.

Ik wil niet dat haar verhalen verloren gaan. Ik zoek naar een manier om vast te houden wat Lily ons gegeven heeft, voor altijd.

De volgende avond, wanneer de sjabbat ten einde loopt, lopen mijn moeder en ik met Lily mee terug naar haar flat.

'Waarom komen jullie nog niet even mee naar binnen?' zegt ze. 'Ik wil je een paar dingen laten zien, Dov.'

'Het is te hopen dat je die dingen dan kunt vinden, Safta,' grapt mijn moeder.

Safta's flat staat boordevol spullen. Volgens mij heeft ze nog nooit iets weggegooid. Maar alleen zij weet wat al die dingen betekenen en waar ze te vinden zijn.

Ik wacht terwijl ze in haar kast rommelt. Wanneer ze zich omdraait, zie ik dat haar gezicht straalt.

'Moet je eens kijken!'

Trots houdt ze een voetbalshirt omhoog, donkerblauw met gele strepen. Ik weet niet van welke voetbalclub die kleuren zijn.

'Wauw!' Ik probeer enthousiast te klinken.

'Dit is van Maccabi, moet je weten. Van Tel Aviv. Die heb ik gekregen toen ik daar een praatje hield. In welk jaar was dat ook alweer? Maakt niet uit. Kijk, met handtekening!'

'Geweldig!' En dan zie ik achter haar in de kast een dik boek met een feloranje omslag liggen.

'Hé, Safta, wat is dat? Dat album daar. Mag ik dat eens zien?'

We gaan naast elkaar zitten, en ik begin het door te bladeren. Het boekje bestaat uit plastic insteekbladen met allerlei zwart-witte fototjes erin. Sommige zijn eerder bruin-wit te noemen. Veel ervan hebben grappige witte kartelrandjes.

Ik kan me niet herinneren ooit foto's van Lily's familie te hebben gezien, althans niet van voor de oorlog. De eerste foto's ogen zeer formeel, met uitzondering van één, een enigszins onscherpe: drie kleine kinderen naast elkaar in een tuin, met een ernstige, plechtige blik in hun ogen, hand in hand.

'Dat ben ik. Dat is mijn broer Imi. En dat is René. Ik was de oudste.'

'Dat weet ik, Safta! Je bent nog steeds de oudste!'

Op een volgende foto, later genomen, vlak voordat ze werden gedeporteerd, staat Lily samen met haar broer en drie zussen. De meisjes zijn identiek gekleed, behalve Lily, en ze hebben een grote strik in hun haar. Wacht eens even. Er was toch nóg een broer?

Lily kijkt bedroefd. Ze zwijgt even voordat ze antwoord geeft, en haar hand glijdt naar de gouden hanger die ze altijd om heeft.

'Bela nam zijn Thorastudie altijd ontzettend serieus. Hij wilde die dag zijn cheider niet missen.'

Daar zie ik haar ouders, die me vreemd en tegelijkertijd vertrouwd voorkomen. Haar moeder heet Nina, net als mijn moeder. Ze heeft een timide, ietwat steelse glimlach om haar mond. En daar is haar vader, met een jas aan en een hoed op. Ahron. O, precies mijn oudoom Roni! Er staat ook een rabbijn op, een man met een witte baard en een lange jas. Op een verschoten sepiakleurige foto staat een man met bakkebaarden. Zeer victoriaans.

'Mijn opa,' vertelt Lily me. 'Opa Engelman. De vader van mijn moeder was rabbijn.'

'Wauw!' zeg ik weer. Deze keer gemeend.

Aan het eind van het album is de tijd zienderogen verstreken. De drie oudste zussen zien er heel volwassen uit. 'Waar sta jij op deze foto?' vraag ik. 'Wie zijn die andere meisjes?'

'O, dat zijn mijn vriendinnen in Zwitserland. Hongaarse overlevenden, net als wij. En dat ben ik met mijn zussen. Dat is René. En dat is Piri.'

Ze lijken allemaal erg op elkaar, vooral Lily en Piri.

Als ik het album optil om de foto's in beter licht te kunnen bekijken, dwarrelt er een papiertje uit.

'Wat is dit?' vraag ik, terwijl ik het opraap. 'Een bankbiljet? Is dit Duits geld?'

'O, ja. Dat heb ik van een Amerikaanse soldaat gekregen toen we bevrijd werden. Kijk maar, hij heeft er iets op geschreven.'

'Dat heb je me nooit laten zien, Safta!' zegt mijn moeder.

'Het leek me niet dat iemand het interessant zou vinden,' zegt Lily. 'Ik dacht dat het alleen voor mij iets bijzonders was.'

Ik moet het briefje omdraaien om te kunnen lezen wat erop staat. Het ouderwetse handschrift staat op de rand, de enige plek waar ruimte was voor de woorden van de soldaat: *A start to a new life. Good luck and happiness.* Het begin van een nieuw leven. Succes en veel geluk.

Tien woorden van hoop.

Bovenaan staan een paar letters die Hebreeuws aandoen, maar ik kan ze niet ontcijferen. En onderaan heeft de soldaat geschreven: *Assistant to chaplain Schacter.* Assistent van legerrabbijn Schacter.

'Maar wie was hij?' vroeg ik. 'Hoe heette hij?'

'Och, dat weet ik toch niet meer! Dat was meer dan vijfenzeventig jaar geleden. Hij was een Joodse soldaat. Dat weet ik nog wel. Een Joods-Amerikaanse soldaat. Ontzettend aardig was hij. Dat waren we niet gewend, dat mensen zo aardig waren.'

En dan valt ze plotseling stil. Ze verkeert weer in het verleden, herinnert zich bepaalde dingen, drukt andere herinneringen weg.

'Waarom schreef hij dat in vredesnaam op een bankbiljet?' vraag ik.

'Hij kon geen papier vinden, en hij wilde toch iets schrijven. Toen we uit Duitsland vertrokken, denk ik. Zo'n aardige vent.'

'Ik zal hem voor je opsporen,' beloof ik haar. 'Ik zal een berichtje op Twitter zetten. Er is vast wel iemand die hem dan weet te vinden.'

Lily schiet in de lach. Zo'n lach waarmee ze zegt: doe niet zo gek!

Mijn moeder begint ook te lachen en rolt met haar ogen.

'Wacht maar af. Echt, hoor. Sociale media zijn fantastisch,' zeg ik vol overtuiging. Eigenlijk weet ik zelf ook niet of dit iets zal opleveren. Maar je weet maar nooit. Op sociale media gebeuren allerlei verschrikkelijke dingen. Ik wil laten zien dat er ook iets goeds uit kan voortvloeien.

'Laten we een paar foto's nemen. Dan zet ik ze morgen op Twitter.'

Lily houdt haar handen op – klein, rimpelig – en ik leg het briefje erop. Ik neem foto's van de voor- en achterkant, zodat het berichtje van de soldaat goed te lezen is. En dan nemen we een foto van een foto van Lily en haar zussen, identiek gekleed – een echte blikvanger! Ze staan te glunderen in het bijzijn van een paar Amerikaanse soldaten. Zou een van hen de man zijn die we zoeken?

‘Geef me vierentwintig uur de tijd,’ zeg ik tegen Lily. Ze moet er nog steeds om grinniken. ‘Ik wil wedden dat ik hem kan opsporen.’

En dan bekijken we de rest van de familiefoto’s. Safta vertelt over haar gelukkige leventje in Hongarije, voor de oorlog, in de kleine marktstad Bonyhád, waar ze haar jeugd doorbracht.

LILY

De jaren 1920

Het is gewoon zo dat ik een geboren leider was. Vanaf het allereerste begin keken mijn broers en zussen tegen me op. Nooit was er sprake van dat ze niet zouden doen wat ik had gezegd. Natuurlijk was ik de oudste van ons zessen, maar ik had er ook het karakter voor. Ik vind het fijn om de leiding te hebben, om verantwoordelijkheid te nemen, en de rest vond dat ook altijd prima, zelfs Imi, mijn oudste broer, die vlak na me kwam en nauwelijks een jaar jonger was dan ik. Ze wisten dat ik het het beste wist. En later hadden we daar allemaal baat bij.

Ik was het eerste kind van het gezin dat samen met de volwassenen aan tafel mocht zitten op sederavond, het begin van het pesachfeest. Die avond waren er tal van andere families in ons drukke marktstadje in het zuidwesten van Hongarije die dat ook vierden. In december 1923, toen ik geboren werd, was een achtste van de bijna zevenduizend inwoners van het zich steeds verder uitbreidende Bonyhád Joods. Toen mijn betovergrootouders daar een eeuw eerder opgroeiden, voordat alle godsdiensten in Hongarije gelijkgesteld werden, was een derde van de stad Joods. Iedereen in onze gevestigde gemeenschap keek uit naar elke Joodse feestdag. We waren al generaties lang gezegend met de spirituele begeleiding van eminente rabbijnen en gerespecteerde Talmoedgeleerden.

Die memorabele eerste seder moet in april 1928 hebben plaatsgevonden. Ik was vier, de enige van de kinderen van het gezin die oud genoeg was om lang op te mogen blijven. De tafel was prachtig gedekt – zout water, bittere kruiden, hardgekookte eieren, mierikswortel, wijn, matses en andere spijzen met een symbolische waarde – en de kaarsen werden aangestoken. Ik was zo trots als een aap toen ik de eerste zin mocht uitspreken, het Ma Nisjtana, de vraag die ik mijn vader luid en duidelijk stelde, precies zoals ik geoefend had: 'Waarom is deze avond zo anders dan alle andere avonden?'

Ik vond het heerlijk om bij de volwassenen te mogen zijn. Ik weet nog dat ik datzelfde gevoel had toen ik ongeveer tien was en voor het eerst van mijn leven zwarte koffie kreeg, bij mijn tante thuis. Het smaakte natuurlijk afgrijselijk bitter, maar ik deed net alsof ik het lekker vond. Eigenlijk vond ik het vooral fijn om het te mogen drinken.

Nu hoor ik bij de grote mensen, hield ik mezelf voor. En omdat ik deed alsof ik volwassen was, ook al was ik nog heel klein, legden mijn broertjes en zusjes zich daar als vanzelfsprekend bij neer.

Een keer op sjabbat, toen onze ouders in sjoel waren, waren we zoals gebruikelijk in onze tuin aan het spelen. Het was echt een enorm grote tuin, met ruimte voor van alles. Voorin stonden bloemen, in vrolijke kleuren: gouden chrysanten en hoge gele zonnebloemen. We vonden het leuk om hun hangende koppen af te snijden zodat we de gestreepte zaden eruit konden halen, die we dan in de oven roosterden en een voor een openbraken of aan onze kippen voerden. Aan de zijkant van het huis was een groot grasveld waarop we eindeloos speelden. We gooiden de bal op het dak en probeerden hem dan te vangen. Je wist nooit waar hij precies van het dak zou stuiteren. En er stond een grote notenboom, waarvan de takken zo laag hingen dat je er gemakkelijk bij kon. De lichtgroene bolsters oefenden een grote aantrekkingskracht op ons uit, nog voordat ze openbarstten. Altijd probeerden we ze voortijdig open te breken om de walnoten eruit te peuteren. En altijd kregen we er zwarte, vlekkerige vingers van.

Achter het huis, achter de schuurtjes waar hout en kolen lagen opgeslagen, kwam je in de boomgaard en de moestuin. We hadden appelbomen, pruimen, kersen... Alle soorten bessenstruiken die je maar kon bedenken. Mais, tomaten, paprika's. Een tuinman deed veel van het zware werk, maar we hielpen om de beurt met water geven en fruit plukken. In de zomer was er altijd wel iets om in te maken voor de winter, en 's winters werden er dingen bewaard voor de zomer. Komkommers om in te leggen. Fruit om op sap te zetten of jam van te maken. Maar zoals ik al zei was het zaterdag, en we waren een orthodoxe familie. Veel van onze buren waren ook Joods.

Het probleem was dat het een prachtige zomerdag was. We verveelden ons een beetje, we hadden honger en er was niemand in de buurt. En het fruit zag er zo ontzettend lekker uit.

'Op sjabbat mag je geen fruit plukken!' hield ik mijn broertjes en zusjes voor.

We kenden de regels maar al te goed. Er zijn negenendertig dingen die verboden zijn om te doen op sjabbat, en oogsten is er daar één van.

Ik moet tien of elf geweest zijn, en eigenlijk was ik best een braaf meisje. Ik had mijn verantwoordelijkheden en een reputatie hoog te houden. De zus die na mij kwam, René, een vrolijk lachebekje, was tweeënhalf jaar jonger dan ik. Na haar kwam Piri, die in 1929 was geboren, een keurig net meisje, heel artistiek maar veel verlegener dan René. Hoewel René tamelijk extravert was, spande ik wat dat betrof de kroon. Bela, onze jongste broer, kwam drie jaar na Piri – de eerste van wie ik me herinner dat hij thuis werd geboren – toen Berta nog niet kon lopen, denk ik. We waren allemaal identiek gekleed en hadden onze mooiste kleren aan. We gingen altijd leuk en netjes gekleed.

'We mogen geen fruit plukken,' herhaalde ik, nu langzamer, want ik kreeg een ideetje. Ik keek eens naar de appelboom, naar de laaghangende takken, ik keek naar Imi, die tamelijk lang was, al net zo lang als ik. 'Maar niemand heeft gezegd dat we niet rechtstreeks van de boom mogen eten.'

En dat is precies wat we deden. Het hoofd in de nek, de handen angstvallig op de rug, gehoorzaam tot en met, hapten we naar het glanzende fruit en beten we in de gladde schil. Maar we plukten het niet! We overtraden geen gebod. De kleintjes knabbelden als geitjes aan de bessenstruiken. Ze zaten innig tevreden op hun hurken te peuzelen, en we gebruikten onze lippen om de zurige besjes in onze hongerige monden te lebberen.

Ik was het meesterbrein. Imi was mijn rechterhand. We vormden een ideaal team. Hij was heel handig – net als Piri – en had heel mooie vingers. In mijn ogen was er niets wat hij niet kon. Bovendien: hij wilde alles wel voor me doen. Toen er een tand bij me loszat en ik ervanaf wilde, trok Imi hem eruit: een draadje aan de deur en die dan met een klap dichtgooien. Op een dag – ik was toen nog kleiner – haalde ik het in mijn hoofd om met de pompons te spelen die aan het zware geborduurde tafelkleed hingen, een speciaal kleed dat alleen tevoorschijn werd gehaald als we gasten hadden. Ik vroeg hem of hij ze voor me wilde afknippen. *Knip! Knip! Knip!* Omdat hij me maar al te graag ter wille wilde zijn, knipte hij ze allemaal af.

We vonden kleine diertjes allebei mateloos fascinerend. Met z'n tweeën zochten we in de tuin naar krekeltjes en wormen en slakken en kikkers en bekeken ze dan uren achtereen, om erachter te komen hoe ze bewogen, hoe ze aten, wat voor vreemde geluidjes ze maakten.

Ik vond het heerlijk om bij Imi te zijn, omdat hij me altijd hielp om gedaan te krijgen wat ik had uitgedokterd. Hij luisterde aandachtig naar mijn ideeën, en samen voerden we die plannetjes dan uit.

Onze ouders kochten eens een prachtige porseleinen pop voor Berta, die ze in de stad had gezien en waar ze helemaal weg van was. Onze jongste zus was een slim, vrolijk kind dat onze vader om haar vinger kon winden. We waren allemaal dol op haar. De pop was heel bijzonder en apart, want als je die op zijn rug legde, gingen de ogen op wonderbaarlijke wijze dicht. Zoiets moois hadden we nog nooit gezien!

'Hoe is dat in hemelsnaam mogelijk?' vroeg ik me af. 'Imi, je moet me helpen om daarachter te komen.'

'Wat moet ik dan doen?'

'Laten we het hoofdje openmaken, dan kunnen we zien hoe die oogjes werken!'

Hij was een gewillige handlanger. Ik denk dat hij gewoon net zo nieuwsgierig was als ik. Maar het lukte niet helemaal. Op de een of andere manier ging niet alleen het hoofd maar ook het mechanisme kapot, dus uiteindelijk hadden we geen pop meer, en ook geen antwoord op onze vragen. Arme Berta! Ze was heel vergevingsgezind. Zou Apu, zo dachten we, misschien een nieuwe pop voor haar kopen? Per slot van rekening had ze hem maar aan hoeven kijken of ze had de grote rode bal met stippen gekregen die ze zo graag wilde.

Ook wilde ik eens weten hoe een horloge werkte, wat er binnen in dat tikkende zilveren uurwerk gebeurde. Uiteraard vroeg ik Imi om het ding uit elkaar te halen, zodat we het allebei konden zien. Nadat hij me de tandwielen en veertjes van het horloge van mijn moeder had laten zien, wilden we natuurlijk ook het uurwerk van mijn vader onderzoeken. Ik kon Imi altijd zover krijgen dat hij deed wat ik wilde. Op die manier bleef ik steeds buiten schot. Ik had immers niets fout gedaan!

Mijn ouders wisten maar al te goed wie er achter alle kattenkwaad zat. Toch kan ik me niet herinneren dat wij tweeën ooit in de problemen kwamen of straf kregen.

'O, *mein Kind!*' zei Apu dan tegen me. Hij sprak liever Duits dan Hongaars, en veel zakelijke gesprekken werden in die taal gevoerd. '*Ich hätte nicht gedacht, dass du das tun würdest!*'

En voortaan zorgden mijn vader en moeder – Apu en Anyuka – ervoor hun horloges niet onbeheerd achter te laten.

Ze waren ook niet blij toen ze ontdekten dat ik de deur van het kippenhok had opengemaakt om de kippen los te laten. Ik vond het zielig voor ze dat ze allemaal in die kleine ruimte opgesloten zaten, en ze zagen er heel ongelukkig uit. Voor zover ik kan nagaan vonden mijn ouders slechts twee keer dat ik te ver was gegaan. Eigenlijk heel schappelijk van ze. Op een keer, toen Imi en ik de kleine René wilden verkopen, hebben ze daar een stokje voor gestoken. Niet dat René daar zelf iets op tegen had gehad. Als klein kind al was René bereid alles te doen om het anderen naar de zin te maken.

En Imi wilde ooit ontzettend graag een lammetje als huisdier. Hij hield er maar niet over op en bleef onze ouders de oren van hun hoofd zeuren. Hij ging zelfs zover dat hij in de tuin alvast een hok bouwde. Maar het lammetje is er nooit gekomen.

Apu en Anyuka wisten dat we avontuurlijk van aard waren, en dat we graag kattenkwaad uithaalden, maar nooit op een vervelende of kwaadwillige manier. Over het algemeen stelden we ons heel beleefd op en gedroegen we ons keurig op school, en daar ging het onze ouders om. Ze leerden ons natuurlijk dat we iedereen met eerbied moesten behandelen. Geen van de kinderen zou aan het hoofd van de tafel op de stoel van onze vader zijn gaan zitten of hem een grote mond hebben gegeven. Gesprekken tussen verschillende generaties verliepen lang niet zo ongedwongen als tegenwoordig. We verwachtten niet in vertrouwen te worden genomen, en we stelden nooit persoonlijke vragen. Daarom weet ik tot op de dag van vandaag niet hoe mijn ouders elkaar hebben ontmoet.

Mijn moeder werd in 1897 geboren in een groot gezin. Haar vader was rabbijn. Ze groeide op in Szenc, of Senec, nabij Bratislava, een stadje dat deel had uitgemaakt van het oude Koninkrijk Hongarije en daarna werd toegewezen aan Tsjecho-Slowakije, een republiek die na de Eerste Wereldoorlog was gesticht. Mijn vader was twaalf jaar ouder dan mijn moeder en was geboren in Bonyhád, net als zijn vader, zijn grootvader en betovergrootvader, en zijn talloze neven en nichten. Net als wij later, groeiden Nina Breznitz en Ahron Engelman op in een groot, hecht, Joods, kleinburgerlijk gezin, door en door Hongaars, welgesteld en in elk opzicht geborgen. Waarom zou dat veranderen?

Terugkijkend herinner ik me alleen maar de harmonie binnen onze familie. Het was een luidruchtig maar vreedzaam gezin. Als Apu en Anyuka al ooit ruzie hadden, merkten we daar als kinderen nooit iets van. Als de kinderen met elkaar overhooplagen, werd dat snel bijgelegd. Het hielp natuurlijk wel dat René altijd zo aardig was, want die wilde te allen tijde conflicten voorkomen. Wanneer Anyuka riep dat iemand de tafel moest dekken of op moest ruimen, was zij degene die opstond om onze moeder te helpen. Als wie dan ook iets nodig had, stond zij altijd klaar om de helpende hand te bieden.

We kregen allemaal alle ruimte om onszelf te zijn. Net als mijn vader was Piri erg sterk gericht op hygiëne. Ze zou bijvoorbeeld nooit iets eten waar iemand anders aan had gezeten. Maar dat was prima. Onze ouders hadden daar alle begrip voor. Dus op vrijdagavond, wanneer Apu de kidoesj uitsprak (de zegening die voor aanvang van de sjabbatmaaltijd wordt uitgesproken over een glas wijn) en de grote zilveren beker rondging zodat iedereen van het gezin een slokje kon nemen, op volgorde van leeftijd, kreeg Piri haar eigen beker.

Echt, ik had de beste ouders die je je als kind maar kunt wensen. Ze waren aardig, rustig, liefdevol en heel mild. Ondanks onze escapades denk ik dat ze ons de slimste en mooiste kinderen van de hele wereld vonden. We groeiden op in een soort bubbel, zo beschermd tegen en gevrijwaard van de gevaren van de wereld dat we ons niet eens van dat kwaad bewust waren.

Elke ochtend kwam Apu de keuken in om een kop gloeiend hete koffie te drinken, waarbij hij de room van de melk likte die we elke dag bij de boer aan de rand van de stad haalden. De bakker kwam aan huis, met allerlei boterbroodjes, *Semmel* geheten. Die aten we als ontbijt voordat we naar school gingen.

We waren niet de rijkste familie, en er was niets groots aan ons huis, maar we woonden wel in een van de leukste straten van de stad: Perczel Mór, op nummer 32. Het was een buitengewoon vriendelijke buurt, en als kinderen kwamen we niets tekort. We leidden echt een zorgeloos bestaan. En je kunt je werkelijk niet voorstellen hoeveel vrijheid we hadden. De brede, met bomen omzoomde straten waren volkomen veilig. Er kwamen weinig vreemdelingen en de stad telde slechts één auto, van een taxichauffeur die mensen naar het station in Szakály-Högyész bracht, dertig kilometer verderop. Er reed ook een tamelijk gammele bus. Het stationnetje van Bonyhád werd voornamelijk aangedaan door goederentreinen. Verder zag je op straat vooral paarden en ezels, koetsen of karren, en sleeën in de lange winters vol sneeuw.

Soms speelden we op zolder. Het huis had maar één bovenverdieping, en in die grote zolderruimte hingen we 's winters de was te drogen, en ook werden daar het bestek en het porselein voor Pesach bewaard. Er lagen ook allerlei mysterieuze oude papieren en brieven van mijn vader en grootvader, met interessante postzegels op de enveloppen, die we eraf haalden om aan onze verzameling toe te voegen. Binnenshuis speelden we het liefst met een prachtig, grijs gespikkeld hobbelpaard, met manen en een staart van echt paardenhaar, een zadel en teugels van leer en met echte metalen stijgbeugels.

Maar meestal speelden we buiten, met de bal, touwtjespringen of hinkelen, of glijden op het simpele ijsbaantje dat we elk jaar van ons gazon maakten door dat onder water te zetten zo gauw het in november begon te vriezen. De winters waren ontzettend koud, maar we vonden het fijn om buiten in de sneeuw te spelen en dan binnen te komen om onze ijskoude vingers bij de oven te verwarmen. Wanneer we met de slee speelden, droegen we zachte bontmutsen en moffen.

Veel van onze vrienden waren familie van ons, en omgekeerd. Door het jaar heen renden we van het ene huis naar het andere, wanneer we maar wilden, en overal was er wel iemand te vinden om mee te spelen of een team compleet te maken. Hoewel Piri de stilste was, was ze bijzonder populair. Haar vriendinnen kwamen om de haverklap bij ons over de vloer. Ze waren zo op haar gesteld omdat ze zo aardig was, makkelijk in de omgang en interessant om mee te praten. Ook voor Berta kwamen er talloze bezoekers langs.

Een van mijn eigen favoriete speelkameraden was mijn volle nicht Hilda, die praktisch net zo oud was als ik en bij mij in de klas zat. Ze was groter en stiller dan ik, en heel slim. Ze was heel knap, had steil bruin haar en bruine ogen, een beetje zoals die van mij. Ze was de jongste van het gezin en had drie zussen en een broer. We speelden vaak bij elkaar, maar naarmate we ouder werden, zaten we steeds vaker urenlang te kletsen.

Bonyhád was een vriendelijk, bedrijvig stadje met veel kleine winkels, een paar grotere, een paar kleine fabrieken, een buitenzwembad, twee actieve synagogen en drie kerken. Het stikte er van de families Engelman. De meeste daarvan deden iets in het bedrijfsleven, en niemand woonde meer dan tien of twintig minuten lopen van zijn werk af. Twee ooms van me, Leo en Sandor, hadden een grote servieswinkel in de Horthystraat 4. Apu's eigen winkel lag niet ver van het huis waar zijn broer woonde, noch van diens winkel, en vaak renden we heen en weer om een boodschap over te brengen. Mijn vader zat in de textiel. Diverse rollen lagen uitgestald op stellages die tot aan het plafond reikten: warme wol, kleurig katoen, dure zijde en satijn, praktische stoffen voor werkkleding. De meeste orders, die van over de hele wereld kwamen, werden per post besteld, zodat mijn vader zelf niet veel hoefde te reizen en zelden van huis hoefde. Maar er was wel ontzettend veel papierwerk te verrichten! Het leek wel alsof hij constant brieven zat te schrijven. In de winkel liep veel personeel rond, onberispelijk geklede mannen met houten duimstokken die aan grote tafels stoffen voor de klanten opmaten – *zoef zoef zoef* – en ze dan met een glimmende schaar afknipten.

En het sprak vanzelf dat we zelf ook altijd netjes gekleed gingen. Mijn moeder liet drie of vier keer per jaar nieuwe kleren maken voor het hele gezin. Als de oudste had ik niet alleen meer privileges en speelgoed, maar ook meer nieuwe kleren dan de anderen. Maar zeker als we naar sjoel gingen of met de familie bijeenkwamen, stak mijn moeder ons graag in identieke kleren. Dus wanneer ik iets nieuws kreeg, moesten mijn zussen dat ook hebben. Ik weet nog goed dat matrozenpakjes in de mode kwamen in Hongarije, begin jaren dertig. In Engeland ook, vernam ik later. Dus op een gegeven moment liepen we met z'n zessen in keurige identieke kleren rond, met grote vierkante witte kragen en marinelinten aan de voorkant. We oogden als een mooi stelletje bij elkaar, en zo voelden we ons ook.

Op speciale dagen – verjaardagen en feestdagen – mocht ik mijn gouden kettinkje om. Het hangertje was tamelijk eenvoudig: een gouden schijf met een peinzend cherubijntje, hand onder de kin, de ogen smachtend ten hemel gericht. Een lief, onschuldig hangertje, een cadeautje voor een onschuldig meisje dat te jong was om te weten wanneer of waarom ze dat had gekregen. Ik ben er onlangs pas achter gekomen dat mijn engeltje was gemodelleerd naar een Italiaans schilderij, een van de twee beroemde engeltjes die onder op de *Sixtijnse Madonna* van Rafaël staan. Mijn moeder bewaarde mijn hangertje in een doosje in haar garderobekast. Op dagen dat ze me er op mijn mooist wilde laten uitzien, hing ze me het kettinkje om en maakte het vast. Dit vond ik altijd geweldig, iets waardoor ik me geliefd en bijzonder voelde.

Ik vond dat ik de beste ouders van de hele wereld had.

De jaren 1930

Het enige waar mijn ouders echt veel belang aan hechtten, was onderwijs. Ze wilden dat we goed ons best deden op school, en ze deden er alles aan om het ons daarbij zo gemakkelijk mogelijk te maken. Gelukkig haalden we allemaal goede cijfers en ging het leren ons tamelijk gemakkelijk af. Daarom werd ik een jaar eerder naar de Joodse lagere school gestuurd, de school waar we allemaal naartoe gingen, jongens en meisjes door elkaar, drie jaargroepen in één klas. Eerst had iedereen een leitje. Later kregen we papier om op te schrijven en te tekenen.

Ik weet nog dat ik op een dag in huilen uitbarstte omdat een paar kinderen boeken kregen en ik alleen maar losse blaadjes papier.

'Maar ik kan ook al lezen en schrijven!' zei ik tegen de onderwijzeres toen ze me vroeg waarom ik huilde. 'Waarom mag ik geen boek?'

'Maak je maar niet ongerust! Die kinderen zijn allemaal ouder. Niemand krijgt een boek in het eerste jaar,' legde ze uit. Dat stelde me gerust.

Imi had het er moeilijker mee in de eerste, omdat hij links was – net als Piri – en hij gedwongen werd met rechts te schrijven. Maar hij pikte het snel op, was slim en werkte hard, zodat hij uiteindelijk al zijn toelatingsexamens voor de universiteit uiteindelijk in één jaar in plaats van twee deed, toen hij nog maar net vijftien of zestien was. Elke dag ging hij na schooltijd naar de *beet midrasj*, het 'leerhuis' naast onze mooie nieuwe synagoge, om de Thora te bestuderen. Op donkere winteravonden wilde Imi per se doorleren en ging hij bij het licht van de elektrische straatverlichting zitten werken, omdat hij het bij ons thuis te schemerig vond.

Achteraf bezien schrik ik ervan als ik bedenk hoe onze onderwijzers te werk gingen. Kinderen die wat minder makkelijk leerden, werden niet aangemoedigd, maar vernederd. Als iemand een bepaalde som niet kon oplossen, vroeg de onderwijzer een kind uit een van de lagere klassen om het juiste antwoord te geven. Omdat ik goed in rekenen was, moest ik vaak naar de hogere klassen toe. Dat was toch geen manier om een kind te onderwijzen?

Op school werd ik alleen maar op de vingers getikt als ik weer eens het goede antwoord door de klas riep. Ik kon er niets aan doen. Ik wilde gewoon een goede leerling zijn.

'Lily, hou toch eens je mond!' zei de onderwijzer dan altijd. Eigenlijk heette ik Livia Engelman, maar iedereen noemde me altijd Lily.

We moesten veel gedichten uit het hoofd leren, in het Hongaars en ook in het Duits – we spraken beide talen – en ik ken ze nog steeds. Hoe ouder je werd, hoe meer gedichten je moest leren. Dat was niet eerlijk, want sommige kinderen hebben nu eenmaal een goed geheugen en andere niet. Ik had geluk en had er geen moeite mee. Thuis overhoorde ik de kleintjes en hielp ze de dichtregels uit hun hoofd te leren. Wat Imi betrof, die vond poëzie zo mooi dat hij zijn eigen gedichten schreef.

Er waren veel meer Duitstaligen in Bonyhád, zoals de melkboer, die uit een familie van Donau-Zwaben kwam. Net als de Joden werden de Zwaben in de negentiende eeuw aangemoedigd de handel op te bouwen in de kleine steden van het nieuwe Oostenrijks-Hongaarse Rijk. Beide gemeenschappen werden geroemd om hun werklust en ondernemingszin. Het ging erom dat we allemaal Hongaren waren, of we nu tot de katholieke, protestante of Joodse gemeenschap behoorden. Naast de orthodoxe Joden zoals wij bestond er een aparte groep neologe Joden, die wat moderner en liberaler was en ongeveer half zo groot was als onze gemeenschap. Ieder van ons voelde zich zonder enige twijfel op-en-top Hongaars. De orthodoxe Joden waren weliswaar veel strenger dan de neologen, maar er liepen weinig mannen rond die een baard hadden, iets wat misschien verbazing opwekt. In het orthodoxe Jodendom mogen geen scheermessen worden gebruikt, maar mijn vader gebruikte een afgrijselijk stinkend chemisch goedje, Rasol, om een gladgeschoren kin te krijgen.

We konden goed met elkaar overweg. Er zaten zelfs christelijke kinderen op onze Joodse lagere school, omdat hun ouders vonden dat daar beter onderwijs werd gegeven.

Ik leerde graag nieuwe dingen, en mijn lievelingsvak was rekenen. Maar als meisje kreeg ik ook naailes. Eerst vond ik borduren wel leuk. Net als poëzie is het iets wat je nooit verleert. Ik weet nog precies hoe alle steekjes moeten die ik als klein meisje geleerd heb: kruissteek, satijnsteek, kettingsteek, stiksteek, festonneersteek, taksteek, verschillende knopen. Maar steeds wanneer ik een nieuwe steek had geleerd, kon ik het geduld niet opbrengen om het hele borduurwerkje af te maken, met alle bloemetjes of vogels of hartjes. Getallen zeiden me meer dan naald en draad.

De beeldschone Piri was veel handiger dan ik. Ze was ontzettend kunstzinnig en tekende of verfde het liefst de hele dag door. Maar ze was ook een perfectionist. Ze begon nooit aan iets voordat ze zeker wist dat het resultaat precies zo zou worden zoals zij dat voor ogen had.

Hoewel we tussen de middag naar huis gingen om te eten (meestal aardappelsoep of noedels), keerden we op verschillende tijdstippen terug naar school, dus we zaten 's middags niet allemaal tegelijk aan tafel. Toch maakte mijn moeder altijd zelf eten voor ons klaar. Nu ik erop terugkijk snap ik niet waarom we het prima vonden dat ze zoveel voor ons deed. We hadden makkelijk onze eigen lunch kunnen maken. Maar zo was ze nu eenmaal, altijd in de weer voor haar kinderen, daarbij geholpen door onze huishoudster, Burgi, een christelijke vrouw van ongeveer dezelfde leeftijd als mijn moeder, die bij ons woonde en die we praktisch als familie beschouwden. Op sjabbat deed ze de dingen voor ons die wij niet mochten doen, en ze kon op zondag naar de kerk als ze daar zin in had. Het was een heel werk om te koken en het huis schoon te houden, omdat alles met de hand gedaan moest worden. Je kon bijvoorbeeld niet even naar de winkel toe om noedels te kopen; die moest je zelf van bloem en eieren maken. Hoewel ik de oudste was, en een meisje, wilde mijn moeder liever niet dat ik mijn tijd in de keuken verdeed. Liever zag ze dat ik me aan mijn huiswerk zette. Ik vraag me af of ze wist dat ik die kans nooit weer zou krijgen. Joodse meisjes zoals ik gingen zelden studeren, dus na mijn school was het gebruikelijk dat ik trouwde en mijn eigen huishouden runde en eventueel een gezin zou stichten. Maar daar werd allemaal niet over gesproken, ook niet toen ik ouder was, en ik heb nooit gemerkt dat er achter de schermen geprobeerd werd om me aan een echtgenoot te koppelen. Volgens mij zag Anyuka wel hoezeer ik het op school naar mijn zin had, en hoe prettig ik het vond om met mijn hoofd te werken. Ik denk dat ze het fijn vond om me in onschuld te laten opgroeien en me tegen de harde werkelijkheid van het echte leven te beschermen. Dat betekende ook dat ik de jongere kinderen kon helpen.

Meestal maakten we ons huiswerk met z'n allen in de grootste kamer van het huis, waar de eettafel stond en waar we met z'n allen om zes uur 's avonds gingen eten, nadat Apu naar sjoel was geweest en Imi – en later Bela – terug was van de Talmoedschool.

We hadden veel boeken thuis, zowel in het Hongaars als in het Duits. Anyuka was een echte lezer, als ze er de tijd voor kon vinden, en ook las ze ons graag voor. Haar favoriete boek was een grote, dikke verzameling verhalen van Shakespeare die in het Hongaars waren vertaald. Ze ging dan op een stoel zitten om voor te lezen, met haar zes kinderen aan haar voeten. Elke avond lazen we tot we in slaap vielen, Imi en Bela in de ene slaapkamer, en de meisjes in wisselende samenstellingen in de andere kamers. We ruilden van bed wanneer we daar zin in hadden. Niemand hoefde ons te vertellen wanneer het licht uit moest. Of misschien volgden de anderen wel mijn voorbeeld.

Dat waren ze zo gewend. Als we vadertje en moedertje speelden, was ik steevast de moeder. Als we schooltje speelden, ja hoor: dan was ik de juf. Streng doch rechtvaardig. Mijn woord was wet. Zoals ik al zei, heerste er een sterke harmonie in Bonyhád. We leidden een tevreden en comfortabel leventje, en we dachten – en misschien was dat naïef van ons – dat het altijd zo zou blijven.

Er vond maar één grote verandering in mijn jeugd plaats, en dat was toen het moment was aangebroken om naar de middenschool te gaan. De hele familie van mijn vader woonde in Bonyhád, maar die van mijn moeder had zich meer verspreid. Een zus, Gisela, woonde honderdvijftig kilometer verderop in Pápa, een oude stad aan de rand van het Balatonmeer met een grote Joodse gemeenschap, die al eeuwenlang de bescherming genoot van de beroemde familie Esterházy. Gisela was getrouwd met David Gunsberger, die een zeker aanzien genoot omdat hij directeur van de jongensschool in Pápa was. Maar na tien jaar getrouwd te zijn hadden ze nog steeds geen kinderen.

Wie met het idee kwam, weet ik niet. En ik kan me levendig voorstellen hoe moeilijk het voor mijn ouders geweest moet zijn om me te laten gaan, vooral voor mijn moeder. Maar Nina had zo'n vol huis, en ze had medelijden met haar eenzame zus, dus op mijn twaalfde werd ik in de herfst naar Pápa gestuurd, waar ik aan het volgende traject van mijn schoolcarrière begon en bij mijn oom en tante woonde als hun dochter. Natuurlijk werd ik als enig kind ontzettend verwend! Hoewel ik genoot van de aandacht die ik kreeg, miste ik mijn ouders en broertjes en zusjes ontzettend. Ik liet het niet merken, en ik had veel afleiding, omdat ik snel en gemakkelijk vrienden maakte in mijn nieuwe woonplaats. Wie weet hoelang ik daar zou zijn gebleven als Gisela uiteindelijk toch niet zwanger was geworden?

Loyaush, mijn kleine neefje, werd in de zomer geboren. Dat betekende dat het feest voor zijn *briet*, de rituele besnijdenis die plaatsvond toen hij acht dagen oud was, in de tuin gehouden kon worden. Het was een prachtig feest met allerlei heerlijke hapjes. Als meisje hoefde ik me niet bezig te houden met de details – dat voltrok zich allemaal buiten het zicht van de vrouwen. Het huis van de familie Gunsberger stroomde vol. Een hele menigte. Iedereen was dolblij voor mijn oom en tante.

Tegen de tijd dat het Rosj Hasjana was, het Joodse Nieuwjaar, was ik weer thuis en klaar om mijn vrienden weer te zien op de nieuwe school. Dat moet september 1936 zijn geweest. Was mijn plaats als leider van de kinderen inmiddels door een ander ingenomen? Zeker niet. Imi had geen zin om zichzelf naar voren te schuiven. René, Piri en Berta waren net zo blij om me weer te zien als ik hen. Bela, die nu naar school ging, werd een ernstig, ijverig jongetje, en heel gelovig. Berta was nog steeds de oogappel van de hele familie en werd nog steeds verwend, vooral door onze vader. Maar ze gedroeg zich graag wat ouder dan ze was, vond het niet fijn dat we haar behandelden als een klein kind, en probeerde altijd met haar grote zussen mee te doen. Ik verviel dus weer in het oude patroon, voelde me inmiddels iets volwassener en nam wat meer verantwoordelijkheid op mijn schouders. Ik was altijd trots op mezelf als ik dat deed.

De middelbare meisjesschool, waar ik mijn oude vriendinnen en nichtjes weer trof, ook Hilda, was eigenlijk een katholieke school, in de Zárdastraat, in de buurt van het Vörösmartyplein. Dat plein vormde het hart van de stad, en het was er altijd druk op marktdagen, dinsdag en donderdag, wanneer boeren uit de regio er hun producten kwamen verkopen: ganzen, kippen, eieren, noten, fruit, groenten en kazen werden allemaal op paard-en-wagen aangevoerd, of in manden die de vrouwen op het hoofd droegen. Onze docenten waren nonnen, maar er zaten heel wat Joodse meisjes bij ons op school. Hoewel we ook op zaterdag naar school moesten, hadden ze begrip voor ons geloof, zodat we op sjabbat nooit iets hoefden op te schrijven. Hoe dan ook voelden we ons op geen enkele manier buitengesloten. Niemand heeft me ooit gepest omdat ik Joods was.

Voor zover ik weet heeft Imi hetzelfde ervaren op deze middelbare school. Ik weet niet eens of we wel wisten dat er zoiets als antisemitisme bestond toen we heel klein waren. Het zou ons belachelijk zijn voorgekomen.

1939 - 1941

Thuis werd er nooit over politiek gepraat. Ik vermoed dat politiek iets voor mannen was, en dan vooral voor jonge mannen. Ik ben er zonder meer van overtuigd dat mijn vader moet hebben geweten van de nieuwe wetten die de mogelijkheden voor de Joden in Hongarije aan banden legden. Maar die kennis hield hij voor zijn kinderen verborgen, en misschien zelfs ook voor zijn vrouw.

Antisemitisch geweld noch politiek antisemitisme was nieuw in Hongarije, maar na de Eerste Wereldoorlog en het einde van het Oostenrijks-Hongaarse Rijk namen beide tendensen ongekende vormen aan. Na het Verdrag van Trianon werd Hongarije gereduceerd tot een derde van zijn oorspronkelijke grootte. Joden werden al snel de zondebok.

Een paar jaar voordat ik werd geboren, en lang voordat Hitler aan de macht kwam, werden er quota ingesteld op Hongaarse universiteiten. Het aantal Joodse studenten dat werd toegelaten, werd teruggebracht van 15 tot 20 procent tot niet meer dan 6 procent. In de numerus-claususwet van 1920 werd bepaald dat niet meer dan 6 procent van willekeurig welke minderheid kon gaan studeren, maar de wet was duidelijk gericht tegen de Joden, die op dat moment veruit de grootste en succesvolste groep binnen de middenklasse van Hongarije vormden. Regelmatig werden Joodse studenten in elkaar geslagen. Joodse vrouwen hadden nog minder kans om na hun middelbare school een opleiding te volgen. Misschien kwam het door die numerus-claususwet dat Imi al op jonge leeftijd besloot bij een tandarts in de leer te gaan. Of misschien was het wel zijn roeping, omdat hij zo snel en vaardig met zijn handen was en andere mensen goed aanvoelde.

Het Koninkrijk Hongarije schoof steeds meer op in de richting van nazi-Duitsland, deels vanwege het uitgesproken antisemitisme van regent Miklós Horthy, deels doordat een alliantie mogelijk uitzicht bood op de teruggave van omstreden Hongaarstalige regio's in Tsjecho-Slowakije en Roemenië. Nadat Hitler Oostenrijk was binnengevallen in 1938 nam de rechtse autocratische regering van Hongarije een reeks wetten en verordeningen aan die rechtstreeks tegen Joden waren gericht, waardoor we in ons eigen land niet langer gelijke rechten hadden. Toen de oorlog uitbrak in Europa, een paar maanden voordat ik zestien werd en Imi vijftien, grensde Hongarije aan Duitsland.

Joods zijn werd een kwestie van ras, niet van geloof. Als je meer dan één Joodse grootouder had, was je Joods, ook als je nooit een voet in de synagoge had gezet. Joden werden geweerd uit allerlei segmenten van de samenleving, waaronder justitie en geneeskunde, journalistiek en techniek. Zelfs acteren in films of op het toneel was niet langer mogelijk. Ook kon je als Jood geen ambtenaar meer worden. De meeste Joden verloren hun stemrecht. De regering beweerde dat Hongarije verstrikt was geraakt in 'de klauwen van Joodse bankiers en industriëlen', en dat het land bevrijd moest worden. Rond 1942 werden er nog meer wetten aangenomen waardoor grond en bezittingen werden geconfisqueerd, en gedwongen Joodse emigratie werd het officiële beleid. Toch verklaarden Joden zich nog steeds loyaal aan hun vaderland.

Het betrof hier de Hongaarse versie van de beruchte rassenwetten van Neurenberg, maar als jong meisje had ik daar totaal geen weet van. De twee fascistische partijen in Hongarije – de nationaalsocialisten en de Pijlkruisers – hadden zeer weinig aanhang in ons deel van het land, het comitaat Tolna, ten westen van de Donau. Ik wist niet dat een kwart miljoen Hongaarse Joden hun baan waren kwijtgeraakt. Als de nieuwe wetten ook hun impact hadden op het bedrijf van mijn vader, of dat van zijn broers, zou hij absoluut niet hebben gewild dat zijn kinderen dat te weten kwamen. Kinderen waren kinderen. Mannen waren mannen. Er waren niet veel vrouwen die mochten stemmen.

Voor ons ging het leven gewoon door. Ik weet nog goed dat ik een paar weken later op de radio hoorde dat de oorlog was uitgebroken. Ik was met Anyuka in de keuken, vlak voor Rosj Hasjana, en ik maakte me er enigszins zorgen over dat Duitsland Polen was binnengevallen, omdat ik voelde dat er iets verschrikkelijks aan de gang was.

Maar al die duistere zaken leken ver weg, alsof het niets met ons te maken had. Anyuka bleef zoals gebruikelijk rustig en beheerst, en ging gewoon door met het kneden van het deeg. In de keuken was het zoals altijd warm en knus door de enorme oven die aanstond voor de volgende maaltijd. Bakken was het enige waarbij wij als kinderen mochten meehelpen, en het was altijd heerlijk om de kom uit te likken op vrijdagochtend, wanneer er werd gebakken: een luchtig melkbrood voor het ontbijt – met chocola of maanzaad of walnoten erdoor – en biscuitgebak als toetje bij de lunch. Daar konden we tot en met zondag van eten, of zelfs maandag, als we geluk hadden. De hele keuken – het hele huis – vulde zich met die overheerlijke geur als er werd gebakken. Het deeg voor de challe moest ook gemaakt worden, maar dat werd naar de bakker gebracht, zoals tal van gezinnen deden. Nadat de bakker het brood had gevlochten en gebakken, konden we het weer ophalen.

Voor Rosj Hasjana moesten ook allerlei voorbereidingen worden getroffen. Zoals de gewoonte was, maakten we dan geen gevlochten challe maar ronde broden, als symbool voor de eeuwigdurende voortgang der jaren. Die avond zetten we de kop van een karper op tafel, en Apu sprak een speciale zegening uit om ons eraan te herinneren dat we hoofden moesten worden, geen staarten. Leiders, geen volgers. En we kregen honingtaart en vruchten, symbool voor een voorspoedig nieuwjaar.

'*Boldog új évet!*' zeiden we dan allemaal tegen elkaar. Gelukkig nieuwjaar!

En in onze kinderlijke ogen wérd 1939 een voorspoedig nieuwjaar. Er was niets veranderd. Ik voelde totaal geen dreiging. Als mijn moeder zich geen zorgen maakte, waarom zou ik dat dan wel doen?

Ik wist dat we die avond de tafel zouden dekken, zoals gebruikelijk, en dat we alles er zo feestelijk mogelijk uit zouden laten zien voor Jom Tov, en dat iedereen zou genieten van de heerlijke sfeer in de stad. Morgen, voordat het licht werd, zou meneer Bácsi, de *sjamasj*, of koster, met een houten hamer op onze deur kloppen om ons op te roepen naar sjoel te gaan. En ik en mijn zussen zouden onze nieuwe jurk aandoen, en Anyuka zou mijn kettinkje uit het doosje halen.

In dat jaar begonnen we iets te merken van een paar verontrustende veranderingen. Op school kregen we een nieuw meisje in de klas. Ik wist niet goed waarom me dat geen goed gevoel gaf. Per slot van rekening vond ik het leuk om nieuwe mensen te ontmoeten, en zij was heel aardig en vond al snel haar plek in de klas. Maar op de een of andere manier voelde ik waarschijnlijk aan dat er iets geheimzinnigs en vreemds aan haar komst zat. Ze was zonder haar ouders vanuit Tsjecho-Slowakije aangekomen en woonde bij familie in onze stad, om haar tegen gevaar te behoeden.

Mijn vader keek heel bedrukt en ernstig als hij de krant las.

'Waarom kijk je zo droevig, Apu?' vroeg ik.

'De oorlog,' zei hij. 'Een nieuwe wereldoorlog. Dat is niet goed voor ons Joden.'

Maar meer dan dat liet hij nooit los. Hij wilde niet dat we bang werden. En volgens mij weigerde hij te geloven dat onze familie iets ergs zou overkomen.

In de herfst van 1940 had nazi-Duitsland niet alleen Polen, Oostenrijk en het grootste gedeelte van Tsjecho-Slowakije ingenomen, maar ook Denemarken, Noorwegen, Nederland, België, Luxemburg en Frankrijk. Hongarije had Karpato-Roethenië ingelijfd, een vazalrepubliek van de nazi's ten oosten van de nieuwe Slowaakse staat. Hongarije bezette ook Noord-Transsylvanië, een gebied dat deel uitmaakte van Roemenië. De rest van dat land kreeg een totalitair fascistisch regime, en in november, al snel nadat Hongarije zich had aangesloten bij het Driemogendhedenpact met Duitsland, Italië en Japan, voegde Roemenië zich bij de asmogendheden. In april 1941 deed Hongarije mee aan een door de Duitsers geleide aanval op Joegoslavië. Griekenland viel ook. Twee maanden later viel Hitler de Sovjet-Unie aan en werden in snel tempo de Oekraïne, Moldavië, Estland, Letland en Litouwen onder de voet gelopen. De systematische moord op Joodse burgers werd onmiddellijk daarna in gang gezet. Duizenden Joden die waren verdreven uit het door Hongarije bezette Karpatenvoorland werden overgeleverd aan de nazi-Duitse *Einsatzgruppen*, paramilitaire doodseskaders. Geen wonder dat Apu niet wilde dat we daar iets over te horen kregen.

In augustus 1941 werd het voor Joden in Hongarije bij wet verboden om met een niet-Jood te trouwen of er een seksuele relatie mee te hebben. Ik had hier allemaal geen weet van. Alle meisjes van mijn leeftijd werden geacht te trouwen en een gezin te stichten. We wisten niet wie onze toekomstige echtgenoot zou zijn, alleen wel dat hij Joods was. Maar in Bonyhád liepen in die dagen steeds minder jongemannen rond. Iedereen die de leeftijd had om in het leger te kunnen gaan, was de stad uit getrokken. Elke Joodse man tussen de achttien en achtenveertig moest zich melden bij de *munkaszolgálat* – de Hongaarse *Arbeitseinsatz*. Ze verrichtten dwangarbeid voor het leger, hanteerden spaden in plaats van geweren, omdat de anti-Joodse wetten hun verboden om de reguliere militaire dienstplicht te vervullen. Ze werden sadistisch behandeld door bewakers en soldaten in Hongaarse en Duitse uniformen, en werkten in mijnen, groeven loopgraven, legden wegen en spoorlijnen aan, en veegden met hun blote handen mijnenvelden schoon. Sommigen werden gedwongen hun eigen graf te graven.

In 1941 werden de meeste dwangarbeiders naar de Oekraïne en Joegoslavië gestuurd. Niemand van ons in Bonyhád had er enig idee van dat negen van de tien van die mannen de oorlog niet zouden overleven.

Ik vreesde de dag dat Imi oud genoeg zou zijn om opgeroepen te worden. Zo lang zou de oorlog toch niet duren?

1942

Niet lang na mijn achttiende verjaardag, in februari 1942 – hartje winter – werd mijn vader ziek.

Dat gebeurde tamelijk onverwacht. Ik weet niet wanneer wij kinderen ons realiseerden hoe slecht het ervoor stond. Apu was er de man niet naar om er veel aandacht aan te schenken. Eigenlijk kon ik me nauwelijks herinneren wanneer hij ooit eerder in bed was gebleven. Dokter Litzman, die had geholpen om elk van ons in dezelfde kamer ter wereld te brengen, liep af en aan, maar de glimlach onder zijn snorretje verflauwde zienderogen. Wij kinderen hielden ons zo koest mogelijk in het veranderde huis, en zoals gewoonlijk stelden we geen vragen. Mijn moeder bleef de rust zelve, maar kon haar zorgen niet geheel voor me verborgen houden.

Op een avond, toen ik mijn ouders welterusten wilde zeggen, liep ik op mijn tenen de door lampen verlichte slaapkamer van mijn ouders binnen. 's Winters was het binnen altijd heel donker, want omdat het zo koud was, stopten we de ruimte tussen de dubbele vensters vol om de wind en de vrieskou buiten te sluiten. De dikke gordijnen waren gesloten. Kooltjes gloeiden in de haard.

Toen ik bij het bed ging zitten, drong het tot me door hoe ziek hij was. Waarschijnlijk wist hij dat hij niet meer beter zou worden.

'Lily,' zei hij. 'Jij bent mijn oudste kind. Misschien weet je al wat ik tegen je wil zeggen.'

Misschien knikte ik. Misschien huilde ik zacht.

'Ik wil dat je je over je broertjes en zusjes ontfermt. Als ik er niet meer ben, zullen de kleintjes jou meer dan ooit nodig hebben, en je moeder ook.'

Hij hoefde zich er geen zorgen over te maken dat ik die taak niet op me zou nemen, vond ik. Ik was trots dat ik die last van zijn schouders kon halen. Ik besteedde al veel van mijn tijd aan het zorgen voor de kleintjes: ik hielp Bela met zijn huiswerk, borstelde Berta's haar. Al mijn broers en zussen keken nog steeds tegen me op. Ze trokken mijn gezag nooit in twijfel. Nog steeds in totale onwetendheid verkerend over de toestand in de rest van de wereld stelde ik hem snel gerust.

'Natuurlijk, Apu. Altijd.'

We wisten geen van beiden wat deze belofte zou gaan inhouden, hoelang ik dat voornemen in mijn hart zou meevoeren en hoe pijnlijk het voor me was toen ik mijn vader uiteindelijk moest teleurstellen.

Dat was de laatste keer dat ik hem onder vier ogen sprak. Een paar dagen later overleed hij, op een vrijdag, 's morgens vroeg. Toen we wakker werden, vertelde onze moeder wat er aan de hand was. Het verlies was overweldigend. Dit zou de allereerste vrijdagavond worden dat wij kinderen niet op een rijtje voor onze vader gingen staan om met gebogen hoofd zijn rustige zegen te ontvangen.

Hij was overleden aan een longontsteking. Een paar jaar later had hij misschien met antibiotica gered kunnen worden. Hij was niet oud, slechts in de vijftig, de jongste van zijn broers. En toch – en het klinkt misschien raar – heb ik het gevoel dat hij in zekere zin geluk heeft gehad door toen dood te gaan. Daardoor werd hem de ellende bespaard die ons allen te wachten stond. Hij heeft het lot van zijn gezin nooit hoeven meemaken.

Iemand, volgens mij Imi, ging naar de synagoge om het droeve nieuws te vertellen, en toen, zo voorspelbaar als de opgaande zon, begon het rouwproces.

Hoewel het de eerste keer was dat we door de dood bezocht werden, wist ik precies wat er zou gebeuren, omdat ik het al zo vaak had meegemaakt vanuit een andere positie. Alles wordt geregeld door de gemeenschap. De rituelen worden in gang gezet, en iedereen weet wat er op welk moment dient te geschieden. Aan dat vaste patroon heb je heel veel steun. Als iemand die in de rouw is, en vooral als vrouw, kon ik alle beslissingen aan anderen overlaten en hoefde ik alleen maar mijn moeder te troosten, en mezelf te laten troosten. De begrafenis werd iets uitgesteld door de sjabbat, maar ik wist dat mijn vader te ruste zou worden gelegd op de begraafplaats, de plek waar ook zijn voorouders al tientallen jaren waren bijgezet, en zijn zerk zou een jaar later worden geplaatst bij die van zijn ouders, grootouders en betovergrootouders, waar ook zijn ooms, tantes, neven en nichten lagen die zijn achternaam droegen. Op deze begraafplaats kwam de naam Engelman veelvuldig voor. Hier zou hij veilig zijn. Daar ligt hij nu, begraven in Bonyhád, als een van de allerlaatsten van onze gemeenschap.

Zeven dagen lang hadden we het huis vol familie en vrienden van alle leeftijden, vriendelijke en vertrouwde gezichten die we als kinderen al ons hele leven kenden. De spiegels waren afgedekt, en in het grootste vertrek van het huis, waar we altijd speelden en studeerden en aten, zat ik op een lage kruk, tussen de krukjes van mijn moeder en Imi, terwijl mensen in de rij stonden om ons te troosten. Dat heet de sjivve. Soms kwamen de kleintjes bij ons zitten, soms zaten we daar alleen. Maar de hele dag was het een komen en gaan van mensen, een voortdurende afleiding van praktisch medeleven. Mensen brachten eten en drinken en vriendelijke woorden, en bovenal herinneringen aan onze geliefde vader. Gesprek na gesprek werden we herinnerd aan elk aspect van zijn leven en zijn karakter: zijn kracht, zijn vriendelijke inborst, zijn rustige intelligentie. Elke dag kwamen er mensen, om ons niet alleen te laten met het schrijnende verdriet in ons hart. Zoveel mensen. Zoveel schalen met eten. Iedereen deed iets om te helpen: schoonmaken, koken, opruimen, alles werd ons uit handen genomen zonder dat we erom hoefden te vragen.

En op de een of andere manier werkt het, dit uitermate slimme systeem. Tegen de tijd dat de bezoekers waren vertrokken en we weer alleen waren, was de pijn een beetje verzacht. Er was vast wel een manier te verzinnen om zonder onze vader verder te gaan met ons leven. En dat markeerde voor mij het definitieve einde van mijn uitermate gelukkige jeugd.

Anyuka wilde dat alles bij het oude bleef, in elk geval zo veel mogelijk. Eerst ging ik gewoon weer naar school en maakte ik mijn huiswerk. Het dagelijks leven kwam weer op gang, en het voelde zelfs weer een beetje normaal, ondanks het verdriet door de afwezigheid van onze vader. Bela studeerde weer voor zijn bar mitswa en werkte 's avonds harder dan ooit. In tegenstelling tot Imi destijds zou hij uit de Thora moeten lezen zonder dat Apu trots toekeek. Ook nam hij zijn huiswerk serieuzer.

Op een middag kwam dokter Litzman langs. Hij had zijn camera bij zich. Misschien hoopte hij mijn moeder te kunnen opvrolijken door een gezinsportret te maken. Volgens mij was het niet gepland. De vier jongsten waren al uit school en Bela wilde net weggaan naar de beet midrasj.

De gedachte dat hij zijn Thorastudie moest missen voor zoiets frivools vervulde hem met ontzetting. Wat moest hij tegen de leraar zeggen?

'O, blijf toch... Blijf toch!' smeekte Berta toen hij het huis uit stormde.

Maar het was te laat. Hij was al weg.

'Maakt niet uit,' zei dokter Litzman, die het licht begon te meten en ons op de juiste plaats zette. Anyuka keek toe, glimlachte zowaar een beetje, en haar geweken lippen ontblootten haar regelmatige witte tanden, net zoals bij Berta en Piri gebeurde.

Imi stond achter de bank met de hoge rugleuning, waarop zelden iemand zat. Hij droeg zijn werkkostuum, compleet met wit overhemd en donkere stropdas. Op zijn bovenlip tekende zich de voorzichtige aanzet van een snorretje af, en hij begon steeds meer op onze vader te lijken. Tegen die tijd was ik ook al van school af en begon ik me anders te kleden dan mijn zussen. Volwassener. Ik droeg een kanten kraag. René, Piri en Berta hadden die dag allemaal identieke gingang jurken aan, met stoffen knopen en een witte gesteven kraag, en droegen grote strikken in hun haar. Ik had geleerd mijn donkere haar opgerold boven op mijn hoofd te dragen, in navolging van het wijduitstaande kapsel van filmsterren dat zo populair was in de jaren 1940. Half opgestoken, half hangend vormde deze coupe een heel modieuze omlijsting van mijn gezicht. Ik borstelde mijn haar intensief, 's morgens en 's avonds, om het glanzend te houden.

Dokter Litzman keek door de lens en gebaarde met zijn handen.

'Iets dichter naar elkaar toe, iets naar links, zo ja... lager...'

Ik zat met Berta op de bank, kaarsrecht, met een ernstig gezicht recht naar voren kijkend, zoals Imi, om als voorbeeld voor de rest te dienen. Achter ons, aan weerszijden van Imi, leunden René en Piri met een elleboog op de rugleuning, zoals ze waren geïnstrueerd.

'Alleraardigst. Even in de lens kijken... En lachen!'

Een oogverblindende flits. Ik wist dat ik niet met mijn ogen had geknipperd. Maar René had haar concentratie verloren. En alleen Berta en Piri, met hun hoofd naar elkaar toe gebogen, hadden eraan gedacht om te glimlachen.

'Nu ieder afzonderlijk?' stelde dokter Litzman voor.

Nu Berta voor de verandering ineens in haar eentje was, werd ze timide en verdrietig en durfde ze niet in de camera te kijken. Zo was ze anders nooit. Maar ik denk dat we allemaal veel ernstiger waren geworden sinds de dood van onze vader.

En toen was het voorbij. De meisjes stoven de deur uit en gingen naar hun vriendinnen, Imi ging naar sjoel en ik zette me met Anyuka aan mijn huishoudelijke taken. In huis was het weer een paar uur rustig.

Het spijt me nog steeds ontzettend dat we Bela zo gemakkelijk hebben laten gaan. Hoe konden we ook weten dat dit de allerlaatste foto werd waar alle kinderen op hadden kunnen staan? Bela's afwezigheid doet me nog steeds veel pijn, elke keer dat ik naar deze foto kijk.

19 maart - 15 mei 1944

Niemand was voorbereid op wat er komen zou. In zekere zin zou je kunnen zeggen dat we blind waren voor de harde realiteit. We vingen misschien weleens geruchten op, maar we geloofden ze niet. Hoe kun je geloven in het ongelofelijke? Hoe kun je je een voorstelling maken van iets wat onvoorstelbaar is? De oorlogsjaren gingen traag voorbij, en toch voelden we ons helemaal veilig in Bonyhád. Hongarije was een bondgenoot van Duitsland. We waren allemaal Hongaren. En deze hele toestand zou toch binnen niet al te lange tijd achter de rug zijn? De oorlog kon niet eeuwig blijven duren. Hitler trok zich toch terug? Aan het oostfront rukte het Rode Leger al maandenlang op.

Toen we hoorden dat Duitsland Hongarije was binnengevallen, kwam dat dan ook als een volslagen verrassing. Op 19 maart 1944 werd Boedapest door het Duitse leger ingenomen. Het was schokkend om te zien hoe ongelofelijk snel de Duitse troepen in Bonyhád aankwamen, gelaarsde soldaten met revolvers die het stadhuis bezetten.

Binnen een paar weken voelden we onze vrijheid wegglijden.

Het begon met de avondklok. Tussen zes uur 's avonds en zeven uur 's morgens mochten we niet meer naar buiten. We mochten Bonyhád sowieso niet uit. Alle Joodse winkels moesten worden gemarkeerd met een grote gele davidster, en bovendien met een bord waarop JUDENGESCHÄFT stond, Joodse winkel. Radio's en fotocamera's werden in beslag genomen.

De bevelen kwamen uit Boedapest, van de minister van Binnenlandse Zaken, en plaatselijke functionarissen en leiders van de Joodse gemeenschappen moesten ze uitvoeren. Sommige families hadden met een vooruitziende blik een deel van hun bezittingen aan hun christelijke vrienden in bewaring gegeven tot de crisis achter de rug zou zijn, of voor het geval al het andere zou worden afgepakt. Soms waren dit kostbare spullen, soms levensbehoeften als linnengoed of voorraden ganzenvet. Buren die tientallen jaren in harmonie met elkaar hadden geleefd, waren eerst bereid om te helpen. Maar al snel werden ook de in bewaring gegeven spullen opgespoord en geconfisqueerd. Een speciale gendarmerie-eenheid van sadistische agenten werd vanuit de hoofdstad naar Bonyhád gestuurd om de 'verborgen schatten' van de Joden op te sporen, daarbij geholpen door leden van de Volksbund, een nieuwe organisatie die met de nazi's heulde en bestond uit etnische Duitsers die in Hongarije woonden. Ze klopten bij mensen aan, ondervroegen hen op brute wijze, en namen geld, sieraden, fietsen, kleren, typemachines en telefoons in beslag.

Dit waren geen lieden die enige tegenspraak duldden. Nooit is het bij me opgekomen om de avondklok te negeren. Dat gold voor ieder van ons.

Twee dagen later zaten we gele sterren op onze kleren te naaien. Zonder zo'n ster mochten we niet naar buiten. Op school vingen mijn broer en zussen het woord 'jidlach' op, jid. Sommige jongens zochten ruzie met Joodse kinderen.

De leiders van onze gemeenschap werden gedwongen iedere Jood in Bonyhád te registreren. Alle Joodse organisaties werden verboden. Duitse officieren namen woonhuizen in beslag. Dat ik niet meer precies voor ogen heb wat het eerst en het laatst kwam, geeft aan hoe verward en hulpeloos we waren. Verbijsterd moesten we toezien hoe snel het leven veranderde.

Van ons allen besefte Imi waarschijnlijk als eerste hoe ernstig de situatie was geworden. Hij had al met zijn werk moeten stoppen. Het huis van de tandarts werd leeggeroofd, iets wat her en der gebeurde, en de vergunning voor zijn jachtgeweer werd ingetrokken. Alles van waarde wat hij overhield, stuurde hij naar een alom gerespecteerde vriend, zelfs stukjes goud die oorspronkelijk bestemd waren voor de vullingen van zijn patiënten. Imi besloot onze sjabbatkaarsen onherkenbaar te maken door ze in een of ander chemisch goedje onder te dompelen, waardoor ze zwart werden. Hij verstopte ze in de kelder. De gedachte dat hij het zonder die kaarsen zou moeten stellen was ondraaglijk voor hem.

Op 22 april was er weer een onaangekondigde inval. Deze keer zocht de gendarmerie naar 'vreemde Joden'. De Hongaarse gendarmerie. Ze begonnen Joden op te pakken die van het platteland kwamen.

Toen het bevel kwam dat we ons huis uit moesten om naar het getto te gaan, kregen we ongeveer een uur de tijd. Wanneer geüniformeerde mannen met geweren je bevelen om je huis te verlaten, heb je geen andere keuze dan doen wat ze zeggen. Natuurlijk waren we bang, maar we raakten niet erg in paniek, omdat we nauwelijks beseften wat er aan de hand was.

Ze logen ons voor. Talloze keren. We geloofden ze omdat we ze graag wilden geloven. We wilden er niet bij stilstaan wat het zou betekenen als we ze niet kónden geloven. We dachten dat we een paar dagen weg moesten, hooguit een paar weken. We hadden er geen idee van dat we nooit terug zouden keren. Dus namen we mee wat we bij de hand hadden, wat ons nuttig leek voor de komende dagen: beddengoed en kookspullen. Wat eten. Misschien nam Berta haar favoriete pop mee, of haar haarlinten. Bela nam waarschijnlijk studieboeken en gebedenboeken mee. Zelf was ik, net als mijn moeder, praktisch ingesteld. Wat hadden we nodig om onszelf in leven te houden? Zout, meel, kaarsen, zeep, dekens, kussens... wat nog meer? We hadden nauwelijks tijd om na te denken. Burgi kon ons nu niet helpen. Iedereen die niet Joods was mocht niet langer in een Joods huishouden werken. Ze kon dus niet langer bij ons wonen. We hebben haar nooit weergezien.

In die tijd waren er maar weinig mensen die met het hele gezin op vakantie gingen. Als we al ooit de stad uit gingen, was het voor een dagje weg in de zomer met mijn moeder – nooit mijn vader – of om bij familie in een andere plaats op bezoek te gaan. Dan gingen de oudere kinderen met de trein, vergezeld van een bevriende kennis of iemand van de familie die toch al die kant op moest en een oogje in het zeil kon houden. We hadden dan ook weinig koffers bij ons. Toen we werden gesommeerd naar het getto te gaan, konden we alleen meenemen wat we konden dragen, ongemakkelijk onder de arm genomen. Nou, we hoefden niet ver, dachten we... Hooguit een paar straten verderop.

Weer was het mijn oudste broer die een vooruitziende blik had. Imi rende naar de slaapkamer van onze moeder om een paar sieraden mee te nemen, niet omdat ze zo kostbaar waren, maar omdat hij wist dat we er zo aan gehecht waren. Een paar flonkerende oorbellen van Anyuka, een paar ringen en mijn eigen gouden engelhangertje. Helemaal niet veel. Kleine spullen die je gemakkelijk in je zak kon meenemen.

Zo'n kleine wandeling, zo'n enorm grote verandering. Het 'lagere getto', bedoeld voor de praktiserende orthodoxe joden zoals wij, werd ingericht in de arme, verloederde wijk naast onze synagoge. Meer dan zevenhonderd vrienden en familieleden en buren, allemaal gebukt onder het gewicht van wat we konden dragen, werden samengedreven in het smalle straatje waar we nu gedwongen werden te gaan wonen. Hier waren de huizen veel kleiner en benauwder dan wat we gewend waren, en ze stonden dicht op elkaar. Aan beide einden van de straat stond een houten hek of schutting, met een soort deur erin die gemakkelijk bewaakt kon worden. We mochten er twee keer per week uit, één uur, om naar de markt te gaan. Er was nog een getto, niet ver bij ons vandaan, voor de gemeenschap van neologen, die werden geplaatst in hun gemeenschapsgebouwen. Dat was het 'hogere getto'. En er waren ook nog Joden die uit de dorpjes en gehuchten rond Bonyhád kwamen, sommige van verre. Iedereen werd bijeengedreven, maar we hadden geen idee wat het doel ervan was. Het was een maandag, 15 mei, praktisch acht weken nadat Adolf Eichmann in Boedapest was aangekomen. Die naam zei me destijds nog niets.

We realiseerden ons al snel dat we in het huis van iemand anders kwamen te wonen. Het was afschuwelijk om gedwongen te worden zelf een indringer te worden, maar iedereen zat toen in hetzelfde schuitje, we werden met z'n allen in een paar huizen geplaatst, zonder enige privacy, geen plek voor onszelf. Iedere Joodse familie kreeg een kamer toegewezen; die van ons bevond zich op de begane grond. Omdat er natuurlijk niet genoeg bedden waren voor iedereen, legden we beddengoed op de grond voor René en Piri en Berta en probeerden we er het beste van te maken. Ik zal vermoedelijk bij mijn moeder in één bed hebben geslapen, en Imi en Bela in het andere bed. Het was een benauwde ruimte, maar in elk geval waren we wel allemaal bij elkaar. In elk geval vormden we nog wel een gezin. We zaten gevangen in het getto, mochten er niet uit, maar we waren wel bij de mensen die ons het dierbaarst waren. Dat was het belangrijkst.

Zolang Anyuka en Imi en ik onze kalmte bewaarden, zo was me duidelijk, zouden de anderen niet bang zijn. En dat was ook zo. Ze vertrouwden ons. Berta was dan wel het kleintje van ons gezin, maar ze was toen ook al bijna twaalf, en ik kan me niet heugen haar ooit te hebben horen huilen of zeuren.

Zeker Imi bewaarde zijn kalmte. Ik weet niet waar of wanneer hij het gepakt had, maar hij was zo verstandig geweest om wat gereedschap mee te nemen. Zo gauw we veilig in onze eigen kamer waren en we de deur achter ons hadden dichtgedaan, keek hij naar onze voeten en vroeg Anyuka of ze hem een van haar schoenen wilde geven. Keek ze op van dat merkwaardige verzoek? Dat weet ik niet meer, maar de schoenen kan ik me nog helder voor de geest halen: keurige, smalle schoenen van donkerbruin leer. Gewone veterschoenen, met kleine oogjes. Praktisch en elegant tegelijk. Maar niets bijzonders. Geen tierelantijnen. Schoenen zoals honderden vrouwen die in 1944 droegen. Schoenen die overal bij pasten. En ze hadden een flinke hak – stevig en hoog tegelijk, met verschillende laagjes, vierkant – zo'n twee of drie centimeter hoog. Vergeet niet dat schoenen destijds een hele tijd meekonden. Wanneer ze begonnen te slijten, kon er gemakkelijk een nieuwe zool of hak onder gezet worden.

We keken allemaal verbijsterd toe hoe Imi de schoen van onze moeder pakte en het harde leren onderlaagje van de hak verwijderde, voorzichtig om de metalen spijkertjes niet te verbuigen. Daarna holde hij met een beitel de volgende laag uit zodat er een kleine bergplaats ontstond. Hij pakte haar oorbellen, haar ringen en ook mijn gouden hangertje, en stopte ze erin, zodat ze niet te zien waren. Ze pasten precies. Er hoefde geen extra vulling bij gedaan te worden. En je hoorde niets rammelen.

Zonder al te veel lawaai te maken lukte het hem om de oude afdeklaag van de hak weer op zijn plek te tikken, en nadat Anyuka even op haar schoenen had rondgelopen, stevig stampend, wist hij dat de sieraden veilig opgeborgen waren. Kijk. Dat was tenminste iets. Niemand kon ze nu vinden. Mijn eigen ketting was niet bijzonder waardevol. Volgens mij was het niet Imi's bedoeling om een soort verzekeringspolis te creëren. Een appeltje voor de dorst op de bank. Hij wist gewoon dat ik dol was op dat hangertje, en dat ik niet wilde dat het in vreemde handen zou komen. Daarom stelde hij het veilig voor me. Hij, die altijd rekening hield met anderen.

En toen pakten we de schamele bezittingen uit die we hadden meegenomen en bekeken we het krappe keukentje, dat we met alle families in dat huis moesten delen. Ook zochten we uit waar we ons konden wassen.

Het hielp dat onze oude vrienden en kennissen er ook waren, zodat we elkaar tot steun konden zijn. Onze rabbijn was er. De autoriteiten hadden een gettoraad aangesteld, die bestond uit de leiders van onze gemeenschap. Iedereen was het er al snel over eens dat het onderwijs aan de kinderen doorgang moest vinden, en dat het goed voor hen zou zijn om iets omhanden te hebben en met elkaar te kunnen spelen. Omdat het zomer was en er buiten genoeg ruimte was, werd er op straat lesgegeven. Dat was een goede afleiding.

Sommigen waren zo slim geweest om een naaimachine mee te nemen, of misschien waren die in de paar huizen van het getto al aanwezig. Nu er slechte tijden op komst waren, was het goed om een bepaalde vaardigheid te leren, vond iedereen. Want we wisten niet hoe we in de toekomst in ons levensonderhoud moesten voorzien. Daarom was het doel dat alle meisjes met een naaimachine konden omgaan, dat ze wisten hoe je de draad van de klos via alle haakjes en oogjes door de naald moest krijgen, en hoe je de spoel moest vullen en die in het spoelhuis moest plaatsen, als een zilveren kogel, en hoe je de spoeldraad van onderop door de zilveren plaat naar boven haalde. Het lukte ons al snel om de draden te plaatsen, de snelheid te reguleren en de spelden veilig tussen onze lippen te klemmen.

Maar ik moet bekennen dat ik maar een paar uur vooruit kon denken, of hooguit een dag. Ik moest Anyuka helpen om ervoor te zorgen dat iedereen genoeg te eten en te drinken kreeg, dat er gekookt kon worden, en dat we konden slapen en wassen. Ik denk eigenlijk niet dat we verder vooruit wilden kijken. Hoewel we van de autoriteiten alleen op bepaalde uren naar de markt mochten, nadat de andere inwoners van de stad hun boodschappen hadden ingeslagen, leden we geen honger, omdat de marktkooplui alle spullen achterhielden waarvan ze wisten dat wij die later op de dag zouden kopen.

Jaren later hoorde ik zowel afschuwelijke als hoopvolle verhalen over die dagen in het getto in Bonyhád. Over de juwelier, meneer Fulop

Eibenschutz, een oude man die de groeiende spanning en onzekerheid zo ondraaglijk vond dat hij een einde aan zijn leven maakte. Over ansichtkaarten, geschreven aan familie, die over de schutting werden gegooid, waarna ze door sympathiserende voorbijgangers werden opgeraapt en op de bus werden gedaan. Over een groep zigeuners uit de buurt die medelijden met ons hadden en versgebakken broden over het hek gooiden. Maar tegen die tijd was ik al vertrokken. Want Imi en ik hadden net een nacht in het getto doorgebracht toen we allebei weer werden weggestuurd.

16 mei - 28 juni 1944

Onze namen stonden elk op een andere lijst. Imi en nog eenentwintig tienerjongens werden overgedragen aan een plaatselijke paramilitaire commandant. Ik denk dat we blij waren dat ze vonden dat Bela te jong was om mee te gaan. We hadden geen idee waar de oudere jongens naartoe werden gebracht.

Ik werd met de grootste groep, bijna allemaal vrouwen, naar een boerderij gebracht, Juhe-Manor geheten, een flinke wandeling vanaf de stad. Alle arbeidstekorten die door de oorlog waren ontstaan moesten door Joden worden aangevuld. Andere jonge vrouwen werden naar een andere boerderij gebracht. Ik was een van de jongsten van onze groep, samen met mijn oude schoolvriendinnen Berta Herman, Olga Pollak, Edit Berkovits en Hilda Banda. Hilda's zusje Frida was er ook, en zij en Livia en Tibor Liechner waren ongeveer van Renés leeftijd – nog geen achttien – maar de kinderen van de familie Liechner hadden hun ouders tenminste nog bij zich. Dat was belangrijk, vonden we allemaal: dat gezinnen bij elkaar bleven. Van de families Engel en Brick mocht er ook een kind mee, een meisje en een jongen die hooguit twaalf waren, Berta's leeftijd. Er waren ook oudere vrouwen in de groep, die niet op het land werkten, maar voor ons kookten.

De volgende nacht sliepen we dus in een schuur, op stro. Gelukkig hadden we dekens meegenomen.

Het was onze taak om te wieden en de harde grond rondom de opkomende maisplantjes onkruidvrij te maken. De akkers leken zich tot in het oneindige uit te strekken. Nu hadden we zelf thuis een tuin, en 's zomers verbouwden we zelfs mais, dus ik wist hoe je moest wieden. Het was nog vroeg in het jaar, dus de planten kwamen net op en waren groen en nog niet zo hoog.

Maar het was bloedheet, en we waren er niet aan gewend om zulk zwaar lichamelijk werk te verrichten, laat staan om de hele dag in de hitte te werken, met heel weinig water. Ik schoffelde twaalf uur lang, een zich steeds herhalende bezigheid waar ik heel mijn lijf voor nodig had: mijn voet op de gaffel om het onkruid los te steken, dan de steel naar achteren trekken, bukken, het onkruid heen en weer schudden om de wortels van aarde te ontdoen, en het onkruid op een hoop gooien. En vervolgens moest al het onkruid worden verzameld en op één grote berg worden gegooid. Binnen een paar uur had ik blaren op mijn zachte handen. Ik was het niet gewoon om met mijn handen te koken of de was te doen; meestal gebruikte ik mijn vingers hooguit om de bladzijden van een boek om te slaan, en ik werkte eigenlijk nooit op het land. Aan het eind van de dag waren mijn handen ruw geworden en bloedden ze, en mijn rug deed pijn. Het hielp ook niet dat ik zo klein was.

We waren allemaal zo moe dat het die nacht geen enkele moeite kostte om in slaap te vallen. 's Morgens begon het werk weer, en toen waren we niet alleen stijf maar deed ons hele lijf pijn. Zo zag ons leven er dus uit, dachten we. Het was hard werken en we moesten lange dagen maken, maar we zouden er niet dood aan gaan. We zouden het wel overleven, dachten we.

Er ging niemand met ons mee om ons te bewaken. Toch kwam het geen moment bij ons op om te vluchten. Want wat zou dat voor zin hebben gehad? Waar moesten we dan naartoe? We waren weliswaar moe, we maakten ons zorgen over hoe het de anderen van onze families in het getto verging, hoe het met onze vaders en broers gesteld was die ergens ver weg waren, maar we waren niet echt bang. Nog niet. Eén week werd twee weken, twee werden drie. Tegen de tijd dat de zesde week aanbrak, waren we de tel al bijna kwijt.

Op een dag, toen het werk nog lang niet af was, werd ons bevolen ons gereedschap neer te leggen en terug te gaan naar het getto. Het enige waar ik aan kon denken was hoezeer ik naar mijn moeder en zussen en Bela verlangde. Ik hoopte erachter te komen, als dat mogelijk was, hoe het met Imi was, en of iemand wist waar hij was. Was hij inmiddels teruggekeerd en zou ik hem weerzien? Ik denk dat we nog het bezorgdst waren over onze moeders, die het in hun eentje moesten rooien met de jongere kinderen, baby's en oude mensen. We wilden graag terug naar Bonyhád. We waren blij dat we weer naar huis konden. Op de een of andere manier koesterden we nog steeds geen argwaan.

Weer bij elkaar zijn. Wat waren we blij om elkaar weer te zien. René omhelsde me en Piri zei nauwelijks iets over wat er in mijn afwezigheid gebeurd was, en daarom vroeg ik er niet naar. Ik zou zelf wel zien hoe moeilijk ze het hadden gehad. Toen ik hoorde hoe lief en schattig Berta die verschrikkelijke weken was geweest, was ik heel trots op mijn kleine zusje. Wat is het toch een geweldige meid, werd er gezegd. Het leven heeft nog zoveel voor haar in petto. Bela was stilletjes doorgegaan met zijn studie en klaagde nooit. Alle kinderen wilden het onze moeder zo makkelijk mogelijk maken.

Ik had gehoopt dat Imi misschien ook weer terug was gekomen, maar niemand had iets van hem of de andere jongemannen vernomen. Het getto was het domein geworden van vrouwen, kleine kinderen en bejaarden.

Ik was nog bezig het vuil en het stof van het platteland uit mijn kleren te kloppen toen we het bevel kregen om weer onze spullen te pakken. Deze keer werd ons alleen verteld dat we niet veel hoefden mee te nemen: twee setjes ondergoed en wat eten. Natuurlijk wilden we wel meer meenemen, maar er werd ons verzekerd dat we ons geen zorgen hoefden te maken en dat we weinig nodig zouden hebben.

En natuurlijk vertrouwden we hen. Misschien kwam dat doordat we de instructies kregen van mensen die we kenden: de Joodse functionarissen in het getto. Al snel gingen er allerlei geruchten rond, van huis tot huis, van kamer tot kamer, maar niemand wist iets zeker. We zouden niet lang wegblijven. We zouden ergens anders tewerk worden gesteld. We hadden geen radio, geen krant, en we konden op geen enkele wijze weten dat in stadjes en dorpen in heel Hongarije Joden waren opgepakt en weggevoerd uit hun tijdelijke getto's. We verwachtten dat we ergens naartoe gebracht zouden worden, maar waarheen wist geen mens. We moeten op God vertrouwen, hielden we onszelf voor. We zúllen op God vertrouwen.

Het gerucht dat we binnenkort zouden vertrekken had zich waarschijnlijk snel door de stad verspreid, want op een gegeven moment ontstond er een ontzettende commotie. Aan de andere kant van de schutting was een jonge vrouw, Chava, luidruchtig aan het huilen en jammeren.

'Vergeef me, vergeef me, *mame*,' smeekte ze.

Ze wilde afscheid nemen van haar zussen en haar moeder, die in het getto waren. Chava had haar moeder niet meer gezien nadat ze verliefd was geworden op een christelijke man en met hem was getrouwd. Dat was voor haar strenggelovige moeder de aanleiding om haar te verstoten, zoals haar geloof haar gebood. Ze rouwde om haar dochter alsof die was overleden, compleet met de sjivve, zoals toen gebruikelijk was.

'Ik vergeef je,' zei ze nu tegen haar dochter.

28 juni - 3 juli 1944

Die avond werden we bijeengedreven in onze synagoge. De enige plek waar je kon liggen was op de tegelvloer. We deden nauwelijks een oog dicht. Bij elke stap die we deden kregen we nieuwe vernederingen te verduren, en de situatie leek verslechterd. Het was alsof we langzaam gehard werden. 's Morgens moesten we weer ergens anders naartoe. Deze keer vertrokken we naar het sportterrein van de stad, een grote open ruimte, niet ver van het goederenstation.

Piri moest hoognodig naar de wc, maar hier waren totaal geen faciliteiten. Alleen een kraan. Ze hield het zo lang mogelijk op – dat deden we allemaal – maar we hadden gewoon geen keuze en moesten het in het open veld doen, waar iedereen je kon zien. De schaamte. Voor haar was het nog het ergst, omdat ze zo schoon was op zichzelf, en van ons zessen was ze veruit het meest timide, en nog maar vijftien. Ze klaagde niet, maar ik wist hoe moeilijk het voor haar was.

Maar we zaten allemaal in hetzelfde schuitje. En we waren nog bij elkaar.

Twee dagen en twee nachten lieten ze ons in onzekerheid op dat veld. We sliepen buiten onder de sterren, zonder dekens, en hadden geen idee wat er stond te gebeuren. De nachten waren warm, dus we hadden weinig nodig. We sloegen ons er met z'n zessen doorheen en probeerden er het beste van te maken, maar het was veel moeilijker voor anderen, die nog minder mee hadden kunnen nemen dan wij – moeders met baby's, hoogbejaarden, zieken. Een paar mensen uit de stad, een drietal automonteurs, trokken zich ons lot aan en kwamen aanzetten met warm eten, waarbij ze de regel aan hun laars lapten dat Joden en niet-Joden geen contact met elkaar mochten hebben.

De tweede dag was een vrijdag. Anyuka wilde per se dat wij meisjes ons haar zouden wassen, onze weelderige bos donker golvend haar waar ze zo trots op was en waaraan we waarschijnlijk het predicaat 'de knappe meiden van Engelman' te danken hadden. We hadden alle vier exact dezelfde kleur haar. Onze moeder zag niet in waarom we onze gewoonten zouden laten versloffen. Misschien zag ze in dat het iets was om ons bezig te houden. We konden onszelf wijsmaken dat ons leven gewoon doorging als we ons haar moesten wassen voor de sjabbat. Daardoor raakten we niet in paniek. Door onze moeder raakten we niet in paniek.

Het duurde een eeuwigheid, het in de rij staan wachten, om de beurt ons hoofd onder de kraan houden en huiveren omdat het water koud was, elkaar helpen, ons haar kammen en in de zon laten drogen, elke klit uit ons haar halen. In juni gaat de zon pas laat onder. De dag duurde heel lang. We hadden geen kandelaars, maar Anyuka had onze sjabbatkaarsen in onze bundeltjes verstopt. Vlak voor zonsondergang knielde ze met ons en probeerde ze onze twee kaarsen rechtop te zetten in het verdorde gras.

Ze stak ze aan, spreidde haar handen om de sjabbat te verwelkomen en bedekte haar ogen.

'*Baroech ata Adonai, Eloheinoe Melech Ha'olam, asjer kid'sjanoe b'mitzvotav v'tzivanoe l'hadlik ner sjel Sjabbat*,' zei ze, zoals elke vrijdagavond. Gezegend zijt U, Heer onze God, Koning van het Universum, die ons heeft gezegend met Zijn geboden en ons heeft bevolen de sjabbatkaarsen aan te steken.

Toen ik opkeek, zag ik nog meer tweetallen kaarsen in het donker flakkeren, misschien wel honderd, die de gezichten van evenveel andere moeders en hun kinderen voor de laatste keer verlichtten.

'Maak je geen zorgen,' zeiden ze tegen ons toen we uit Bonyhád vertrokken. 'Jullie blijven allemaal bij elkaar. Het is maar tijdelijk. Jullie komen weer terug.'

Wat waren we onnozel. Gemakkelijk voor de gek te houden.

We namen zo veel mogelijk mee. Steeds een beetje minder.

Onze eerste reis met de trein was maar veertig kilometer, maar het duurde de hele nacht. De wagons hadden houten banken. De trein stopte in het donker, zonder aankondiging of uitleg, en bleef dan staan op een of ander stationnetje, of ergens in het niets, urenlang. We luisterden naar elkaars ademhaling en probeerden geen vragen te stellen die niemand kon beantwoorden.

Ze lieten ons er in Pécs uit. Vanaf het station moesten we naar de legerbarakken van Lakics lopen. Dat was een soort doorgangskamp, waar al duizenden mensen zaten, Joden uit de comitaten Tolna en Baranya. Mensen net als wij, waardoor we onszelf zagen zoals we waren: ontredderd en steeds meer vernederd, gedwongen om in vieze stallen op stro te slapen, als beesten in plaats van als mensen. Het was allemaal zo verwarrend. Met wat voor doel waren we hier allemaal naartoe gebracht? We probeerden elkaar en onszelf gerust te stellen. Waarschijnlijk waren we op weg naar een ander werkkamp. Dat was de enige reden die we konden bedenken waarom we weer naar elders waren overgebracht.

En weer leidden de nazi's ons om de tuin. Dat was de hele opzet van dit alles. Tot op zekere hoogte hielden ze ook degenen voor de gek die de bevelen zonder morren uitvoerden. Wanneer we van de bewakers te horen kregen dat de jongeren aan het werk zouden gaan en de ouderen bij de kinderen zouden blijven, geloofden we ze zonder meer. We konden geen andere verklaring bedenken. Driekwart of meer van de Joden in Hongarije was al uitgeroeid. Maar daar wisten wij niets van. En trouwens, wanneer je je best doet om voor kleine kinderen te zorgen die gevoed en gewassen en in slaap gewiegd moeten worden, en voor mensen die ziek zijn, of verzwakt door ouderdom, en er is geen enkele gezonde man in je midden, dan kun je nauwelijks een paar uur vooruitdenken. Of misschien waren we er wel te zeer aan gewend om te doen wat mannen ons opdroegen.

Het moet door heel Hongarije hetzelfde zijn geweest. Het moeilijkst om te begrijpen, het pijnlijkst om bij stil te staan, is het feit dat de Duitse autoriteiten dat zonder Hongaarse hulp nooit voor elkaar hadden gekregen. Er waren bij lange na niet genoeg Duitse soldaten om al die duizenden mensen in het hele land onder de duim te houden. Het waren Hongaren, niet Duitsers, die ons bevelen gaven in Bonyhád en Pécs.

Hoe was dat mogelijk? Hoe konden onze eigen mensen zich ineens tegen ons keren? Natuurlijk gold dat niet voor iedereen. De burgemeester van Szekszárd was zo moedig geweest om zijn veto uit te spreken over een getto in zijn stad. Maar dat had er alleen maar toe geleid dat de naar schatting honderd Joden van Szekszárd naar het getto van Bonyhád werden gestuurd, twintig kilometer verderop. En daarna naar Pécs. Hij kon ze niet redden.

Er was geen ontkomen aan. Misschien had een jongeman een poging kunnen wagen, maar iedereen in het kamp gebruikte alle kracht om iemand anders te helpen, iemand die het nog moeilijker had. Moeders zorgden voor hun kleintjes. Jonge meisjes zorgden voor hun moeders. Het was heet. We hadden honger en dorst. We probeerden stap voor stap de dag door te komen, minuut na minuut, uur na uur. We zagen eenvoudig niet hoe groot het gevaar was waarin we verkeerden.

We hadden geen zeggenschap over wat we te eten kregen. We moesten in de rij staan voor soep uit een keuken die buiten op het plein was neergezet. Van privacy was geen sprake meer. Maar het ergst waren de latrines. De enige plek waar je je behoefte kon doen was op gemeenschappelijke openluchtlatrines, totaal niet afgeschermd, geen scheiding tussen vrouwen, mannen en kinderen, en de hele tijd stonden er mensen op je te wachten. Kun je je voorstellen hoe verschrikkelijk dat was voor Piri? Overal waren er altijd zo ontzettend veel mensen dat ik constant bang was dat ik mijn zussen en mijn moeder en Bela kwijt zou raken. We deden nooit iets in ons eentje.

We konden alleen maar afwachten.

De tijd gaat ontzettend traag wanneer je niet precies weet waarop je wacht.

Drie dagen. Drie nachten. We wisten op de een of andere manier te overleven, omdat we daar nog een gezin vormden en met z'n zessen bij elkaar waren.

5 - 9 juli 1944

En nu moet ik even stoppen om na te denken. Met woorden kan ik nauwelijks omschrijven wat er daarna gebeurde. Maar woorden zijn het enige wat ik heb.

Ik maakte deze tijd wel mee, maar ik begreep er niets van, dus hoe kan ik uitleggen hoe het was aan iemand die het niet heeft meegemaakt? Ik probeer in mijn hoofd terug te gaan, om te begrijpen hoe het kan dat ons hart gewoon bleef kloppen, dat we bleven ademen, hoe we dit deden en dat deden, het mechanisme van onze momenten, hoe het in hemelsnaam mogelijk was dat dit kon gebeuren. Ik weet dat alles gewoon doorging, omdat ik het niet van me af kan zetten.

Ik zie nu in dat we gewoon verdoofd waren. Ik voelde wel dingen, maar toch voelde ik niets. Ik had wel gedachten, maar ik kon niet nadenken. Geconfronteerd met zoveel onmenselijkheid deed niets het bij me zoals het zou moeten doen. Het idee dat de ene mens dit de andere kan aandoen is me even te veel.

Met elke verandering in onze situatie verflauwden de voorwendsels steeds meer. Het werd steeds minder de moeite waard om te verzwijgen wat er komen ging. De onontkoombaarheid ervan. Of misschien was men bewust zo wreed, was dit alles bedoeld om het proces van ontmenselijking in gang te zetten. Nu schuifelden we in groten getale naar het goederenperron van het station van Pécs. Mannen met geweren maanden ons te blijven lopen. Uniformen en laarzen hielden ons in bedwang. Hongaarse politieagenten dwongen ons verder. We zagen meteen al dat dit geen treinen waren zoals we die kenden, met stoelen en ramen en coupés. Hier stonden goederenwagons, zonder ramen, donker, hoog, met schuifdeuren en sloten. We moesten elkaar helpen om erin te klimmen. Hoe pasten we er met zovelen in?

Onze wagon zat al bomvol. We werden van achteren naar binnen geduwd, maar we konden nergens heen, want als je naar voren ging, werd je tegen de vrouwen en kinderen gedrukt die voor je naar binnen waren geperst. Sommigen vielen, het is afschuwelijk om op iemand te stappen die leeft, en we kregen praktisch geen lucht. Er was gewoon geen zuurstof. Alleen maar lichamen, bange, verschrikte, ongewassen lichamen, meedogenloos in een ruimte geperst die veel te klein was om ze te kunnen bevatten. Misschien voelden we aan dat hier al eerder mensen waren geweest, want er hing een penetrante stank. Je kon je niet omdraaien om te vluchten. Je kon nergens naartoe. Het was duidelijk wat er met je zou gebeuren als je dat probeerde. En waarom zouden we elkaar in de steek laten? Waar konden we heen? Het was zaak om bij elkaar te blijven. Wij zessen. We waren gelukkig niet omringd door vreemden. We waren in het gezelschap van onze vrienden en onze nichten uit Bonyhád, al was niet iedereen er. Ik zag Hilda niet. Je kon niet van al je vrienden bijhouden waar ze waren. Alle groepjes wilden bij elkaar blijven. Alle moeders, jong of oud, wilden bovenal bij hun dochters blijven, bij hun zonen, hun baby's, hun bejaarde ouders, en zelfs hun grootouders.

Er werd geduwd. En nog meer geduwd. Hoeveel mensen konden er in vredesnaam nog meer in zo'n krappe ruimte worden geperst? We vielen bijna flauw. En toen werden de deuren dichtgeschoven en misschien op slot gedaan, dat weet ik niet meer. We stonden allemaal zo dicht op elkaar dat we eerst alleen maar konden staan, opgesloten, bedwelmd door de op een na ergste stank ter wereld. Menselijke uitwerpselen, zweet en doodsangst en braaksel, nieuw en tegelijkertijd oud. Elke ademhaling was een worsteling. Nog nooit raakte ik zo in paniek. Ik hield René en Piri angstvallig bij de hand vast. De trein zette zich in beweging.

In elke wagon stonden twee emmers, de ene gevuld met water en de andere om als toilet gebruikt te worden. Ik snap niet dat ze rechtop bleven staan, al was ik er zelf bij. Hoe we ooit bij ze kwamen en de vernedering ondergingen om ze te gebruiken of ze niet gebruikten, weet ik niet. Hoe we de beperkte hoeveelheid water en eten die we bij ons hadden deelden. Hoe iemand een hap door zijn keel kon krijgen in zo'n walmende stank. Al die details weet ik niet meer. Ik denk dat je geest ophoudt te functioneren zoals zou moeten wanneer een situatie ondraaglijk wordt. Wanneer elke logica ontbreekt, elke verklaring, kun je niet langer echt nadenken of voelen. Je wordt een soort zombie.

Ik ben er ook van overtuigd dat er dingen zijn die mijn geest zich niet langer wenst te herinneren. Er is zoveel wat ik nog wel weet, tot in detail, zelfs na al die tientallen jaren. Maar als ik terugdenk aan die dagen en nachten toen we op transport gingen, toen de nachtmerrie pas echt begon, en ik me afvraag hoe we het redden, hoe we ademden, wat we die dagen en nachten deden, komt er niets bij me op. Ik heb niet meer inzicht dan wie dan ook in hoe dit ooit mogelijk was.

We stonden allemaal dicht tegen elkaar aan, maar mijn moeder hield Berta het dichtst tegen zich aan gedrukt en beschermde haar constant. Bela – dertien en net zijn bar mitswa gehad – voelde zich nu een jongeman, geen kind meer, geen jongetje. Hij vond dat hij zelf niet meer beschermd hoefde te worden, maar dat hij anderen nu kon beschermen. Ik stond ingeklemd tussen René en Piri, die nog meer van slag was door alle viezigheid dan de rest van ons. Ruimte om te gaan liggen was er niet, soms kon je niet eens gaan zitten. Je moest gewoon slapen zo goed en zo kwaad als dat kon, ongeacht waar je was en of je stond of zat. Het was onmogelijk om voor langere tijd de wereld buiten te sluiten door te gaan slapen. Er was totaal geen mogelijkheid om je te wassen. De viezigheid was onvoorstelbaar.

Juli was altijd al de heetste maand van het jaar in Hongarije, maar in de zomer van 1944 was het heter dan we ooit hadden meegemaakt. Die eeuw zou het in Europa niet meer zo heet worden. De temperatuur liep steeds verder op. De stank werd steeds erger. Bij elke schommelende beweging die de trein maakte klotste de inhoud van de emmer over de rand, tot de smeerboel overal zat. Het was niet te harden, maar we hadden geen keuze. We moesten het zien te redden. Een zekere verdoving maakte zich van ons meester.

Elke dag bleef de trein één keer staan, soms urenlang. De deur van de wagon ging dan open en geüniformeerde mannen werden zichtbaar, met machinepistolen die ze op ons richtten, om te voorkomen dat iemand ervandoor zou gaan, en niemand van ons wist waar we waren of wat er aan de hand was. De emmers werden geleegd, water werd bijgevuld en de doden werden naar buiten gesleept.

Natuurlijk gingen er mensen dood. De hitte was verstikkend. Er was zo weinig te drinken. Droge lippen. Een droge keel. Sommigen waren al ziek voordat de reis begon. Later is me verteld dat de achterste wagon van elke trein leeg was, om de doden te bergen. Elk Joods lijk moest verantwoord worden. We zaten bij lijken opgesloten, elke dag een paar meer. Dit moeten de eerste doden zijn geweest die ik ooit zag, afgezien van mijn vader, maar zijn lichaam was eerbiedig afgedekt. Toch kan ik me er weinig meer van herinneren. Hoewel ik die mensen moet hebben gekend, zou ik nu niet hun namen kunnen zeggen. Het is niet te bevatten dat het niet eens een schok was om ze te zien sterven, want tegen die tijd was de situatie zo onmenselijk dat iedereen wel wilde sterven. Het maakte allemaal niets meer uit. Je was zo verdoofd dat iets wat heel schokkend zou moeten zijn niets betekende. Ik denk dat we al jaloers waren op de doden. Hoe kon sterven erger zijn dan blijven leven, op deze reis?

Op een gegeven moment moeten we de grens met bezet Polen zijn gepasseerd. Op een gegeven moment moeten de Hongaarse bewakers zijn weggegaan en moeten Duitsers het hebben overgenomen. Op een gegeven moment moeten we begrepen hebben dat we niet meer in Hongarije waren, maar nog steeds wisten we niet wat dit betekende.

Er werd weinig gezegd. Baby's huilden alsmaar door. Dat was het ergste. Moeders hadden hun niets te bieden. Bela hield het verloop van de dagen bij. We vertrokken op woensdag. Donderdag leefden we nog en waren we bij elkaar. Vrijdag leefden we nog, en we zagen de zon ondergaan door die hoge, betraliede opening, onze enige bron van lucht, iets wat je geen raam kon noemen. We wisten alleen dat de duisternis dieper werd, dus moest het sjabbat zijn. Op zaterdag waren we nog verder verzwakt. Ik kan me voorstellen dat we hebben gebeden, maar of we dat alleen of met elkaar deden, zou ik niet kunnen zeggen.

Anyuka liet niets merken van haar eigen angsten of verwachtingen. Maar ze moet een soort voorgevoel hebben gehad, een bepaald idee, want op de laatste hele dag dat we op transport waren, op sjabbat, zei ze ineens tegen me: 'Lily, misschien moeten we van schoenen ruilen.'

Ze maakte haar veters al los. Mijn eigen schoenen verschilden niet erg van de hare, maar ik stelde geen vragen. We konden ons praktisch niet bewegen zonder dat we anderen opzij drukten. Ik trok snel mijn veters los en gaf mijn schoenen aan haar. Nog warm van mijn voeten. In de schoenen van mijn moeder was haar warmte achtergebleven. Ik had natuurlijk wel in de gaten dat ze wilde dat ik me ontfermde over haar ringen, haar oorbellen en mijn kettinkje. Ik wist dat mijn broer Imi onze sieraden in de hak had verstopt. Maar op dat moment was ik dusdanig in shock van de reis dat ik eigenlijk niet nadacht over de betekenis van de ruil.

Ik moet tegenwoordig vaak aan dat moment denken. Waarom toen? Als ze niet op de een of andere manier vermoedde dat ze meer gevaar liep dan ik, waarom zou ze me dan hebben gevraagd van schoenen te wisselen? Wat zou ze hebben geweten dat ze niet aan ons wilde vertellen? Misschien veel meer dan we ons ooit konden voorstellen.

Meer kan ik me niet herinneren. Het viel me verder helemaal niet op dat ze een voorgevoel had. Onbaatzuchtig als altijd probeerde ze ons tot het laatst toe te beschermen. Een familietrekje.

De volgende dag was het 9 juli, en 's morgens haalde Anyuka het kleine beetje eten tevoorschijn dat ze in haar zak had bewaard – misschien een wortel, of een opgedroogde broodkorst die ze had opgespaard. Maar Bela schudde zijn hoofd.

'Ik mag vandaag niets eten, Anyuka. Ik moet vasten. Dat weet je wel.'

Zoals ik al zei was mijn broertje heel gelovig geworden. Misschien was dit zelfs de eerste vastendag sinds zijn bar mitswa. Hij nam zijn verplichtingen uitermate serieus. Dit was de zeventiende dag van de Joodse maand *tammoez*, maar omdat die dag op sjabbat viel, had Bela zijn vastentijd een dag uitgesteld, geheel volgens de geldende regels. Dit is de dag die het begin markeert van Bein ha-Metzarim, de Drie Weken. Het is een rouwperiode ter herdenking van het neerhalen van de muren van Jeruzalem, wat leidde tot de verwoesting van de tweede tempel door de Romeinen. Dan wordt ook het moment herdacht dat Mozes de stenen tafelen met de tien geboden kapotgooide en eiste dat men voortaan een godvrezend leven zou leiden.

'Eet alsjeblieft wat, Bela,' zei Anyuka zacht. Geen enkel gezin wilde de aandacht van anderen vestigen op het weinige eten dat ze hadden kunnen bewaren. En we hadden geen idee hoelang de reis nog zou duren, of wat we bij aankomst gedwongen werden te gaan doen. 'Toe, alsjeblieft. Je hebt al zo weinig gehad. Je moet eten. We weten niet wanneer we weer de kans krijgen iets te eten. God zal het je vergeven.'

Hoezeer ze ook op hem inpraatte, hij bleef weigeren.

'De avond valt zo,' zei hij steeds. 'Dan eet ik wel wat.'

9 juli 1944

Als ze ons hadden verteld wat ons reisdoel was, zouden we het nooit hebben geloofd. Zelfs op het allerlaatste moment, toen de deuren van de goederenwagon voor het laatst opengingen, wilden we er niet aan dat we ergens anders naartoe zouden gaan dan naar een plek om te werken. Sommige dingen kan de menselijke geest eenvoudigweg niet aan.

Je hoeft het ergste niet te vrezen als je het je niet kunt voorstellen.

De trein minderde ineens vaart en kwam tot stilstand. Heel even kon ik door het zogenaamde raampje kijken en zien wat er aan de hand was. Maar ik begreep niet wat ik zag. Een uitgestrekte, kleurloze plek, met heel veel gebouwen en enorm hoge hekken eromheen. Ik zag wel dingen bewegen maar wist niet wat het waren. Het leken geen menselijke gedaanten. Figuren zonder haar, bewegende rotsen. Het leek me een gekkenhuis.

En voordat het goed tot me doordrong, gleden de deuren open. Het zonlicht kwam binnen en onze ogen schrokken van de plotselinge verandering. Het was een stralende zomermiddag, de lucht was prachtig blauw en helder. Pure opluchting. Eindelijk mochten we eruit. Frisse lucht. Deze nachtmerrie kwam ten einde. Heel even waren we gelukkig. We dachten dat we binnenkort onze benen zouden kunnen strekken. Eindelijk mochten we uit deze stinkende wagon.

De mensen die buiten stonden, hardvochtig ogende mannen in gestreepte broeken en shirts, begonnen onmiddellijk te schreeuwen en maanden ons gejaagd om uit te stappen.

'*Geh raus! Geh raus! Schnell! Schnell!*'

Na vijf dagen in een krappe, vieze ruimte te hebben gezeten konden we ons nauwelijks bewegen. We hadden pijn, we hadden honger, we vielen om van de slaap, waren onvoorstelbaar vies en konden niet helder nadenken. We strompelden naar buiten, met onze gekoesterde bundeltjes, de schamele bezittingen die we uit Pécs hadden kunnen meenemen.

'Nee! Alles hier laten,' kregen we van deze vreemde mensen te horen. 'Die brengen we jullie wel na. Maak je maar niet ongerust. Daar zorgen wij wel voor.'

Mensen die in elkaar waren gezakt werden naar buiten gesleept. Er stonden ook soldaten op het perron, die toezicht hielden en ons commandeerden snel in de rij te gaan staan. Ze gaven orders aan de mannen die ons orders gaven en maanden ons op te schieten. Duizenden mensen strompelden de trein uit. Iedereen was net zo gedesoriënteerd als wij, op deze grote en onbekende plek die in niets leek op wat we kenden. Er hing een buitengewoon rare geur in de lucht, ontzettend smerig. En wat moesten we denken van al die mensen verderop die nauwelijks nog iets menselijks hadden?

Alles ging zo snel dat het pas tot ons doordrong wat er was gebeurd toen het achter de rug was.

'Opschieten! Opschieten!'

We werden naar voren geduwd, en de bejaarde mannen en oudere jongens werden gescheiden van de vrouwen en kinderen, tot we in twee aparte lange rijen stonden, vijf personen breed. Alles moest snel worden gedaan. Alles was perfect georganiseerd. De gestreepte mannen deden het werk. Ze wisten wat hun te doen stond. Daar zorgden de Duitse officieren wel voor. Hun honden liepen snuffelend om hen heen.

Plotseling waren wij aan de beurt om voor een ander type man te verschijnen. Na al die jaren zie ik hem nog voor me, al is zijn gezicht een waas. Zijn laarzen glommen als een spiegel. Hij droeg witte handschoenen, een legerpet en hield een staf in zijn hand. Een militair uniform. Buitengewoon elegant.

Na een snelle blik op je te hebben geworpen wees deze man met zijn staf naar rechts of links. We hadden geen idee wat dat betekende.

Mijn moeder en Bela en Berta moesten naar links. Alles voltrok zich in een mum van tijd.

Ik moest naar rechts. René en Piri ook.

Het ging zo snel dat we geen enkel woord konden wisselen.

Dat was het dan. Klaar.

Ik nam aan dat het eenvoudigweg betekende dat Anyuka en de kleintjes en alle andere moeders met baby's en jonge kinderen, en de bejaarden – de meesten die in de trein hadden gezeten, leek het – niet hoefden te gaan werken. De anderen, die waren afgezonderd, de jonge, sterke mensen, zouden ongetwijfeld aan het werk worden gezet. Naderhand zouden we de rest wel weer zien, als de werkdag ten einde liep, dacht ik. Daar maakten we ons geen zorgen om. Er was geen paniek. Als iemand ons op dat moment had verteld wat er werkelijk stond te gebeuren, zouden we die persoon voor gek hebben verklaard. We hadden geen flauw idee waar we waren. We hadden ons niet kunnen voorstellen dat zo'n oord überhaupt bestond.

'Onmogelijk. Dat kan niet waar zijn,' zouden we gezegd hebben.

Onze nichten waren bij mij, en René en Piri. Hilda was er gelukkig ook, en haar grote zussen Magda en Lola en Borishka. Hun broer, de op een na jongste van het gezin, was al opgepakt voor de munkaszolgálat, net als Imi. En een paar van de meisjes met wie ik samen in het maisveld had gewerkt waren ook bij ons. Dus op dat moment kenden we iedereen van onze groep nog.

Ik pakte mijn zussen elk bij een hand, links en rechts van me, en hield ze zo stevig mogelijk vast. Nog meer mannen in gestreepte kleding die ons hadden bevolen uit de trein te stappen – gevangenen die ook bewaker waren, leek het – bevalen ons naar een grote open plek te lopen, die ze een *Lager* noemden, en daarna moesten we naar een grote ruimte in een soort barak, waar we ons zouden voorbereiden op het douchen, zeiden ze tegen ons.

'Uitkleden! Alles laten liggen. Schnell!'

Ik weet nog dat ik mijn kleren netjes opvouwde, zoals ons was bevolen, en dat ik ervoor zorgde dat mijn zussen dat ook deden. We legden onze kleren op keurige stapeltjes. En toen moesten we spiernaakt aantreden in het bijzijn van onbekenden – onbekende mannen – voor het eerst van ons leven. Als kinderen waren we wel gezamenlijk in bad gegaan, maar nu waren we jonge vrouwen. Zelfs mijn eigen zussen had ik nog nooit op deze manier naakt gezien. Piri was zo jong, een meisje nog, nauwelijks een vrouw te noemen, nauwelijks gewend aan haar eigen veranderende lijf. We durfden niet naar elkaar te kijken.

Maar de vernedering werd erger. We moesten in de rij gaan staan voor een man met een tondeuse, die al ons haar afschoor, dat prachtige, lange haar, door onze moeder met zoveel zorg gewassen voor de reis. Ze schoren ons schaamhaar af. Haar dat niemand ooit nog had gezien. Voor sommigen was deze mishandeling te veel om te verdragen. Een meisje dat voor ons in de rij stond draaide ter plekke door. Ze raakte helemaal buiten zinnen. Ze kon niet tegen de schaamte en de angst en de gruwel. Ze werd afgevoerd.

De douches waren koud, er was geen zeep, geen privacy, en we stonden met z'n allen onder de waterstralen. Maar we waren zo bevuild door de reis dat zelfs dit koude water een verademing was.

Alles gebeurde ontzettend snel. Het was nog steeds zo warm dat het ons nauwelijks uitmaakte dat er geen handdoeken waren om ons mee af te drogen toen we weer naar buiten moesten.

Onze kleren waren allemaal weggehaald. Alleen de schoenen die we bij aankomst droegen stonden er nog. De schoenen van mijn moeder, die veilig op me wachtten. Ik stond er toen niet eens bij stil wat er in de hak verborgen was en wat dit voor mij betekende. Pas later drong het tot me door hoeveel geluk we hadden gehad, hoe ontzettend ongebruikelijk het voor ons als gevangenen was om onze eigen schoenen terug te krijgen. Ik vermoed dat er in de voorgaande weken zoveel Hongaarse Joden waren aangevoerd dat de voorraad klompen uiteindelijk was uitgeput.

We hadden geen tijd om na te denken. We moesten onmiddellijk achter elkaar aan langs een tafel lopen waarop hoge stapels andere kleren lagen. Kleren van andere mensen. Terwijl je langsliep kreeg je een willekeurig kledingstuk toegeworpen: een jurk, een rok, een bloes. Ze keken niet welke maat je had (mijn zussen en ik waren tamelijk tenger en allemaal zo'n beetje even lang), je moest gewoon aantrekken wat je kreeg. Hun maakte het niets uit. Mijn handen sloten zich om een lange grijze rok, veel te groot voor me. Forsere vrouwen trokken snel jurken aan die hun veel te klein waren. Iedereen droeg rare kleren. Geen ondergoed. Ik keek naar mijn zussen. Ze keken naar mij. Geen haar. Vreemde kleren aan. We herkenden elkaar gewoonweg niet meer. En we snapten niet in wat voor situatie we terecht waren gekomen.

Toen moesten we terug naar het Lager, en nu leek de lucht donkerder, grijzer. Het was alsof er een deken over alles heen lag, die de zon tegenhield. De verstikkende smerige stank die we bij aankomst hadden geroken, de weerzinwekkendste, indringendste geur die ik ooit had opgesnoven, werd steeds sterker. Niet ver bij ons vandaan stond een hoge schoorsteen, die kolkende wolken uitstootte, en felrode vlammen.

'Wat is dat voor fabriek?' vroeg ik aan een van de vrouwelijke gevangenen die al eerder waren gearriveerd. 'Wat wordt daar gemaakt? Wat is die afschuwelijke stank?'

'Daar wordt je familie verbrand,' vertelde ze. 'Je ouders, je zussen, je broers. Die worden daar verbrand.'

Toen we naar de douches waren geleid, hadden de bewakers ons verteld dat we onze familie zouden weerzien wanneer we klaar waren. Hoe konden we zo'n monstrueus idee serieus nemen? Wat waren de mensen hier vreemd.

'Denk je dat ik gek ben?' zei ik. 'Wat is dat voor verhaal? Dat is onmogelijk. Dat kan helemaal niet.'

We konden de andere gevangenen eenvoudigweg niet geloven. We konden ons niet voorstellen waarom iemand zoiets zou zeggen. We konden het niet bevatten. Een paar uur geleden hadden we nog bij onze familie gestaan. Met kleine baby's, kinderen die je nog op je heup of arm kon meedragen, kleine onschuldige wezentjes die nauwelijks oud genoeg waren om te kunnen lopen. Wie kon het zich voorstellen dat je een ander zou verbranden, iemand die geen mens kwaad had gedaan? Kinderen zelfs. Waarom vertelden deze vrouwen zulke afschuwelijke verhalen?

'Maak je maar niet ongerust,' zei ik tegen Piri. 'Natuurlijk is er met Berta en Bela niets aan de hand. Ze zijn gewoon ergens anders met Anyuka. Waarschijnlijk zien we ze morgen wel weer, zoals ze ons verteld hebben.'

We kregen een paar donkerbruine hompen die ze brood noemden. We draaiden het om en om in onze handen. Het was hard. Bijna zwart. En er zat een rare, zurige geur aan. Mijn zussen en ik hadden inmiddels flink honger gekregen, maar nog niet genoeg om dat te eten.

'Geef het aan ons! Geef het aan ons!' smeekten die andere vrouwen, de gevangenen die vóór ons waren gearriveerd en die er dus al iets langer waren. We voldeden graag aan hun verzoek. Die eerste dag gaven we ons brood maar al te graag weg. Het ging er bij ons niet in dat iemand iets kon eten wat nauwelijks voor voedsel kon doorgaan.

Dat was onze eerste avond.

We hadden al dagen niet geslapen. En nu konden we nergens anders liggen dan op de stenen grond van het Lager, dat grote open terrein tussen de barakken, alleen maar steen en brokkelige grijze aarde. Alles was grijs. Die nacht bleven we daar liggen, dicht tegen elkaar aan gekropen, René en Piri aan weerszijden van me. We bleven zo dicht mogelijk bij elkaar, niet voor de warmte maar voor de veiligheid. Ik wist dat ik mijn ogen niet van mijn zussen af mocht wenden zolang we in dit oord waren. Ik moest me over hen ontfermen, zoals ik had beloofd. Dat was het enige waar ze van op aan konden, het enige waar ze zich aan vast konden klampen. Alles wat ik zei zouden ze doen, zonder morren. Ze vertrouwden me volkomen. Ik mocht hun vertrouwen niet beschamen.

Elk plekje op het uitgestrekte terrein werd door schijnwerpers verlicht, dag en nacht. Het werd nooit echt donker. Altijd zag je de wachttorens en het prikkeldraad en de betonnen palen en de schrikdraadafrastering aan alle kanten. Ook het kabaal verstomde nooit: blaffende waakhonden, schreeuwende mannen, marcherende voeten, hekken die kletterend werden dichtgegooid, mensen die snikten en huilden, alles zo hard en rauw. En ook andere geluiden, beangstigende geluiden die onmogelijk te duiden waren.

Wat ik niet wist

Die eerste dag was er zoveel wat we niet geloofden of begrepen. Het was ook niet te vatten. Niets was logisch. We kregen zoveel leugens te horen. Informatie kwam traag tot ons, als dat al het geval was. Achter sommige feiten ben ik pas jaren later gekomen.

We moesten op de grond tussen de barakken slapen, omdat Birkenau al vol was. De nieuwelingen mochten blijven leven zolang ze konden werken, en er werd plaats voor ze gemaakt door hun voorgangers te vermoorden. Mensen waren hier niet meer dan een nummer. Zo gingen de nazi's te werk. Ze vervingen mensen. Om plaats te maken voor ons werden anderen doodgemaakt, vergast en vervolgens verbrand.

Al voordat Hongarije door de Duitsers werd ingenomen, moesten de kampen in Auschwitz groter worden gemaakt, en het transport op nietsontziende manier efficiënter. Bij een bestaand concentratiekamp werd een vernietigingskamp gebouwd. In mei was de nieuwe uitbreiding gereed: een spoorlijn met een perron in het centrum van Birkenau. De spoorlijn liep bijna anderhalve kilometer door, van het goederenstation in Oświęcim tot aan de gaskamers. De trein stopte tussen twee van de vier crematoria. Men liet geen minuut verloren gaan.

Ik wist niet dat er al meer dan twee maanden lang mensen waren aangevoerd in soortgelijke treinen als die van ons, vanuit allerlei regio's in Hongarije, ook uit de nieuw geannexeerde gebieden, minstens vierhonderdduizend Joden. Ik wist niet dat mijn hele familie van moederskant, die verspreid was over de stadjes in het zuidwesten van het land, onder wie mijn tante Gisela en mijn oom David, bij wie ik zo'n fijne tijd had doorgebracht in het jaar dat ik veertien werd, en mijn zesjarige neefje Loyaush, dat zo laat in hun leven was gekomen, en ook Anyuka's negen broers en zussen, en hun stiefbroers en -zussen, en bijna al hun kinderen, en hun neefjes en nichtjes, bijna iedereen die ik in mijn jeugd had liefgehad en gekend en bezocht, en andere familieleden die ik nooit had ontmoet – dat zij al hiernaartoe waren getransporteerd voordat iedereen in het getto van Bonyhád werd afgevoerd. Ik wist niet dat ik geen van hen ooit zou weerzien.

Ik wist toen niet dat ons transport, die stinkende trein uit Pécs, een van de allerlaatste was waarmee Hongaarse Joden naar Auschwitz werden gebracht. Dat op 7 juli, terwijl we langzaam in de richting van bezet Polen reden, Miklós Horthy, de leider van Hongarije, de deportaties eindelijk een halt toeriep. Dat tegen die tijd alleen de Joden in Boedapest nog afgevoerd moesten worden.

Ik wist niet dat we in de hel waren beland en dat we werden begroet door de 'Engel des Doods'. De man die zo achteloos besliste over leven en dood was Josef Mengele, de beruchtste van alle dokters in het kamp. Deze artsen stonden op het perron, de 'Rampe', en maakten de eerste van vele selecties waaraan mijn zussen en ik onderworpen werden. Dit is iets wat me in hoge mate bevreemdt. Het waren dokters, academisch gevormde artsen, hoogopgeleid en ontwikkeld, die hun opleiding en ervaring en kennis hadden moeten aanwenden om mensenlevens te redden, maar in plaats daarvan bepaalden ze meteen bij onze aankomst wie van ons rechtstreeks naar de gaskamer gingen en de dood zouden vinden, om vervolgens verbrand te worden. Zestien op de twintig van ons. Of wie in plaats daarvan dwangarbeid moesten verrichten, verschillende selecties moesten ondergaan en langzamer omkwamen, door ondervoeding, dorst, uitputting, ziekte, het harde werken, zelfmoord, geweld, kou. Of, in zeldzame gevallen zoals dat van mij, wie het overleefden en hun verhaal konden navertellen.

Ik wist niet dat de stank die ik rook die van verbrand vlees en botten was.

En het was echt een fabriek. Een vernietigingsfabriek, waarin men altijd streefde naar de grootst mogelijke efficiëntie, om zo veel mogelijk mensen in zo weinig mogelijk tijd te kunnen doodmaken.

10 juli 1944

In het holst van de nacht schrokken we wakker van een hard fluitsignaal.

'Schnell! Schnell!' Altijd dat woord.

Dag in, dag uit ging het zo. Het zou nog een paar uur duren voordat de zon opkwam, maar zo begon onze dag altijd. *Appell.*

We leerden wat het betekende om naast elkaar te moeten aantreden op de plek die ze de *Appellplatz* noemden, rij na rij, vijf gevangenen breed. Ik probeerde altijd tussen René en Piri in te gaan staan. Dat was niet rationeel, dat weet ik, maar ik had het gevoel dat ik hierdoor meer kans had om iets te doen als ze probeerden een van de twee weg te halen. Ik wilde zo dicht mogelijk bij hen blijven, en zij bij mij. We waren nu nummers geworden. Elke dag, soms meer dan eens, kwamen SS-officieren ons tellen. We moesten daar soms urenlang staan, hele ochtenden, het leek wel de hele dag, wachtend tot er iets gebeurde, tot iemand gevonden was. Je probeerde je niet te bewegen. Je moest doodstil blijven staan. Zelfs overledenen moesten op appèl komen. Wie 's nachts was overleden werd naar de Appellplatz gebracht en bij de levenden gelegd. Hoe ziek je ook was, je moest op het appèl verschijnen. Het enige waar ze belang aan hechtten was of de cijfers klopten. Daar kon niemand onderuit.

Wanneer ze tevreden waren gesteld, kregen we 'ontbijt'. Niet meer dan een onherkenbare zwarte vloeistof om te drinken. Ze noemden het koffie, maar het smaakte nergens naar. Het rook vreemd, chemisch. Het had geen enkele voedingswaarde en er was niets om de bittere, zurige smaak mee te zoeten. Het gerucht ging dat ze er een sedatief in deden, bromide, om zowel opstandige gevoelens als de menstruatie tegen te gaan. Maar verhongering en extreme stress hadden hetzelfde effect. Eén beker die je met z'n vijven moest delen: de eerste dronk iets en gaf het door aan de volgende, en dan de volgende, enzovoort.

Dit was met name afschuwelijk voor Piri, die zo door hygiëne geobsedeerd was. Immers: als iemand bij ons thuis haar glas ook maar had aangeraakt, weigerde ze eruit te drinken als het niet eerst schoongemaakt werd. We waren een gezin gewend waarin eten dat per ongeluk op de grond viel altijd zonder meer werd weggegooid. En nu hadden we niet eens een eigen beker. Je wist niet wiens lippen allemaal de rand hadden beroerd voordat je zelf aan de beurt was om te drinken. Een vreemde, opgedrongen intimiteit.

En toen werden we naar de barakken gestuurd waar we die nacht zouden slapen. Ze vertelden ons niet dat de vorige bewoners al dood waren. Het was een ruimte waar vroeger paarden werden gestald. Er was plaats voor ongeveer vijftig dieren. Nu propten ze er vijf- of zeshonderd vrouwen in en deden de deur dicht. Het enige wat er in de barakken stond, waren rijen stapelbedden, drie slaapplekken boven elkaar. Of eigenlijk waren het houten planken die met stro waren bedekt, en er was één dunne deken vol luizen per zeven of acht of meer personen.

De open latrines waren nog zo'n dagelijkse beproeving, voor ons allemaal. Ik liet Piri of René er niet alleen naartoe gaan. Duizenden gevangenen moesten zich behelpen met vijftig of zestig gaten, boven kuilen van cement, steeds drie naast elkaar, zonder bril, zonder tussenschotten, zonder deuren, zonder papier en vaak zonder water. Je zat er nooit alleen. Je werd voortdurend opgejaagd en verdrongen. Je kon er alleen op vaste tijden gebruik van maken, op hun bevel. Tal van vrouwen hadden last van buikklachten, hadden pijn, konden de boel niet ophouden. Je kon je bijna niet wassen; er was alleen een beetje koud water, en er stonden altijd zoveel mensen bij de kraan dat je heel lang moest wachten voor je aan de beurt was. En toch waagden we het dit water te drinken, stiekem, hoewel het smerig smaakte, alsof het vervuild was. Verder kregen we de hele dag niets anders te drinken dan die zogenaamde koffie.

Hoe kun je jezelf in zulke omstandigheden nog blijven zien als een mens, als je wordt gedwongen te leven in omstandigheden die zelfs een beest onwaardig zijn? Maar dat was precies hun opzet. Om ons het mens-zijn te ontnemen.

We hadden nog geen werktaken gekregen. Op die eerste dag werden we met honderden anderen opgesloten in die stinkende, donkere, raamloze ruimte, waar we niets te doen hadden en alleen maar elkaars handen konden vasthouden.

Tot de lunch.

Ook nu weer: één groot bord voor vijf personen. Ze noemden het soep. Het was onmogelijk om vast te stellen waar het van gemaakt was, en ook deze soep rook weerzinwekkend. Eerst kon Piri er helemaal niets van binnenhouden. Het lukte ons geen van allen om iets te eten, niet alleen vanwege het eten zelf maar ook vanwege de manier waarop we gedwongen werden te eten, van één groot bord, als beesten, zonder dat we ook maar één lepel kregen. We wisten niet wat het was dat we aten. We wisten niet wat voor vlees er mogelijk in zat.

In de middag klonk weer het fluitsignaal: appèl. We moesten een paar uur in de hitte blijven staan om geteld te worden. Er was minstens twee keer per dag appèl, altijd. Nadat ze ons geteld hadden, deden ze dat nog een keer. Als er niet twee keer hetzelfde getal uit kwam, vond er een derde telling plaats. Als iemand sinds die ochtend was overleden, moest haar lijk door onszelf naar de Appellplatz worden gebracht voor de telling, net als eerder op de dag.

En dan onze laatste maaltijd van de dag: een homp donker brood, dat we met ons vijven moesten delen, met een likje margarine of soms een lepeltje jam of iets dergelijks, gemaakt van koolraap of een andere knol. Met dat brood moesten we het doen tot de volgende avond. We kwamen er al snel achter dat we het beter konden opsparen, om er langer mee toe te kunnen. Later gebruikte ik het kostbare brood nog voor een heel ander doel.

Ik denk dat de barakken nog nooit zo overvol waren geweest. We lagen op de houten stapelbedden pal tegen elkaar aan, als haringen in een ton, kop aan staart, staart aan kop. Als iemand zich 's nachts omdraaide, moest iedereen ruimte maken. Als iemand een arm of been bewoog, voelde iedereen dat. Wanneer iemand zuchtte of kreunde of snikte, kon iedereen dat horen. Je ademde de lucht in die anderen net hadden uitgeademd. Ik sliep met René en Piri aan weerszijden van me, en mijn nichten in de buurt. We lagen die eerste nacht op het bovenste van de drie bedden, onder het dak, waar er nog de meeste ruimte was en niemand boven op je kon vallen. Ik zorgde er altijd voor dat we dat voordeel behielden.

Op een gegeven moment op die eerste dag, of misschien was het al de tweede dag, kwam er een vrouw langs, mogelijk een gevangene die was aangesteld om een bepaalde taak te verrichten en bepaalde privileges genoot. In het begin wist ik niet wie iedereen was, of wat ze wel of niet konden doen. Ze vertelde ons dat ze naar het kamp ging waar de anderen verbleven, de bejaarden en de kinderen.

'Wil je ze een berichtje sturen? Je kunt ze schrijven.'

Natuurlijk deed ik dat. Ik weet nog dat ik een brief aan mijn moeder schreef – in de stellige overtuiging dat ze die te lezen zou krijgen. Met haar schoenen aan schreef ik haar een geruststellende brief.

Lieve Anyuka, met ons gaat het goed, en ik hoop met jou ook. Ik ben hier met mijn zussen en pas goed op ze. We hopen je spoedig weer te zien...

Zoiets.

Ze hebben ons vast pen en papier gegeven. Ik snap niet waarom iemand zoiets wreeds zou willen doen. Alsof het een soort grap was. Of misschien dachten ze dat we niet in opstand zouden komen, niet gek zouden worden of gewoon iets langer zouden leven als ze ons op deze manier zouden voorliegen. Ik kan er geen verklaring voor vinden.

Wat deden ze eigenlijk met dat soort brieven?

Ik zou je niet precies kunnen vertellen wanneer ik met zekerheid wist dat ik mijn moeder nooit zou weerzien. Dat Bela en Berta ons voor altijd waren ontvallen. Dat ze nooit zouden opgroeien. Ik had het er met René of Piri niet over. Het was een pijnlijk besef dat geleidelijk tot me doordrong. De pijn was lichamelijk. En hij was onbeschrijfelijk.

Juli 1944

Wanneer ik probeer me te herinneren wat er in die tijd zoal door me heen ging en waar ik aan dacht, wanneer ik probeer mijn innerlijke wereld te beschrijven tegenover iemand die er niet bij was, schieten woorden tekort. Ik kan wel vertellen wat er gebeurde, maar ik kan het gevoel niet beschrijven. Ik denk dat dat juist zo afschuwelijk was: dat al je emoties je werden ontnomen, dat je ontmenselijkt werd, dat je niet langer in staat was iets te voelen. Alsof je lichaam niet meer van jou was. Zelfs je geest niet. Mensen konden alleen overleven door niets meer te voelen.

En zo werden we de mensen die we bij aankomst hadden gezien en verdeden we onze dagen door doelloos van de ene plek naar de andere te lopen. We liepen zo ver en zo vaak we konden. Zonder na te denken. Zonder planning. Zonder hoop. Zonder achterom te kijken. Zonder vooruit te kijken. Volslagen verdoofd. Als robots.

Ik nam René en Piri altijd mee. Ik verloor ze geen moment uit het oog. Hierdoor voelden ze zich enigszins veilig. En mij gaf dat een zekere doelgerichtheid. Dit was mijn aard, en dat was hun aard. Als oudste kind had ik thuis altijd de leiding gehad. Naar mij werd geluisterd. Er was nooit enige discussie over wat we moesten doen. Wat ik zei, dat was het. En zelfs hier, als ik zei dat het goed kwam, dachten ze dat ik wel gelijk zou hebben.

Het besef van wat er om ons heen gebeurde drong langzaam tot ons door. We verstonden in elk geval Duits. Sommige jonge vrouwen die uit andere delen van Hongarije kwamen spraken Duits noch Jiddisj en verkeerden nog meer in het ongewisse dan wij. Ik probeerde ze te helpen. De Joden in gestreepte kleren die ons altijd vertelden wat we moesten doen, die ons altijd opjoegen bij het eten, die ons maanden op te schieten wanneer we onze behoefte deden of ons bed opmaakten of in de rij gingen staan, de mensen die ons straften, die ons afblaften en ons leven van minuut tot minuut bepaalden, die noemden we de kapo's. Het waren gevangenen, gevangenen met een taak, oftewel *Funktionshäftlinge*, maar ze waren ook onze bewakers, en hadden volledige macht over ons, dag en nacht. Ze bepaalden wanneer we naar buiten moesten, naar binnen mochten, naar het toilet mochten. De nazi's besteedden het vuile werk altijd uit. Soms waren de kapo's nog wreder dan de Duitse officieren.

Elke barak had zijn eigen Funktionshäftlinge. Een paar waren Hongaren, maar de meeste waren Tsjechische of Poolse vrouwen die er al een paar jaar zaten en hadden overleefd door anderen op een wrede manier te overheersen. De *Lagerälteste* – de kampleider – stond aan het hoofd van de kapo's. In elk blok was ook een *Blockältester*. De vrouwelijke hoofdbewakers, SS'ers die *Aufseherinnen* werden genoemd, vertelden de *Blockältesten* wat ze moesten doen, en de *Blockälteste* gaf ons bevelen, dus met elkaar handhaafden ze de orde. Als kapo kreeg je meer te eten, je kreeg enige privacy, misschien sigaretten en andere privileges, en je taak was om anderen aan het werk te zetten of de taken te laten doen die de SS hun had opgedragen. De gevangene-functionaris organiseerde alles. Zo zat het systeem in elkaar.

Ze konden zich niet menselijk opstellen, omdat dat niet mocht... Een mens kon in die rol niet overleven. Wie als kapo enige coulance betrachtte, verloor alle privileges. Weer een gewone gevangene worden, dat was een lot dat vermeden moest worden. Maar ik denk dat de mensen die door de nazi's werden uitgekozen om kapo te worden over het algemeen al niet zulke aardige mensen waren. De nazi's hadden er een handje van om de gemeenste individuen voor deze functie uit te zoeken, mensen die al meedogenloos waren.

Dit was een oord waar alle normen die je in je leven had ontwikkeld overboord werden gegooid. Ik was opgevoed met het idee dat het er in het leven om ging aardig en redelijk en eerlijk te zijn. Altijd. Daar moest je naar streven. Hier werd dat op zijn kop gezet. De gemeenste mensen hadden nu de leiding, mensen die anderen konden doodmaken, die wreed waren, die alleen maar aan zichzelf dachten. En alle aardige mensen, mensen die in hun vorige leven hooglijk gerespecteerd en bewonderd werden – leraren, professoren, advocaten – dergelijke mensen stelden niets voor. Die deden er volstrekt niet toe. Die waren slechts cijfers. Als je zulke wreedheden met je eigen ogen ziet, strenge straffen voor de kleinste dingen... dan begin je langzaam te geloven dat alles mogelijk is.

Dus je leerde om de kapo's en de SS-bewakers niet tegen je in het harnas te jagen. Je kon je het beste zo onopvallend mogelijk gedragen. Je kon ze het beste niet aankijken. Ik probeerde onzichtbaar te blijven. Elke gevangene balanceerde op het scherpst van de snede, voortdurend, dag en nacht. Elk moment kon alles veranderen.

En dat gold al helemaal tijdens de selecties. En ook die konden elk moment plaatsvinden.

Weer moesten we in ons in rijen van vijf breed opstellen. Maar deze keer werden we niet geteld, maar geselecteerd.

De hoofdbewaker kon zomaar het bevel geven tot een selectie, en dan moesten we ons van de kapo's in rijen opstellen, en als we klaarstonden verschenen de Duitse officieren, één, twee, soms drie mannen in uniform. Soms de Engel des Doods zelf, soms anderen. En dan liepen ze tussen de rijen door. Ze onderwierpen elke gevangene aan een inspectie, alsof ze ergens naar zochten, al wisten we nooit waarnaar ze precies op zoek waren.

'Meekomen, jij,' zeiden ze dan.

'Meekomen, jij.'

'Meekomen, jij.'

'Meekomen, jij.'

En die vrouwen zagen we dan niet meer terug. Eerst wisten we niet goed wat er precies gebeurde. Mensen die al langer in het kamp zaten vertelden ons wat ze wisten, en zo werd het ook ons duidelijk. Soms kozen ze zwakke, uitgemergelde gevangenen uit. Dan wist je dat die mensen naar het crematorium werden gestuurd. Soms kozen ze de sterksten uit. Dat waren dan mensen die moesten gaan werken. Maar wat voor werk, dat werd ons niet duidelijk. Werk was een privilege. Zo gauw je een taak toebedeeld kreeg, wist je dat je in elk geval voor die dag een kans had om in leven te blijven.

Op een dag kwamen ze voor mijn zus René.

'Meekomen, jij,' zeiden ze.

René moest mee.

Het gebeurde zo snel. We waren inmiddels al willoze machines geworden. Het kwam niet bij haar op om iets anders te doen.

Dus René maakte aanstalten om mee te gaan en stapte uit de rij.

Nee! Onmiddellijk greep ik haar hand. Ik wist niet wat ik deed. Ik dacht er niet bij na. Vanuit een reflex deed ze wat haar opgedragen was, vanuit een reflex probeerde ik haar te beschermen. Ik had geen plan. Ik pakte haar hand gewoon en trok haar intuïtief terug. Ik kon niet nog een zus kwijtraken. Ik kon haar niet laten gaan.

Ik denk dat de SS-bewaker er zonder meer van uitging dat René met hem mee zou gaan, zoals iedereen praktisch altijd deed. Hij keek niet op of om, maar liep gewoon door alsof ze hem volgde, en al snel liep het volgende meisje met hem mee. Ik neem aan dat ze ons niet aankeken, zoals wij hen niet aankeken. Ze waren het gewoon dat ze bij de selecties gehoorzaamd werden. De bewaker heeft nooit enige weet gehad van ons verzet, heeft er nooit iets van gemerkt.

Zo leefden we weer een dag verder. Het lijdt geen twijfel dat ze naar het crematorium zou zijn gestuurd. Geen enkele twijfel.

En toch ging het allemaal zo snel, zo onmerkbaar, het was allemaal zo snel voorbij dat ik me die avond zelfs afvroeg of René wel had gemerkt wat er nu precies gebeurd was. Dat vond ik een troostrijke gedachte. Ik zou het haar natuurlijk niet vertellen. Ik wilde niet dat ze het wist. En ik wilde zeker niet dat Piri het wist.

Over zulke dingen werd gezwegen.

Vooral in die eerste weken, toen we nog steeds omringd waren door onze oude vriendinnen en nichten, en we nog niets te doen hadden, gingen onze gesprekken bijna altijd over één ding. Ik denk dat je wel kunt raden waarover we spraken.

Als je honger hebt, kun je alleen maar aan eten denken. Het is voortdurend in je gedachten. Het is het enige wat je niet kunt verdringen. Onze gesprekken gingen dus allemaal over eten. Wat zouden we eten wanneer we weer thuis zouden zijn?

In gedachten maakten we maaltijden klaar. We gaven recepten aan elkaar. Hoe we allemaal op een andere manier kip paprikash klaarmaakten, met welke kruiden en specerijen, welke groenten, hoeveel zout, gekookt of gebakken of gestoofd. Hoe we een salade leuk konden opmaken. Hoe we een ei in plakjes sneden.

Van alle eten hield één ding ons bovenmatig bezig: brood. Niet eens speciaal brood, voor sjabbat, of zoete broodjes. Gewoon normaal, alledaags brood, waarvan we allemaal wisten hoe je het moest maken. Zelfs Piri, die nauwelijks had leren koken, had gezien hoe brood gemaakt werd. Voor de oorlog bakten we zelf thuis ons brood. We bespraken verschillende soorten, wanneer en hoe we dat maakten, en wat er zo bijzonder was aan ons eigen brood.

Ook vóór de oorlog was brood altijd al iets bijzonders. Als je brood had, kon je overleven. En mijn moeder heeft ons altijd voorgehouden heel voorzichtig te zijn wanneer we aan tafel brood aten. We moesten het altijd met eerbied behandelen.

'Je mag geen kruimeltje op de grond laten vallen,' drukte ze ons op het hart.

Mijn zussen en broers en ik wisten dat het heel erg was om op brood te trappen – volgens mij een Joodse traditie. We zouden nooit brood weggooien. Ik heb nooit een stukje brood weggegooid. Ik kan geen eten weggooien.

Misschien was brood ook een aanleiding om het over ons huis en onze familie te hebben. Het stond voor iets waarvan de herinnering veel pijn deed. Hoe kon ik praten over Anyuka, of Bela of Berta? Het ene moment waren ze nog bij me, koesterde ik me in de liefde van mijn moeder en had ik zo sterk het gevoel beschermd te zijn dat het leek alsof ik onoverwinnelijk was. Het volgende moment werd ze me ontnomen, zonder dat we de kans kregen om afscheid te nemen. Ik heb haar nooit weergezien. En hoezeer ik ook mijn best deed, nooit kon ik me meer herinneren wat het laatste was dat ze tegen me zei.

Tussen juli en augustus 1944

Elke dag moesten we op appèl komen. Ze lieten ons urenlang staan, ongeacht het weer. We waren als mieren voor hen, ze konden ons vermorzelen zonder dat het hun iets deed. Ze wisten precies wat ze moesten doen om ons van onze menselijke waardigheid te beroven, tot we zelf het gevoel hadden dat we van nul en generlei waarde waren. De vernederingen hielden nooit op.

Ik weet nog dat ik een meisje zag van Piri's leeftijd dat daar met haar moeder was, maar haar moeder was ernstig verzwakt en kon nauwelijks nog op haar benen staan. Haar dochter haalde haar over om te gaan zitten om uit te rusten, maar dat merkte een kapo. Onmiddellijk werden ze gestraft. Ze moesten allebei op hun knieën gaan zitten, zo lang dat de moeder op een gegeven moment flauwviel en werd weggevoerd. Ik ben er tamelijk zeker van dat die twee elkaar nooit meer hebben gezien.

Op een smoorhete dag, toen we al urenlang doodstil op appèl hadden gestaan, zoals altijd in rijen van vijf breed, barstte er een onweersbui boven ons los. De regen kwam met bakken naar beneden. En het ging maar door. En toch moesten we daar blijven staan, zonder ons te verroeren. We werden nat tot op het bot, gekleed in de enige kleren die we hadden. Nooit klagen. Nooit iets zeggen.

En toen we uiteindelijk terug mochten naar de barakken, honderden trillende, ongewassen mensen, konden we onze kleren alleen maar op ons lichaam laten drogen. Al het vocht verdampte langzaam en veroorzaakte een ondraaglijke stank. In de barak hing op een gegeven moment een smerig ruikende damp. Ik weet nu nog hoe onze natte, bezwete kleren stonken, en de herinnering brengt de gevoelens weer bij me boven.

Alleen al van het appèl werden mensen ziek.

'Wees voorzichtig,' waarschuwde een vrouw me een keer, zachtjes, zodat mijn zussen het niet zouden horen.

'Wat is er dan?' vroeg ik. Ze keek me met een bezorgde blik aan. Hoe langer je al in het kamp was, hoe meer je wist. Wat nu?

'Je zus, Piri. Zijn jullie geen tweelingzussen?'

'Nee, nee... Ik ben bijna zes jaar ouder dan zij.'

'Maar jullie lijken als twee druppels water op elkaar. Misschien weten ze het niet.'

Ik begreep er nog steeds niets van. Misschien zij ook niet helemaal, toen. Maar iedereen die daar al langer was, wist dat tweelingen een grotere kans hadden om te verdwijnen.

'Ze kiezen je uit als je niet oppast.'

Josef Mengele, de Engel des Doods, was voortdurend op zoek naar tweelingen, voor zijn experimenten. Op de Rampe, bij de aankomst van een nieuw transport, wilde hij altijd dat tweelingen een stap naar voren deden. Het was niet duidelijk wat ik met deze summiere informatie aan moest. We konden moeilijk ons uiterlijk veranderen. Het was zorgwekkend om te zien dat Piri nog magerder werd dan ik.

De selecties gingen steeds maar door. Wanneer we werden opgeroepen, knepen we in onze wangen, zo hard mogelijk, om wat kleur te krijgen en er wat gezonder uit te zien. Wanneer Mengele zelf verscheen, waren we zo bang dat we niet durfden op te kijken. Rij na rij van meisjes met het hoofd gebogen. Altijd maakte ik me er zorgen over dat hij zou zien hoezeer ik op Piri leek.

Voortdurend werden er allerlei mensen weggevoerd, mensen die je zelden terugzag. Wanneer het duidelijk was dat ze mensen zochten die konden werken, hoopte ieder meisje dat het voor de keuken was en dat zij werd uitgekozen. Het eten werd door gevangenen klaargemaakt, en als je in een keuken-*Kommando* zat, kon je altijd wel aan meer eten komen. Je kon ook eten ruilen tegen iets wat je nodig had.

Maar ze kozen daar altijd de grote sterke meiden voor uit. Je had kracht nodig om de enorme kookpotten te kunnen tillen en om in grote hoeveelheden soep te roeren. Wij drieën waren veel te klein. Toch was het niet onze geringe grootte wat me de meeste zorgen baarde. Ik was er het bangst voor dat slechts één van ons zou worden weggevoerd, niet alle drie. Ik hield mezelf voor dat als ik erin slaagde in leven te blijven, mijn zussen het ook zouden redden, omdat ik er dan altijd zou zijn om voor ze te zorgen.

Een voor een verdwenen de nichtjes en vriendinnen die we uit Bonyhád kenden. Hilda werd al snel naar een ander blok gestuurd. Dus hoewel we op hetzelfde transport zaten, heb ik haar maar een paar keer in Auschwitz gezien. Daarna zijn we uit elkaar gehaald. Ik dacht dat ik haar nooit meer zou zien, maar op een dag zag ik haar ineens achter het onder stroom staande hek tussen de verschillende sectoren, die we ook Lagers noemden.

'Hilda!'

Het lukte ons maar heel even om met elkaar te praten. We konden niets afspreken, omdat we geen van beiden wisten wat er van de ene minuut op de andere ging gebeuren. Maar we keken steeds of we elkaar zagen.

Op een gegeven moment, volgens mij was het september, zagen we elkaar weer. Eén keer maar. Niet meer dan een glimp... Een moment van herkenning en verbinding. En daarna nooit meer.

Mensen waren altijd gespitst op nieuws van hun familie. Een paar Tsjechische nichten van mijn moederskant – eigenlijk nichten van nichten – hadden van iemand gehoord dat we hier waren, al vrij snel na onze aankomst. Een van hen, een iets oudere vrouw die we nog nooit ontmoet hadden, zocht ons op om ons cadeautjes te geven. Al eerder hadden ze de Joden uit haar land afgevoerd, en het was haar gelukt om al een tijdje in Auschwitz te overleven. Ze kende iedereen en wist hoe alles in zijn werk ging, officieel en officieus, en daarom kon ze aan een paar spullen komen. We kregen alle drie een grote zakdoek van haar die we om ons hoofd konden binden.

Je kunt je niet voorstellen hoe bijzonder het was om in zo'n oord zo'n cadeau te krijgen. We vonden het afschuwelijk om een kaalgeschoren kop te hebben. Zonder haar voelden we ons naakt. Iedereen ging naarstig op zoek naar iets om het hoofd mee te bedekken, iets waardoor je er minder vreemd, minder onmenselijk uitzag, en ook om je te beschermen tegen de hete zon. Als je jurk te lang was, kon je daar een strookje vanaf halen. Een paar andere zussen die we kenden verdeelden een jurk – een mouw voor de ene zus om een sjaal van te maken, en de andere mouw voor de andere zus.

En nu had ik een echte hoofddoek, helemaal voor mij alleen, iets anders, iets moois. Hier bleek wel uit dat er nog iemand op aarde was, niet zo ver weg, die zich om me bekommerde, ook al kende die persoon me eigenlijk niet. Die hoofddoeken maakten een wereld van verschil. Ik heb de mijne nog steeds: donkerblauw katoen, met een dessin van vale takjes en bloemetjes. Helemaal van mij. Iemand had hem aan mij gegeven. Daar dacht ik veelvuldig over na.

Bloemen in Auschwitz, waar nog geen sprietje gras groeide. Als er gras was geweest, zouden we dat hebben opgegeten.

Selectie. Nog een keer. En nog een keer. En nog een keer.

En toen, na een aantal weken, waren wij eindelijk aan de beurt. De officier keek ons aan en dacht na. Verdoofd, uitgeput bleven we staan wachten. En toen sprak hij de woorden uit. Drie keer.

'Meekomen, jij.'

'Meekomen, jij.'

'Meekomen, jij.'

We hadden inmiddels voldoende ervaring om aan de hand van de mensen die vóór ons waren uitgekozen te weten dat het hier ging om een selectie voor werk, niet voor de dood. Wat waren we opgelucht dat we deze keer alle drie waren uitgekozen. We liepen achter de officier aan, en hij bracht ons naar een heel ander deel van het kamp.

Hier was het reusachtig groot, veel groter dan het deel waar we na onze aankomst naartoe waren gebracht, of de plek waar we daarna terechtkwamen, sector BIII. We noemden dat het 'C'-Lager. Nu kwamen we terecht in het 'B'-Lager, officieel sector BIIe.

Het zag er niet heel anders uit. De latrines waren net zo erg. Het stonk net zo als op de vorige plek. Het was donker en lawaaierig en bedompt, en er hing de stank van ongewassen lichamen, kots, verschaalde urine en diarree. Niemand kon echt goed werken op wat we te eten kregen, en wanneer je niet zelf kunt bepalen wanneer je je behoefte kunt doen, hebben je ingewanden daar vreselijk onder te lijden. Luizen waren ook hier in overvloed. Misschien hoefden er soms minder meisjes één bed te delen. Soms meer. Ook nu zorgde ik ervoor dat we op een bovenste bed kwamen te liggen. Ik kon niet veel voor mijn zussen regelen, maar dit dan toch in elk geval wel. En ik liet zien dat ik niet bang was, en daardoor werden zij minder bang.

En nu waren het niet alleen mijn zussen die ik wilde beschermen. Al snel adopteerde ik Margot, een jong Hongaars meisje dat uit een dorp in de buurt van Bonyhád kwam. Van het ene op het andere moment was ze alleen komen te staan in deze nachtmerrieachtige wereld. En dat was het ergste van alles: alleen zijn.

Daarom nam ik ook haar onder mijn hoede, en we trokken steeds met z'n vieren op. Ze was open en gemakkelijk in de omgang, en we konden heel goed met elkaar overweg. Hoewel ze niet uit een religieus gezin kwam, wilde ze graag bij ons blijven en doen wat wij deden. Margot kwam altijd naar mij toe voordat ze iets wilde gaan ondernemen, om te horen wat ik ervan vond. Ze werd echt een derde zus voor me.

Al snel kwamen me geruchten ter ore over waarom dit gebied nu leeg was. Voordat wij hier kwamen was dit het zigeunerkamp, kregen we te horen. De nazi's wilden de Roma en Sinti uitroeien, zoals ze ook de Joden wilden uitroeien, compleet en definitief. Tegen de tijd dat wij naar sector BIIe overgebracht werden, waren er niet veel zigeuners over in Auschwitz-Birkenau. In de nacht voordat we daar kwamen, zo hoorde ik, waren de laatsten van hen – meer dan vierduizend – vergast en verbrand. Andere meiden vertelden me veel later dat ze die nacht mensen hadden horen schreeuwen. Ik herinner me daar niets van. Ik had geleerd om alle geluiden om ons heen te verdringen, het constante tumult, om me alleen te richten op mijn zussen en Margot. Het was alsof ik niet meer kon horen.

In het nieuwe Lager vroegen ze ons wat we konden. Ze hadden mensen nodig voor verschillende klussen. Sommige meisjes konden zingen of dansen. Andere wisten hoe je schoenen of taarten moest maken, of waren goed in metaalbewerking. Weer andere besloten iets te verzinnen. Maar we wisten onderhand hoe gevaarlijk het was om te liegen. Hoewel ik het zelf nooit heb zien gebeuren, had ik geruchten gehoord over mensen die beweerden over bepaalde vaardigheden te beschikken. Iedereen wilde zijn eigen hachje redden. Dat was wel duidelijk... Als je iets kon, als je iets te bieden had, had je een grotere kans om te overleven. Maar als je net deed alsof je iets kon en het kwam uit dat je had gelogen, zat je in de puree. Dan vermoordden ze je.

Wat konden we alle drie? We konden naaien.

Een paar weken in augustus, 1944

Ze namen ons mee naar een groot vertrek vol tafels en naaimachines: de *Nähstube*. Er waren nog meer kleermakerssecties in het kamp, maar dat wist ik toen niet. Niemand vertelde ons ooit wat. Het was een van de manieren waarop ze macht over ons uitoefenden. Geen informatie betekende geen macht.

In onze Nähstube werden niet alleen kleren versteld, maar ook nieuwe kleren gemaakt. We hadden zittend werk, dus het was minder uitputtend dan veel andere banen, en we konden bij elkaar blijven. Ik kon René en Piri in de gaten houden. Gelukkig werd Margot ook met ons naar de naaikamer gestuurd. En we waren alle vier goed in dit werk. We werkten snel en efficiënt, maar Piri werkte het netst van ons allemaal. Meestal verstelden we uniformen die werden binnengebracht, we naaiden knopen aan die eraf waren gevallen, we naaiden scheuren in uniformjasjes dicht, we stopten gaten in broeken, we speldden en knipten, duwden de stugge, dikke stof onder de naaimachinenaald of stikten een losgeraakte zoom van een overhemd. Je kon zó zien wat je moest doen, en je kon het doen zonder erbij na te denken. Soms maakten we nieuwe kleren, zowel leger- als burgerkleding.

Er was altijd meer werk dan we aankonden, dus we hoefden niet bang te zijn dat we zonder werk zouden komen te zitten. Het was erg warm in het vertrek, en er was veel lawaai door alle naaimachines... Maar het hele kamp was altijd zo lawaaierig dat het kabaal in de Nähstube ons niet dwarszat. We waren nog bij elkaar. De opzichter hield ons goed in de gaten. Ze was een jonge Duitse vrouw, geen Jodin. Ze was niet kwaadwillend, maar vriendelijk was ze ook niet. Ze liet altijd merken dat ze zich boven ons verheven voelde.

Soms, vooral wanneer ik merkte dat het slecht ging met René of Piri, kon ik onder het werk met ze praten en probeerde ik ze een beetje op te vrolijken. Ik kon ze mee terug naar huis nemen, al was het enkel in onze gedachten.

'Kun je je Sjavoeot nog herinneren, vorig jaar?' Ik had rond dat feest in mei op het land gewerkt, terwijl de anderen in het getto zaten. Daar hadden we het feest helemaal niet kunnen vieren.

'O ja, al die wilde bloemen,' zei Piri. 'Hele bossen hadden we geplukt.'

'Ja, dat veld met die klaprozen. Wat had je prachtige boeketten samengesteld, Piri. Het was in huis nog nooit zó mooi geweest,' zei René. Ze leek bijna te stoppen met haar werk.

'Doorgaan met werken,' fluisterde ik.

'Waarom hebben we vóór vorig jaar nooit korenbloemen geplukt, Lily? Ze stonden zo mooi bij de witte margrieten.'

'Ik denk dat we altijd al genoeg bloemen in de tuin hadden. Maar vorig jaar leek het wel een wedstrijd, met Hilda en de anderen.'

We waren er met z'n allen op uit getrokken, met onze vriendinnen en nichten. Op Sjavoeot – het Wekenfeest – herdenken we de dag dat God de Thora aan het Israëlische volk gaf, toen alle bloemen op de Sinaïberg tegelijkertijd begonnen te bloeien, en daarom zetten we elk jaar bloemen in ons huis en in de sjoel. We wilden het thuis zo gezellig mogelijk maken. Natuurlijk was Piri erg goed in het maken van decoraties, met bloemen en fruit, linten en papier. Ze kon overal iets moois van maken.

'En dat was de eerste keer dat Bela de hele avond mocht opblijven.'

Zeiden we dat hardop? Of dachten we dat alleen maar? Herinneringen aan thuis waren altijd bitterzoet. Onwillekeurig moest ik ook aan Imi denken. Waar zou hij nu zijn? Zou hij enig idee hebben wat er met ons was gebeurd? Ik hield altijd enige hoop dat hij misschien een grotere kans had gehad om te overleven omdat hij niet naar Auschwitz was gestuurd maar als dwangarbeider tewerk was gesteld. Met Piri en René had ik het alleen over de leuke dingen van vroeger.

Wanneer we aan het eind van de dag de Nähstube verlieten, controleerde de opzichter meestal onze handen, om er zeker van te zijn dat we niets meenamen. Dat deed ze niet elke keer, maar vaak genoeg voor ons om te weten hoe voorzichtig we moesten zijn. Naalden waren ontzettend waardevol, en draad ook, want daarmee kon je je versleten kleding herstellen, of een deel van het ene kledingstuk gebruiken om een ander kledingstuk te maken. Had je naald en draad, dan kon je zelfs ondergoed maken van een reep stof. Alle materialen, alle kleding waar je de hand op kon leggen kon ergens voor gebruikt worden. Als je iets had gestolen en je werd betrapt, was het risico te groot om de moeite waard te zijn. Er waren verschillende straffen, van kaalgeschoren worden tot de onmiddellijke dood, en je zag het constant om je heen gebeuren, zonder enige waarschuwing.

Er waren heel wat spullen in het atelier die ik wel mee wilde nemen, maar dat durfde ik niet. Ik liep al rond met mijn kettinkje en de oorbellen en ringen van mijn moeder die in de hak van mijn schoen verstopt zaten. Ik had het met niemand, ook niet met mijn zussen, over die verborgen schat, maar ik dacht er vaak aan, en natuurlijk wisten ze er wel van. 's Nachts gebruikten velen van ons hun schoenen als kussen, niet omdat het zo lekker lag, maar om te voorkomen dat ze in onze slaap werden gestolen. Dus het viel niet op dat ik mijn schoenen altijd in het zicht of binnen handbereik wilde hebben. Dat ik wist dat de sieraden er waren, betekende erg veel voor me. Het verleende me een zekere kracht in het aangezicht van complete hulpeloosheid. Dat die sieraden in de hak van mijn schoen zaten vond ik al gevaarlijk genoeg.

Toen we eenmaal naar het werkblok waren overgebracht, werd het dagelijkse appèl iets minder erg. We hoefden minder lang in de zon of de regen te staan wachten en niets doen, omdat ze wilden dat we aan het werk gingen. Je kon altijd maar het beste op goede voet blijven met degene die macht over je had. Als je te braaf was, of te opstandig, was dat gevaarlijk. Je wilde je niet al te zeer uitsloven, want dan kozen ze je misschien uit om Funktionshäftling te worden, maar op ongehoorzaamheid stond de dood. Ik zag al snel in hoe nuttig het voor ons allemaal zou zijn als een Blockälteste op me gesteld was en vond dat ik van nut was. En hier was het een meisje uit mijn stad, Babi Salomon. Iemand met wie ik was opgegroeid! Hoe was ze in die functie gerold? Niemand die het wist. Sommige beslissingen leken totaal onverklaarbaar.

Meestal vond niemand de blokwachten aardig, omdat ze autoritair waren en ons de hele tijd vertelden wat we moesten doen. Maar steeds wanneer ik de kans kreeg, maakte ik de bedden voor Babi op – gewoon het stro en de dekens klaarleggen voor een eventuele inspectie, want we hadden weliswaar geen matrassen, maar het stro moest netjes verspreid liggen – en ik deed andere klusjes om haar te helpen de barak netjes te houden. Op die manier hield ik haar te vriend. Als ik iets zag wat gedaan moest worden, deed ik het zonder dat het me gevraagd hoefde te worden. Ik vroeg haar niet om bepaalde gunsten, maar soms gaf Babi me extra eten, dat ik dan met de anderen deelde. Vooral Piri werd met de dag zwakker. Ik wist dat niet alleen meisjes maar ook volwassen mannen konden wegteren als ze zo weinig te eten kregen. Hoe kun je verder leven als je de kracht niet meer hebt om je te bewegen? Het lijkt alsof het op een gegeven moment te laat is om de natuurlijke loop der dingen terug te draaien. Dan geeft het lichaam het op. Dat zagen we elke dag om ons heen gebeuren.

Zover wilde ik het bij Piri niet laten komen. Wanneer ze iets in de soep hadden gedaan waardoor het een soort lijm was geworden en Piri er zo van moest kokhalzen dat ze het niet naar binnen kreeg, gaf ik haar mijn brood.

Waarschijnlijk vonden ze dat we wel te vertrouwen waren, want na een tijdje hoefde ik soms niet in de naaikamer te werken maar werd ik naar een van de reusachtige magazijnen gestuurd die ze 'Kanada' noemden – het *Effektenlager*. Waarom Kanada? Canada was voor Duitse Joden het land van de hoop, het land van overvloed, waar familieleden naartoe waren geëmigreerd om een beter bestaan op te bouwen, familieleden die prachtige cadeaus stuurden naar de minder gefortuneerden, de achterblijvers.

Een andere wereld binnen een wereld. Toen we in het kamp aankwamen, moesten we alle bezittingen op de Rampe achterlaten. We vouwden onze kleren netjes op voordat we de doucheruimte binnengingen. De lijken van onze ouders werden doorzocht op kostbaarheden voordat ze naar het crematorium werden gebracht. En alle spullen die in beslag waren genomen, werden hiernaartoe gebracht om gesorteerd en doorgestuurd te worden. In talloze vertrekken waren honderden gevangenen aan het werk. Zelf heb ik daar nooit lang gewerkt. Ik heb nooit deel uitgemaakt van het bevoorrechte Kanada-Kommando, en ik heb nooit een koffer hoeven doorzoeken die door iemand anders was ingepakt, een onschuldige onbekende die een compleet andere toekomst voor ogen had gehad. Ik werd niet langer dan een paar dagen hiernaartoe en daarnaartoe gestuurd, misschien om in te vallen wegens ziekte of straf.

Het ene magazijn na het andere. Gigantische stapels kleren. Te veel om te bevatten. Of ze nu rijk of arm waren toen ze uit hun huis werden verdreven, mensen kwamen vaak in Auschwitz aan in hun beste kleren, hoewel die meestal niet meer schoon waren nadat ze dagenlang in volgestouwde goederenwagons hadden doorgebracht. Moeders wilden dat hun dochters er leuk uitzagen... voor het geval dat. Voor welk geval wist niemand. Maar het is toch heel natuurlijk dat je denkt dat je beter behandeld wordt dan een ander als je er net iets beter uitziet?

En als je tijd hebt en iets kleins en kostbaars kunt meenemen en het kunt verstoppen voordat je op transport wordt gesteld... Natuurlijk zou je dat zelf ook doen. Geen geld, want dat kan van de ene op de andere dag niets meer waard zijn. Iets wat zijn waarde behoudt, ongeacht de plek waar je terechtkomt. Iets wat verkocht kan worden. Of gewoon iets waarop je gesteld bent vanwege de persoon van wie je het hebt gekregen. Wat Imi voor mij en mijn moeder had gedaan, hadden anderen in andere families voor hun ouders en zussen en broers en grootouders gedaan.

Een van de taken in de naaikamer was om te zoeken naar verborgen kostbaarheden in kleren die vanuit Kanada werden aangeleverd. De Duitsers wisten dat vrouwen vaak juwelen in de schoudervulling van hun jurk verstopten. Schoudervulling was toen heel erg in. Het zorgde voor een specifiek silhouet. Dus kregen wij de opdracht om die schoudervullingen te verwijderen, ze los te tornen en de binnenkant te inspecteren. Het goud en de sieraden die we vonden werden naar Duitsland gestuurd om verkocht te worden. En zo zorgden ze ervoor dat de Joden hun eigen dodenkampen financierden.

Inmiddels waren we eraan gewend geraakt om gewoon te doen wat ons werd opgedragen. We dachten zelden verder dan het moment waarin we leefden. Ik stond er niet bij stil van wie deze kleren ooit geweest waren, zoals ik er ook niet bij stilstond wat er in andere delen van het kamp gebeurde. Wanneer je geheel in beslag genomen wordt door de vraag hoe je zelf kunt overleven, en ook degenen op wie je gesteld bent en die bij je zijn, heb je geen tijd om je af te vragen wat anderen hebben te verstouwen, mensen die je niet ziet of hoort, ook al zijn ze in hetzelfde kamp. Meestal hield ik me alleen maar bezig met die paar kwesties die me dag en nacht bezighielden: Wat zal de dag van vandaag brengen? Zullen ze ons wegvoeren? Zullen ze ons doodmaken? Wat gaat er nu gebeuren? Hoe kan ik mijn zussen beschermen? Wat kan ik doen om ons zo onzichtbaar mogelijk te maken? Maar toen kwam er een dag die anders was, een dag die zich in mijn geheugen heeft verankerd.

We werkten met z'n vieren naast elkaar, zoals gebruikelijk. Deze keer repareerden we geen uniformen maar zochten we naar goud, juwelen, oorbellen en broches. René, Piri, Margot en ik. Eigenlijk waren we nu met z'n vijven. Ik had al snel contact gelegd met een ander meisje in de naaikamer. Henchi was een chassidisch meisje uit Kisvárda, dus haar familie was vromer dan de onze. Ze had ook een zus, die Rivka heette. Henchi was haar roepnaam – voluit heette ze Lili Hensia Deitsch – en ze was vriendelijk en openhartig, altijd heel eerlijk en spontaan, net als ik. We konden het meteen goed met elkaar vinden. Het maakte alles uit om vrienden te maken die je kon vertrouwen, vrienden die van elkaar wisten dat ze op elkaar zouden letten.

Zoals altijd was het erg warm en lawaaierig in de naaikamer. Ik had al talloze schoudervullingen opengemaakt. Steeds dezelfde handeling. Steeds weer. Ik kneep aandachtig in het kussentje van schuimrubber, zocht naar kenmerkende gaatjes, bekeek de zomen, draaide elke vulling binnenstebuiten, legde haar aan de kant. En plotseling vond ik iets. Een jurk met een diamant in de zoom. Een diamant! Misschien wel een prachtige.

Maar niet in mijn ogen. Op dat moment viel me vooral op dat het letterlijk een waardeloos ding was. In mijn nieuwe wereld had deze diamant werkelijk geen enkele waarde. Kon een diamant mijn honger stillen? Kon ik hem ruilen voor eten? Toen ik dit flonkerende juweel zag, het toonbeeld van luxe, rijkdom en schoonheid, besefte ik des te meer hoe ik eraan toe was: een ongewassen, kaalgeschoren meisje in een smerige, versleten rok die ik al weken achterelkaar aanhad. In elke zoom van mijn kleren en in elke huidplooi wemelde het van de luizen.

De diamant betekende helemaal niets voor me. Het was niet meer dan een steentje. Ik zou hem net zo goed hebben kunnen weggooien.

Ik legde de jurk op de kleren die waren doorzocht en gaf de diamant aan de opzichter.

Ik zweeg nog steeds over mijn eigen verborgen schat, het innig gekoesterde kettinkje waarmee ik elke dag rondliep en waar ik vaak aan dacht. Dat sieraad bezat een andere waarde. Het vormde een link met Imi, met mijn ouders, met mijn verleden. In het aangezicht van complete hulpeloosheid verleende het een sprankje hoop. Ik haalde het kettinkje nooit tevoorschijn, maar ik wist dat het er was. En door eenvoudigweg de schoenen van mijn moeder te dragen voelde ik me iets sterker.

Eind augustus 1944 (misschien)

Ik was in de naaikamer toen ik voor het eerst merkte dat ik een zere keel had. Wanneer ik probeerde te slikken, had ik het gevoel dat mijn keel dichtzat en dat ik geen adem meer kreeg. Ik zei niets tegen wie dan ook en hoopte dat het vanzelf over zou gaan.

Het werd steeds warmer in de kamer, in golven. Het is zomer, hield ik mezelf voor, en ik boog me over het uniform van een officier. Natuurlijk was het heet. En in de Nähstube kwam helemaal geen frisse lucht binnen. Maar mijn vingertoppen gleden onwillekeurig naar mijn hals. Onder mijn kaak voelde het opgezwollen en bobbelig aan, niet alleen vanbuiten, maar ook vanbinnen. Mijn tong voelde raar aan. Het kostte me moeite om mijn hoofd rechtop te houden en mijn gedachten werden één grote brij. Ik kon niet meer nadenken.

Ik dwong mezelf door te gaan met het werk. Concentreer je op de spoel. Concentreer je op het doorknippen van de draad. Concentreer je op... Het kostte me moeite de draad door de naald te steken.

René merkte het sneller dan ik had gehoopt.

'Wat is er, Lily?' zei ze.

'Niks,' zei ik snel. 'Ik ben gewoon moe.'

We waren allemaal moe, altijd. Honger is ontzettend uitputtend. Ze nam genoegen met mijn antwoord.

Aan het eind van de dag deed mijn keel meer pijn dan ooit. Ik kon niet aan water komen. Misschien zou dat ook niet geholpen hebben. Die avond kon ik mijn ziekte niet voor mijn zussen verborgen houden. Ik verdroeg hun aanraking nauwelijks. René hoefde geen hand op mijn voorhoofd te leggen. Ze lag tegen mijn brandende lijf aan.

'Wat moeten we doen?' fluisterde ze.

'Het komt goed,' zei ik tegen haar. Het móést goed komen. Ik kon ze niet in de steek laten.

'Moet je naar de dokter?'

'Nee!'

Er was een medisch blok in het kamp, dat wisten we allemaal, een soort ziekenhuis of ziekenboeg. Maar niet het soort ziekenhuis waar mensen beter werden. Wat maakte het ze hier uit of je beter werd of niet? Niemand leek precies te weten wat daar gebeurde. Dat wilde je niet weten. Intuïtief wilde ik daar niet naartoe, koste wat kost.

Tegen de ochtend deden mijn keel en amandelen zoveel pijn dat ik wel kon janken. Maar in plaats daarvan moest ik op het appèl verschijnen en kostte het me de grootst mogelijke moeite om rechtop te blijven staan. Het avondappèl was nog erger. Misschien heb ik zelfs niet willen eten of drinken. Ik kan me de volgende dagen en nachten nauwelijks nog voor de geest halen.

Nu hielpen René en Piri en Margot mij. Bijna van de ene dag op de andere was ik veranderd van een sterke, alleswetende oudste zus in een frêle meisje dat nauwelijks op haar benen kon staan. Ik had hulp nodig om veilig op en van onze hoge slaapplaats te komen. Zonder hulp kon ik niet gebruikmaken van de latrines of me wassen. Maar desondanks probeerden ze me te laten eten, ze zorgden ervoor dat ik op elk appèl rechtop stond, dat ik in de naaikamer zat en aan het werk leek te zijn. Als ze merkten dat je ziek was, maakten ze je dood. Misschien deden mijn zussen al het werk voor me? Ik heb werkelijk geen idee. Ik weet eenvoudigweg niet hoe we met z'n allen door die beangstigende weken zijn gekomen, toen ik me te zwak voelde om rechtop te gaan zitten, terwijl ik geen moment kon gaan liggen om uit te rusten.

Besmettelijke ziekten verspreidden zich razendsnel door het kamp. De meesten van ons hadden dysenterie. Vlektyfus stak met regelmaat de kop op en werd verspreid door luizen en vlooien op ratten en mensen. Andere ziekten werden veroorzaakt door verontreinigd water. Een medegevangene had waarschijnlijk opgemerkt hoe rood mijn wangen waren, of had de vreemde knobbeltjes gezien die zich over mijn lijf verspreidden, want ze vertelde me dat het roodvonk was. Misschien ging het al rond.

Uiteindelijk zakte de koorts af en deed mijn keel niet meer zo pijn. Ik kon weer slikken. Ik kon zelfs eten naar binnen krijgen. En toen zag ik mijn handpalmen. Weken daarna liet de huid van mijn vingers en tenen in laagjes los, als gedroogde lijmresten.

Wat een wonder was het dat ik mijn zussen en Margot niet heb besmet. We waren voortdurend bij elkaar, altijd zo dicht bij elkaar.

Terwijl ik van mijn koorts herstelde, verzwakte Piri steeds verder. Ze klaagde of huilde nooit, omdat ze niet wilde dat we ons zorgen om haar maakten. Al snel was ze zo verzwakt dat ik haar op mijn beurt rechtop moest houden tijdens het appèl. We wisselden van plaats, zodat René en ik ons zusje rechtop konden houden. Ze was echt de jongste van ons drieën, nog geen vijftien, en ook altijd de dunste. Misschien beschikte ze bij aankomst in het kamp al niet meer over dezelfde lichamelijke reserve als wij. Ook was ze van ons drieën het meest ontdaan en geschrokken van de manier waarop we hier moesten leven, en van het eten dat we hier aten. Soms moesten we haar dwingen om in elk geval íéts te eten.

René was zo onzelfzuchtig dat ze op een gegeven moment beweerde dat ze geen honger had.

'Neem jij maar een stuk van mijn brood, Piri, en neem jij ook maar wat, Lily. Toe maar. Ik hoef vandaag echt niks.'

Dat kon natuurlijk niet waar zijn. Hier had iedereen zo'n honger dat je soms zag dat moeders het brood van hun eigen dochters weggristen. Als iemand overleed, pikte een ander onmiddellijk het eten van die persoon in. In zekere zin was dat geen diefstal. De doden hadden er toch niets meer aan. Als de een het niet pakte, deed een ander het wel. En moest je René nu zien, die zelf altijd net iets minder nam, zodat haar zussen een paar kruimels meer konden eten.

De normen en waarden die onze ouders ons hadden meegegeven, werden hier op hun kop gezet. Fout werd goed. Goed werd fout.

Zeker in één bepaald opzicht.

Kon de dood te verkiezen zijn boven het leven?

De verleiding was groot. Elk deel van het kamp was afgezet met hekken die onder stroom stonden. Je hoefde maar naar de dichtstbijzijnde afrastering te rennen om een einde te maken aan je ellende. We stelden ons voor dat het in een oogwenk gebeurd zou zijn. Als je niemand meer had om voor te leven, als je wist dat je volslagen alleen op de wereld was, waarom zou je dan nog langer doorgaan? We keken naar de hekken en we hoorden het dodelijke gezoem, en stiekem, diep in ons hart, speelden we met de gedachte. Hoewel ik gelukkig nooit met eigen ogen heb gezien dat een ander die beslissende stap nam, hoorden we er wel vaak verhalen over. Iemand die ineens was verdwenen. Dan had ze 'de draad aangeraakt', zoals dat heette. En op een dag hoorde ik dat mijn nicht Magda, de zus van Hilda, zichzelf op die manier om het leven had gebracht. Aan de ene kant waren we radeloos van verdriet en vonden we het heel erg. Maar aan de andere kant waren we jaloers. Het betekende het einde van alle ellende voor Magda. Wie zou daar nu niet jaloers op zijn?

In het Jodendom is het streng verboden om zelfmoord te plegen. Maar toch heb ik het talloze malen overwogen. Ja, stiekem speelden we allemaal met die gedachte. We leefden met de dood. Als het ergste van het ergste gebeurde, was ik er klaar voor.

Ook dit besprak ik nooit met mijn zussen. Zoals mijn ouders mij altijd hadden beschermd, zoals ze voor me hadden gezorgd, zo wilde ik ook voor mijn zussen zorgen. Maar het is gewoon zo dat ik ze nooit op die manier of op welke manier dan ook in de steek had kunnen laten. Nooit. Ik ben nooit de belofte vergeten die ik mijn vader gedaan had. Toen niet en nu niet. Ik zorgde ervoor dat ze in leven bleven, zoals zij mij ook in leven hielden.

En dat was voor ons allen van levensbelang. Als je iemand kon helpen die helemaal in de put zat, als je iemand zag die in gevaar was en je deed voor zo iemand wat je kon, hielp het jou ook om door te gaan. Het betekende dat je niet verslagen was. Als je je menselijkheid opgaf, hadden de nazi's gewonnen. Nu weet ik dat de ergste ellende in een oogwenk kan veranderen. Je hebt daar geen zeggenschap over. Het kan ten goede keren, of ten kwade. Maar zolang je niet opgeeft, zolang je nog leeft, heb je een kans om door te gaan.

Het is echt zo dat je hele bestaan in een fractie van een seconde op zijn kop gezet kan worden, zonder dat je snapt wat er gebeurt.

Al die jaren later moet ik steeds terugdenken aan één bepaald moment, het moment waarop mijn moeder en Bela en Berta van ons weggerukt werden, zonder vooraankondiging. Steeds weer stel ik mezelf de vraag wat ik had kunnen doen dat ik heb nagelaten. Wat had ik moeten nalaten dat ik wél heb gedaan? Had ik die belofte echt op de een of andere manier kunnen houden?

Augustus of september 1944

Lichamelijk gingen we in rap tempo achteruit. Geen van drieën zijn we ooit ongesteld geweest in Auschwitz. Ik denk dat we al bij aankomst te zeer vermagerd waren. Of misschien kwam het door de shock. We zagen ons lichaam niet meer. We konden nooit ons eigen gezicht zien, of ons kaalgeschoren hoofd. Maar het was niet te vermijden dat je andere mensen zag. Ik moest denken aan het moment dat we in het kamp aankwamen en al die mensen zonder haar zagen, en ons afvroegen wat dat voor mensen waren. En op een gegeven moment waren we allemaal net zo geworden. Dat was een vreselijke gewaarwording.

Honger was allesbepalend. We dachten allemaal aan eten, de hele tijd. Dat was het enige waarvan je op aankon: als je leefde, voelde je die pijnlijke leegte. We keken er niet meer van op. Het hongergevoel werd misschien iets minder, een klein beetje, wanneer je je toebedeelde portie eten at, maar het ging nooit weg. Honger was de standaard. Het was zo'n intens gevoel dat ik het niet onder woorden kan brengen. Ik zou het je nooit kunnen laten navoelen.

Uiteindelijk ontdekte ik een manier om aan wat extra eten te komen. Als je goed uitkeek, en als je geluk had, kon het.

Al het eten voor de keukens werd in het Lager neergezet, bij het kookblok, waar de koks de spullen ophaalden en naar binnen brachten om de brijachtige soep van te maken die ze ons gaven. Van twee ingrediënten wisten we zeker dat ze in de soep zaten, omdat je zag dat ze werden aangevoerd: aardappelen en uien. Als je er precies op het juiste tijdstip tussenuit kon knijpen, en als je goed oplette en je kop erbij hield, zou het je kunnen lukken om toe te slaan nadat de groenten waren uitgeladen en voordat de koks met hun stevige armen eraan kwamen om ze op te pikken.

Een aantal dagen hield ik de keuken goed in de gaten. Ik was vast en zeker niet de enige die dat deed. Maar het was allemaal een kwestie van de juiste timing. Op een dag, vlak voordat ik naar de naaikamer ging, had ik geluk. Ik was zo druk met kijken of de kust veilig was – of de vrachtwagen was verdwenen, of niemand naar buiten was gekomen, of er geen bewakers met honden langsliepen – dat ik bijna vergat om naar de wachttorens te kijken, waarvandaan het hele kamp van grote hoogte in de gaten gehouden werd.

Hele aardappelen. Hele uien. Twee grote bergen. Niemand zou een paar daarvan missen.

Ik stoof erheen en rende ook weer snel terug.

Ongelofelijk veel geluk. In plaats van het geratel van mitrailleurs, stilte. Of in elk geval alleen het gebruikelijke helse kabaal. De bewaker hoog boven me keek waarschijnlijk net de andere kant op. Ik had ter plekke neergeknald kunnen worden. Soms schoten ze mensen dood. Soms verwondden ze mensen alleen maar. Ze leken er plezier in te scheppen gevangenen te verwonden die op een overtreding waren betrapt – of soms betrof het gewoon iemand die toevallig op de verkeerde plek was, op het verkeerde moment. Het was alsof ze dachten dat anderen nog meer werden afgeschrikt als de straf werd opgerekt en het slachtoffer langere tijd pijn leed.

Ik stond te popelen om het René en Piri en Margot te laten zien. Zo weinig voor vier monden, alleen maar een paar harde uien, en geen mogelijkheid om ze klaar te maken. Maar het was eten. Waar moest ik ze laten? De enige plek waar ik ze kon verstoppen zonder dat iemand dat zag was onder mijn oksels, onder mijn kleren. Ik had het geluk dat ik een bloes had met mouwen die tamelijk wijd waren en ruim vielen. Het viel niemand op dat ik mijn armen nogal krampachtig langs mijn lijf hield.

Onze ogen begonnen ontzettend te tranen toen we ze opaten, stiekem, uit het zicht van anderen. Ons maakte het niet uit. Het was eten.

'De volgende keer wil *ík* het proberen,' zei René.

'Nee, ik,' smeekte Piri.

Maar ik schudde mijn hoofd.

'Te gevaarlijk,' zei ik. 'Daar komt niets van in.'

Het idee om mijn zussen aan zo'n gevaar bloot te stellen! In nog geen duizend jaar zou ik ze een poging hebben laten wagen.

Daarna deed ik mijn best om aan extra eten te komen als ik daar de kans toe kreeg. Dat gebeurde niet al te vaak. En soms moest ik mijn escapades bezuren. Op een keer, toen we rauwe aardappelen aten die ik had gestolen, kregen we alle vier ontzettend veel last van onze arme maag. Misschien waren de aardappelen groen. Misschien konden we niet meer tegen ongekookt voedsel. In elk geval hadden we zo'n pijn en zo'n diarree dat ik daarna nooit meer geprobeerd heb aardappelen te stelen.

Het kwam niet alleen door de voedingswaarde van het gestolen eten waardoor ik me iets sterker voelde. Het kwam doordat er een zeker verzet uit sprak. Als je ziel werd gevoed door een kleine daad van verzet, ook al had niemand er verder iets aan, kon je jezelf wijsmaken dat je weer net iets langer kon leven.

Alle kleren die we droegen raakten met de week meer versleten, maar het grootste probleem dat ik had droeg ik aan mijn voeten. De schoenen van mijn moeder waren al niet nieuw meer geweest toen we ons huis moesten achterlaten, en ze waren niet bedoeld om veel arbeid mee te verrichten, of de hele tijd mee over harde grond te lopen. Eerst gingen de veters kapot. Die knoopte ik zo goed en zo kwaad als dat ging aan elkaar. In de naaikamer kon ik stiekem de loszittende stiksels repareren. Maar toen de hakken begonnen te slijten, kon ik daar weinig aan doen. Ik inspecteerde ze stiekem en begon me steeds meer zorgen te maken, tot ik ze op een avond uitdeed en zag dat ik er eigenlijk geen stap meer op kon zetten. De zool was bijna helemaal afgesleten. Mijn geheim dreigde uit zijn bergplaats te vallen.

Ik had niet veel tijd om na te denken. René en Piri keken me met angstige ogen aan.

'Maak je maar niet ongerust!' zei ik. 'Ik heb een plan. Niemand pakt ze van me af.'

Zolang ik zelfverzekerd overkwam, gingen ze op mijn woord af. Zo was het altijd al geweest. Ik bedacht hoe we konden overleven, en dan vertelde ik ze wat ze moesten doen. En ze hadden alle vertrouwen in me.

Was het toen, of veel later, dat ik zag dat Imi's spijker en hamer een spoor op mijn hangertje hadden achtergelaten? Je kunt het nog steeds zien, als je weet waar je moet kijken.

Ik wist één plek te bedenken waar mijn kettinkje veilig zou zijn. Wat was in Auschwitz-Birkenau nog meer waard dan juwelen? Wat bewaakten alle gevangenen met hun leven? Hun brood. Elk kruimeltje was kostbaar voor ons. Omdat we zo lang mogelijk wilden doen met elk hompje brood dat we dagelijks kregen, knabbelden we er alleen maar aan wanneer het absoluut noodzakelijk was. Je wilde dat ene stukje brood niet opeten als je er niet absoluut van op aankon dat er een volgend stukje zou komen.

Ik had dus altijd een beetje brood bij me, verstopt onder mijn oksel, om het veilig te stellen. En nadat mijn schoenen versleten waren, stopte ik in dat brood mijn kettinkje – mijn gouden engelhangertje – en de oorbellen, en de ringen van mijn moeder. René en Piri waren de enigen die ervan wisten. Elke avond koos ik een rustig moment uit om de sieraden in het nieuwe brood te stoppen, en pas dan kon ik het oude brood opeten. Het was een dagelijks ritueel.

Mijn schoenen – de schoenen van Anyuka – waren nu zo versleten dat ik ze bijna niet meer kon dragen, maar ik repareerde ze steeds zo goed mogelijk. Ik wilde blijven lopen op de schoenen van mijn moeder. In geen geval wilde ik klompen aan. Die zaten slecht, waren uit een blok hout gebeiteld, en als je die een dag aanhad, waren je voeten beurs. Elke gebeitelde groef en splinter schuurde langs je blote huid. Geen sokken ter bescherming. Dan liep je binnen de kortste keren mank. Blaren en zweren konden snel gaan ontsteken en zich vullen met pus. Dan liep je op je eigen wonden. En op klompen kon je nergens snel naartoe. En je kon ook niet meer stilletjes lopen. Ze waren niet bedoeld als schoenen, maar als kluisters. Ik wilde hoe dan ook mijn schoenen houden. Met diverse materialen lapte ik de zolen op. Ik hielp Piri en René ook met het repareren van hun schoenen.

We waren hier in de zomer aangekomen, in de smoorhitte. We konden de tijd niet afmeten aan het vallen van de bladeren, of aan de oogst. Maar we zagen wel dat de dagen korter werden, en we stonden tijdens het vroege appèl te rillen van de ijzige kou, wanneer de zon nog niet op was, en 's avonds was het nog kouder. Als je geen kapo-privileges had, en je kreeg zo weinig te eten, hoelang kon je dan in een oord als dit in leven blijven? Vier maanden? Vijf? Zeker niet langer dan een halfjaar.

Maar volgens mij konden we een dergelijke berekening helemaal niet maken. We dachten niet aan de komende winter, omdat we steeds al onze energie nodig hadden om te bedenken hoe we het komende uur moesten overleven.

17 - 26 september 1944

Duizenden maakten hetzelfde mee als ik, en toch herinneren we ons allemaal iets anders. Als je Piri zou vragen wat er op een bepaald tijdstip was gebeurd, zou ze je helemaal niets vertellen. Sommige van mijn herinneringen zijn zo intens dat ik ze nooit zal vergeten, en andere gebeurtenissen kan ik me niet meer voor de geest halen. Ik zal ze nooit proberen op te diepen. Ik kan alleen maar vertellen wat ik heb ervaren. In welke omstandigheden ik verkeerde, wat ik aan de hand van mijn eigen geest en mijn eigen lichaam en mijn leeftijd nog weet te vertellen.

Toen de Hongaren in Auschwitz aankwamen, was dat in één opzicht gunstig voor de Joden die er al gevangenzaten, althans degenen die sterk genoeg waren om de volgende selectierondes te doorstaan: ze konden de Joodse feestdagen weer vieren, in de wetenschap dat ze de juiste gebeden op de juiste dagen aanhaalden. Voor Poolse en Tsjechische Joden, die geen horloge en geen kalender hadden, was het ondoenlijk geweest om de voortgang van de tijd bij te houden. Nu konden ze erachter komen wanneer de Jamiem Toviem gevierd moesten worden, omdat de nieuwkomers daar nog weet van hadden.

Voor nieuws was het vrouwenkamp afhankelijk van de mannen. En op de een of andere manier lukte die overdracht altijd. Er waren een paar plekken waar de hekken dicht genoeg bij elkaar stonden om iets naar elkaar te roepen of te schreeuwen. Soms kwam een man naar de vrouwenbarakken om een klus te doen, om iets te repareren. Er waren genoeg dappere mensen die berichten doorgaven, of gevangenen die van het ene deel van dit uitgestrekte complex naar het andere gingen. Voor velen betekende Auschwitz het einde van het geloof. En er waren Joden onder ons die verdoemd waren omdat ze Jood waren, maar die zichzelf nauwelijks als Joden beschouwden. Maar anderen, zoals wij, waren hier met hun geloof gekomen en hielden zich daaraan vast, ongeacht de omstandigheden. Op die manier hielden we onze ouders levend in ons hart. Dat zouden ze ook van ons verwacht hebben.

Op de vooravond van Rosj Hasjana, toen we nauwelijks wisten wat voor dag het was, kwam het bericht dat het Nieuwjaar was. Geen kaarsen. Geen rabbijn. Geen oproep tot gebed. Alles wat met ons geloof te maken had was ten strengste verboden. Wat was ons leven veranderd sinds we voor het laatst brood en taarten en lekkernijen met honing hadden gebakken, en elkaar een goed nieuwjaar hadden gewenst. We konden ons de smaak van honing niet meer voor de geest halen. Dit jaar zouden we geen sjofar horen – de ramshoorn die op Rosj Hasjana in de synagoge wordt geblazen – en er was weinig hoop dat we dat ooit nog zouden beleven.

Het moet gezegd worden dat de Duitsers beter wisten wanneer de belangrijke Joodse feestdagen vielen dan wij. De belangrijkste dagen van de Joodse kalender, de tijd rond Rosj Hasjana en daarna Jom Kipoer, waren als wapens voor hen, wanneer ze probeerden om ons nog meer kapot te maken. Ze gebruikten onze feestdagen tegen ons door te stellen dat God geen zeggenschap had over de vraag wie bleef leven en wie zou sterven. Dat bepaalden zij namelijk. Ons lot lag in hun handen, niet in de handen van God. Dat betekende: selecties. Steeds vaker.

De selecties die nu plaatsvonden waren strenger dan ooit. Het werd nooit makkelijker om ze te doorstaan, omdat de angst nooit verdween: als ik werd uitgekozen, konden mijn zussen niet overleven. Werd een van mijn zussen uitgekozen, dan kon ik niet overleven. De enige manier waarop we onze hoop niet zouden verliezen en in leven konden blijven, was bij elkaar blijven. En dat was een kwestie waarover we geen zeggenschap hadden.

Op de avond van Jom Kipoer was er weer een selectie. We werden niet uitgekozen. Ook nu hadden we van de mannen gehoord dat de Grote Verzoendag aanstaande was. Op de een of andere manier was het ze de voorgaande dag gelukt om wat extra brood naar de vrouwenbarakken te smokkelen, zodat we iets meer kracht hadden om te vasten als het donker werd.

Op Jom Kipoer vergeeft God ons de fouten die we hebben gemaakt.

Dat is ons geloof, en daarom is het een van de belangrijkste dagen van het hele jaar. God vergeeft ons onze fouten, en wij moeten onze medemensen de fouten vergeven die ze tegenover ons hebben gemaakt. Dat was een heel moeilijke dag voor ons in Auschwitz. We hadden maandenlang alleen maar aan het moment gedacht waarin we leefden, van minuut tot minuut, van uur tot uur. We dachten nooit vooruit, stelden ons geen toekomst voor. Om door te kunnen gaan, keken we zelden achterom.

Maar op die dag konden we daar niet omheen. Het hele laatste jaar trok aan mijn geestesoog voorbij.

Een jaar geleden, op Jom Kipoer, waren we met z'n allen nog bij elkaar in Bonyhád. Zoals gebruikelijk hadden we het grootste deel van de dag in de synagoge doorgebracht, onze heerlijke sjoel, de vrouwen en meisjes boven in onze mooiste kleren, vanaf de galerij neerkijkend op onze vrienden en familie, onze broers, ooms en neven, die daar vastten en baden. Ook Imi en Bela zagen we daar beneden. Bela – Benzion was zijn Hebreeuwse naam – was twaalf, het zou niet lang meer duren tot zijn bar mitswa. Imi was nu ver weg en kon niet weten dat hij zijn broertje nooit zou terugzien. En ik had alleen nog mijn twee zussen over. Wat was er veel afgepakt.

Op de Jom Kipoer die we in Auschwitz vierden, wisten we dat we moesten bidden. En hoewel we wisten dat we nooit aan de juiste *machzor* zouden kunnen komen, de speciale gebedenboeken, of zelfs maar aan een sidoer, het boekje met onze dagelijkse gebeden, we kregen allemaal een deel. Ik denk dat iemand zijn hand had weten te leggen op een of twee van de honderden of duizenden gebedenboeken die met de transporten waren binnengekomen en die uiteindelijk op grote stapels terechtkwamen, met andere achtergelaten bezittingen. Sommige delen ervan waren de vrouwensectie binnengesmokkeld.

Natuurlijk niet genoeg voor iedereen. Lang niet genoeg. Maar de dunne bladzijden waren uit de boeken gescheurd, zodat ze gemakkelijker verstopt konden worden. Stilletjes, in het geheim, vol liefde, werden de blaadjes uitgedeeld, zodat niemand in onze barakken Jom Kipoer hoefde te vieren zonder een gebed in de hand. Misschien was het niet het juiste gebed – maar het was hoe dan ook een gebed. En nadat we ons eigen gebed hadden gelezen, ruilden we, wisselden we blaadje na blaadje uit, zodat we zo lang mogelijk konden blijven bidden, zelfs onder het werk.

Het spreekt voor zich dat niet iedereen die dag vastte. Per slot van rekening waren we al maandenlang elke dag aan het vasten. En van zo'n kleine portie eten teruggaan naar helemaal niets was heel gevaarlijk. Maar toch waren we alle drie vastbesloten om na zonsondergang geen eten of drinken tot ons te nemen.

Een Poolse man kwam onze sectie binnen om reparatiewerkzaamheden uit te voeren, en ik zag hem iets eten. Ik was ontdaan. En het ergste was – tot mijn eeuwige schande – dat ik mijn ontzetting daarover niet voor me kon houden.

'Weet u niet wat voor dag het is?' vroeg ik hem.

'Hongaarse, je bent hier vast nieuw,' zei hij tegen me. 'Als je hier al net zo lang zat als ik, zou jij ook iets eten.'

En dat antwoord vond ik irritant. Maar nu, wanneer ik aan die dag terugdenk, zoals sindsdien op elke Jom Kipoer, voel ik me er afschuwelijk onder. Ik zou willen dat ik hem mijn excuses kon aanbieden.

Maar dat was ook de dag waarop ik een belangrijke beslissing nam.

Ik had overleefd. Tot nu toe. Al die tijd was ik in leven gebleven, en voor veel van mijn lotgenoten gold dat niet, en ik vond dat daar een reden voor moest zijn. Ik kon niet voor niets gespaard zijn gebleven. Mijn moeder en mijn kleine zusje en mijn broer konden niet voor niets gestorven zijn. En daarom nam ik me op Jom Kipoer 1944 iets plechtig voor.

Mocht ik daar ooit uit komen, zo besloot ik, dan zou ik iets doen wat alles zou veranderen. Ik zou ervoor zorgen dat niemand ooit zoiets afschuwelijks zou hoeven mee te maken. Daarom nam ik me voor de wereld te vertellen wat er gebeurd was. Niet alleen wat mij was overkomen, maar ook de mensen die hun verhaal niet meer konden navertellen. En op de dag dat ik mezelf die belofte deed, dacht ik dat de wereld zou luisteren. Ik dacht dat ik het helemaal in mijn eentje zou kunnen. Misschien was ik een beetje optimistisch. Een beetje naïef. Maar ik geloofde er echt in.

Oktober 1944

Het werd Soekot, het Loofhuttenfeest, en we hadden niets om het mee te vieren. Ik moest denken aan de papieren slingers en de uitgeknipte figuren die we elk jaar maakten. De soeka, het hutje dat gemaakt werd van hout en doeken, die Imi en onze vader altijd met een paar vrienden in de tuin bouwden. De gevulde koolbladeren die we dan altijd aten, *holishkes*, per twee, als de twee rollen van de Thora.

De selecties gingen door. Nog steeds probeerden we zo onzichtbaar mogelijk te blijven. Zo weinig mogelijk opvallen, op welke manier dan ook. Altijd bij elkaar blijven wanneer we ons in onze rijen van vijf breed opstelden, dag in, dag uit.

Maar de oorlog leek te veranderen. Dat was merkbaar aan de sfeer. Misschien verrieden de bewakers hun angst op de een of andere manier, en pikten wij dat op. De dreiging van gevaar werd sterker.

En toen, voor de tweede keer, hoorden we de woorden.

'Meekomen, jij.'

'Meekomen, jij.'

'Meekomen, jij.'

Wij met z'n drieën. We liepen achter de officier aan. We liepen zo snel mogelijk en probeerden zo sterk mogelijk over te komen. En als altijd hield ik de hand van mijn zussen vast. We hadden geen spullen om op te halen. Ik hield de homp brood van de vorige avond onder mijn oksel geklemd, met mijn hangertje er veilig in weggestopt. We hadden geen idee waar we naartoe gebracht werden.

Onze rij werd teruggeleid naar het gebied waar we waren aangekomen, naar de Rampe en het spoor. Weer zagen we de rokende schoorsteen van het crematorium. En andere gebouwen waarvan we niet wisten waar ze voor dienden. Dit was het 'A'-Lager.

We werden naar Blok 10 gebracht. Die barak zag er net zo uit als de andere waarin we hadden geslapen. Dezelfde raamloze, houten wanden. Dezelfde rijen stapelbedden, driehoog, maar dan nog krapper. Dezelfde verstikkende lucht. Dezelfde smerige latrineblokken achterin. Maar ik zal het nooit vergeten, omdat ik dit A-Lager in Blok 10 associeer met het nummer dat sindsdien op mijn arm staat. Dit was een oord dat letterlijk in mijn identiteit gekerfd is.

Want niet lang nadat we hiernaartoe gebracht werden, moesten we aantreden voor iets nieuws. Deze keer moesten we ons in drie rijen opstellen. We kwamen er al snel achter waarom. Vooraan stonden drie vrouwen met potten inkt en penhouders, maar in plaats van een kroontjespen zaten er naalden aan deze pennen.

Linkerarm. Toen wij aan de beurt waren, moesten we onze mouw opstropen en onze linkerarm uitsteken.

Drie tatoeëerders waren aan het werk. Ze brachten ons nummer aan op onze onderarm. Ik had tussen mijn zussen in gestaan, zoals altijd, dus mijn nummer is ook het middelste.

A-10572.

Dat was mijn nummer. René was A-10571. Piri A-10573.

Nooit mensen. Altijd nummers.

Maar het vreemde was dat we hoop uit deze tatoeages putten.

In juli, toen ons transport aankwam, hadden ze zovelen van ons vermoord, zo snel, dat ze niet eens de moeite namen om ons een tatoeage te geven. En sindsdien waren er steeds meer mensen weggevoerd of op een andere manier omgekomen. Het feit dat we nu geregistreerd werden kon alleen betekenen dat het de moeite waard was om ons nog iets langer in leven te houden, omdat we nog steeds sterk genoeg waren om van nut te zijn. Daarom deed dat kleine beetje pijn ons niets. Zolang ze ons konden gebruiken, hadden we een kans om in leven te blijven.

Maar waarvoor? Een aantal dagen bleef dit de vraag. Nu we niets omhanden hadden, liepen we maar wat rond en dachten na. Rond die tijd werd ik er een keer op uit gestuurd om iets uit de barakken op te halen, toen ik het geluid van een naderende trein hoorde. Ik stond er een flink eind vanaf, maar was voldoende dichtbij om de goederenwagons te zien binnenkomen op de Rampe. Ik zag moeders en kinderen het perron op strompelen, precies zoals wij dat vier maanden daarvoor hadden gedaan. Het was een ondraaglijk gezicht, en toch kon ik mijn ogen er niet van afhouden. Deze keer wist ik wat deze prachtige kinderen te wachten stond. Het was afschuwelijk om te zien, een van de dingen die ik nooit zal vergeten.

Nu besef ik dat die moeders ook geweten zullen hebben wat hun te wachten stond. Dit was een van de laatste transporten uit Theresienstadt, of Terezín, het getto ten noorden van Praag dat door de SS gebruikt werd om de wereld voor de gek te houden. Nog maar een paar maanden daarvoor was het kamp opgetuigd omdat er een inspectie zou plaatsvinden van het Internationale Rode Kruis, dat er vervolgens niets verkeerds aantrof. Tegen het eind van oktober waren de meeste gevangenen van Theresienstadt gedeporteerd naar Auschwitz, waar ze vermoord werden.

Haat hing in de lucht. Ik zag hoe kleine kinderen en baby's uit de armen van hun moeders werden gerukt. De kampbewakers wisten dat er niets wreders is dan het scheiden van moeder en kind. Ze trokken zich niets aan van de vertwijfelde kreten, de pure wanhoop. Stel je toch eens voor: je bent een moeder, en zonder dat je er iets aan kunt doen, wordt je lieve kindje uit je handen gegrist, het wezentje dat je liever is dan je eigen leven. En dan, voor je ogen, smijten ze je kind tegen een muur. Je bent getuige van de moord op je eigen kind. Ik heb het zelf zien gebeuren. Ik kan me geen grotere verschrikking voorstellen.

Binnen een paar dagen keerden we terug naar hetzelfde perron, dezelfde lege goederenwagons. We kregen niet te horen waar we naartoe gingen. Ze communiceerden niet met ons, omdat we in hun ogen geen mensen waren. Deze keer hadden we helemaal niets bij ons. En in de trein werden alleen jonge mensen ingeladen, alleen de sterkste meisjes, ongeveer vijfhonderd. Er waren geen oude mensen meer over. Deze keer konden we iets gemakkelijker op de vloer van de wagons gaan zitten, want ze waren niet meer zo overvol. We kregen niet veel water, maar het was koeler. Ik hield mijn gekoesterde homp brood onder mijn oksel geklemd en dacht aan Imi, en ik hoopte dat de reis niet zo lang zou duren dat ik gedwongen werd mijn brood op te eten.

De trein reed van Auschwitz door het platteland naar Duitsland, al kwam ik hier pas veel later achter. Op een gegeven moment, weet ik nog, begon de trein langzamer te rijden en tuurde ik tussen de houten planken van de wagon door om een idee te krijgen van waar we waren. En tot mijn verbazing bestond er daar buiten een wereld. Een heel gewone, alledaagse wereld, waarin ogenschijnlijk niets was veranderd.

Ik zag een jonge vrouw met een witte kinderwagen lopen. Er lag een baby in. Ze liepen gewoon voorbij. Alsof het een doodnormale, doordeweekse dag was. Ik was ervan ondersteboven. Wij gingen door een hel, en ergens anders, niet zo ver bij ons vandaan, leidden anderen hun gewone leven? Waren ze gewoon getrouwd en kregen ze kinderen? Ze gaven hun baby een schone luier, gingen boodschappen doen, kookten, aten, dronken, sliepen, praatten, werkten? Alsof er helemaal niets aan de hand was? Alsof er niets gebeurd was?

Het was onmogelijk om dit te verwerken. Ook nu nog kan ik het nauwelijks begrijpen en kan ik die twee dingen niet met elkaar rijmen: een goederentrein vol uitgehongerde, onder de luis zittende meisjes in versleten kleren, die door een dorp reed waar baby's werden geboren en moeders slaapliedjes voor hen zongen.

En toen kwamen we aan op onze bestemming. Het was duidelijk weer een interneringskamp, met lage barakken die door prikkeldraad omgeven waren, en twee wachttorens. Altijd wachttorens. De SS-officieren schreeuwden dat we in de rij moesten gaan staan, zoals gebruikelijk. We werden geteld, zoals gebruikelijk. Maar deze keer kwam er een nieuw bevel: 'Steek je hand naar voren.'

Iedereen van ons moest de rechterhand voor inspectie uitsteken wanneer ze langskwamen. Wat kon dat betekenen?

In de barakken waarin we werden ondergebracht troffen we dezelfde rijen stapelbedden aan, weer drie boven elkaar, zoals we gewend waren, maar deze waren smaller dan eerst. Daar pasten we toch niet in? Toen ontdekten we dat iedereen een eigen bed kreeg, ieder een met stro gevuld kussen en een eigen deken. We hoefden niet meer hoofd aan teen te liggen.

Bovendien kregen we allemaal een eigen bord, gemaakt van wit porselein. En iedereen een eigen lepel, helemaal voor onszelf! Alleen al het idee dat we niet als een stel honden uit een gemeenschappelijke pan hoefden te eten leek te mooi om waar te zijn.

'Wat is het hier fantastisch!' riep Piri uit.

‘Moet je eens komen kijken,’ zei René. ‘Daar beneden. Je gelooft je ogen niet.’

In de kelder stonden toiletpotten in compartimenten met echte deuren. Zes of zeven stuks. Eindelijk kregen we wat privacy. En stromend water. Er waren douches. We konden ons wassen. Niet elke dag, bleek later. Geen zeep of handdoeken, maar toch: wat een luxe! In onze ogen was het een vijfsterrenhotel.

Er bleken al duizenden gevangenen te zitten die er tewerk waren gesteld. Eigenlijk, zo ontdekten we al snel, vervingen we anderen, net als eerst. De meeste vrouwen hier waren Pools, en de meerderheid bestond uit politieke gevangenen die een maand eerder vanuit Ravensbrück waren aangekomen. Onze voorgangers waren de ‘zigeuner’-vrouwen geweest, Sinti en Roma, gevangenen uit België, Duitsland, Joegoslavië, Frankrijk, Polen en Tsjecho-Slowakije. En honderden andere Hongaarse Joden, die daar al zo’n vijf weken eerder tewerk waren gesteld.

We stelden ons voor aan onze nieuwe lotgenoten. ‘Het is hier zo gek nog niet,’ merkten we opgelucht op.

‘Zo gek nog niet?’ zeiden ze. ‘Wacht maar tot het werk begint.’

‘Hoezo? Wat is dit dan voor kamp?’ vroegen we met een bang voorgevoel.

29 oktober 1944

Natuurlijk hadden we ons door de relatieve luxe zand in de ogen laten strooien.

We waren in Altenburg terechtgekomen. Niet in het Duitse stadje zelf, dat veertig kilometer ten zuiden van Leipzig lag, maar in het ontzettend grote werkkamp dat een eindje van de bewoonde wereld af was gebouwd, zodat gewone Duitsers konden doen alsof het niet bestond. Auschwitz-Birkenau was een groot complex: een concentratiekamp dat ook een vernietigingskamp werd. Maar in het nieuwe Duitse Rijk bestonden meer dan duizend kleinere werkkampen, zoals dit kamp bij Altenburg, dat een buitenkamp van Buchenwald was.

We zaten nu gevangen in een *Arbeitslager*. Honderden daarvan werden in de buurt van Duitse fabrieken gebouwd om te voorzien in de aanvoer van dwangarbeiders. Eerder in de oorlog was het beleid geweest: vernietiging door werk. Nu waren bijna alle Joden en Roma en Sinti in Europa vermoord, en de aanvoer van dwangarbeiders, die ooit onuitputtelijk leek, stagneerde. Er konden geen transporten meer plaatsvinden. Als bedrijven wilden dat het werk gedaan werd, moesten ze de dwangarbeiders iets langer in leven houden dan eerst het geval was.

Buitenkamp Altenburg voorzag in de aanvoer van werkkrachten om een munitiefabriek draaiende te houden. De fabriek was van HASAG – Hugo Anton Schneider Aktiengesellschaft Metallwarenfabrik –, een van de grootste wapenfabrikanten van Duitsland, een bedrijf dat megacontracten met het Derde Rijk afsloot. De vraag naar arbeidskrachten was enorm toegenomen sinds het uitbreken van de oorlog, en doordat gezonde Duitse mannen al werden ingezet aan het front, was HASAG afhankelijk van dwangarbeiders. HASAG zette graag vrouwelijke dwangarbeiders in omdat de SS minder rekende voor ons dan voor mannen. En vrouwen leken minder snel dood te gaan. Winst op alle fronten. Wanneer arbeiders ziek werden – bijvoorbeeld door tuberculose, of vergiftiging door explosieven – konden ze worden teruggestuurd naar Ravensbrück of Auschwitz om door verse arbeidskrachten te worden vervangen.

Vierentwintig uur per dag, zeven dagen per week produceerde de fabriek wapens en munitie voor de infanterie: bazooka's en granaten en patronen en mitrailleurkogels. De ploegendiensten liepen van zes uur 's morgens tot zes uur 's avonds, en van zes uur 's avonds tot zes uur 's morgens. Nadat ze onze handen hadden geïnspecteerd, keken ze wat voor werk we al hadden gedaan, en in welke sectie we nu terechtkonden. Er was weinig geautomatiseerd. Voor het zware handwerk hadden ze sterke meiden nodig. Het gevaarlijkste werk, het mengen en verpakken van explosieven, werd gedaan door Jodinnen en Roma- en Sintivrouwen.

Voordat we met werken konden beginnen, werden we gedesinfecteerd. We moesten ons uitkleden, waarna al onze kleren werden weggehaald. Urenlang stonden we in de kou, een deken om ons heen geslagen, tot we onze kleren terugkregen. Dezelfde oude rok. Nog steeds geen ondergoed. Geen sokken, geen kousen. Maar ook geen luizen meer, althans voor een tijdje. We mochten onze afgedragen schoenen houden, dus ik kon ergens mijn brood verstoppen toen ik geen kleren had. We moesten over een pad langs de barakken naar de fabriek lopen, misschien een kwartier of een halfuur. November stond voor de deur, en de winter was al in aantocht. Tot onze verbazing kregen we zomaar een jas tegen de kou, met zakken erin. Maar om ervoor te zorgen dat we er niet vandoor gingen, hadden ze bij elke jas een vierkant stukje uit het rugpand gehaald en dat opgevuld met een andere stof. We zouden niet ver komen voordat we werden aangegeven. We waren gebrandmerkt.

Op onze dagelijkse wandeling naar de fabriek werden we altijd streng bewaakt door SS-vrouwen en hun honden. We gingen nooit door de majestueuze hoofdingang van de fabriek naar binnen, met de hoekige bakstenen zuilen en de misleidende woorden HAUS DER GEFOLGSCHAFT. Huis van de loyaliteit. Achter dit gebouw bevond zich een complex van kleinere gebouwen, en in elk hiervan werd een verschillend wapen geproduceerd; elk gebouw was vol mensen, lawaai en machines. We betraden deze gebouwen via de achteringang. Onzichtbaar.

Eerst werden mijn zussen en ik in een zwakkere groep gezet.

'Hier. Ga zitten.'

Bij elkaar. Dat was het belangrijkste. We hadden nog nooit wapens van zo dichtbij gezien. Nu, in een rij aan een tafel, was het onze taak om alle kogels te inspecteren, om te kijken of ze allemaal voldeden aan de benodigde kwaliteitseisen. We moesten elke kogel in een machine doen, een soort vleesmolen leek het wel, en als de kogel niet paste, werd hij afgekeurd. Als de maatvoering niet precies klopte, zou het wapen in kwestie blokkeren. Het was dus misschien geen ingewikkelde klus, het was gewoon een kwaliteitscontrole, kijken welke kogels niet aan de standaard voldeden. En eerst waren we opgelucht dat we dit werk mochten gaan doen. Want we wisten één ding zeker: we waren aan het werk. En zolang we werk hadden, waren we betrekkelijk veilig, omdat ze ons nodig hadden.

Maar het was onbeschrijfelijk saai om uren achtereen precies hetzelfde te doen. Een week in de nachtdienst werd gevolgd door een week in de dagdienst. Dagdiensten waren niet zo erg, al moest je er wel om vijf uur 's morgens uit om je te wassen voor het appèl. Je kreeg een halfuur tussen de middag om te eten. Altijd soep.

De nachtdienst was veel zwaarder dan we ons hadden kunnen indenken. We waren al verzwakt toen we in Altenburg aankwamen, en door de omstandigheden verslechterde onze conditie nog meer. Als de nacht vorderde, kon je je ogen door de vermoeidheid en de uitputting bijna niet meer openhouden, en je hele lijf verlangde naar slaap. We moesten elkaar helpen niet in slaap te vallen. Een por hier. Een duw daar. Twaalf lange uren, zonder eten, behalve wat je misschien van de vorige dag had opgespaard.

En dan terug naar de barakken, en meteen aansluitend weer een appèl. We stelden ons weer in rijen van vijf breed op om geteld te worden, van vermoeidheid tollend op onze benen, en wie probeerde te gaan zitten, werd afgeranseld. Daarna kregen we de gelegenheid om ons te wassen en dan gaven ze ons onze portie brood voor de dag – niet meer dan een paar honderd gram, misschien zelfs nog minder dan we in Auschwitz kregen. Een beetje margarine. Soms een 'jam-achtige' substantie. En op een onbewaakt ogenblik moest ik mijn kettinkje en de andere sieraden overpakken. Dat was gemakkelijker nu de toiletten een deur hadden. Inmiddels was het me op de een of andere manier gelukt om aan een naald en draad te komen, en we hadden ook extra kleren gekregen. Ik knipte een stuk uit mijn oude grijze Auschwitz-rok en maakte er een zakje van voor de ringen en oorbellen en ketting om ze veilig in op te kunnen bergen.

En pas na dit alles konden we ons bed opzoeken om te gaan slapen. Maar niet lang. Want tegen de lunch maakten ze ons wakker voor de soep – ze gaven ons bonnen zodat we geen tweede bord konden halen – en daar wilde je niet doorheen slapen. Er was altijd ontzettend veel lawaai. En voordat je het wist, moest je weer aantreden voor het zoveelste appèl, en dan ging je weer naar de fabriek in je gebrandmerkte jas, met je kapotte schoenen of pijnlijke klompen aan. En het werd steeds kouder.

Margot, Henchi en Henchi's zus Rivka waren gelukkig nog steeds bij ons, maar ik kan me eigenlijk niet herinneren dat we de tijd hadden om een woord met elkaar te wisselen toen we in Altenburg zaten. Als je dagdienst had en de ander had nachtdienst, zag je elkaar nauwelijks. En hoewel het kamp aanzienlijk kleiner was dan Auschwitz, waren er toch nog vele duizenden vrouwen in het kamp.

Het beste aan mijn nieuwe baan? Ik kreeg eindelijk waar ik steeds naar verlangd had: een kans om verzet te bieden. Om sabotage te plegen. Wanneer de bakken met kogels vol waren, moest je ze naar het magazijn brengen: één grote, zware bak voor de goede kogels, en één voor de afgekeurde. In elke bak zaten vijftig gaten. In elk gat zat een kogel. Zo nu en dan, als ik wist dat niemand keek, verwisselde ik er snel een paar, de goede van de ene bak met de slechte van de andere bak.

En dan stelde ik me een soldaat voor die over een paar weken een kogel in zijn geweer deed en dan niet zou kunnen schieten. In zekere zin was het stom. Een fout. Het kon op het verloop van de oorlog nauwelijks enig verschil hebben gemaakt, en als ik gesnapt was, zou ik er een extreem hoge prijs voor moeten betalen. Ik had het er nooit met iemand over. Ook René en Piri vertelde ik niet waar ik mee bezig was. Ik wilde niet dat ze erbij betrokken werden, en ik wilde zeker niet dat ze zelf zoiets gevaarlijks zouden proberen.

Maar zelf voelde ik die drang wel. Het was belangrijk voor me om te weten dat ik in elk geval íéts had gedaan. En ik putte kracht en moed uit de gedachte dat ik misschien een paar levens had gered doordat geweren blokkeerden. Misschien had het enig verschil gemaakt. Misschien was iemand, ergens, gered van de dood. Dat betekende veel voor me. Ook als ik mezelf misschien voor de gek hield, hielp de hoop me om door te gaan.

Na een week of drie, eind november 1944, kwam er een groep Duitsers bij onze tafel staan, aan het eind van een heel lange nacht. Ze keken alleen maar toe. Het was een vrijdagnacht, als ik het me goed herinner.

'Wat moeten ze?' fluisterde René. Ik schudde mijn hoofd. Nog steeds probeerde ik altijd zo weinig mogelijk aandacht te trekken. Wanneer ze naar je keken, begon je hart sneller te slaan. Stel dat ze mijn schamele pogingen tot sabotage hadden ontdekt? Piri trok wit weg van angst. Ze was nog steeds veruit de zwakste van ons. Het baarde me constant zorgen.

De mannen bleven een tijdje kijken, praatten wat met elkaar en gingen toen weer weg.

We haalden opgelucht adem. Maar al snel waren ze er weer, nog steeds discussiërend. Nog steeds hadden we geen idee wat ze wilden. Ze keken steeds naar mij. Ik probeerde mijn ongemak voor mijn zussen verborgen te houden.

Uiteindelijk zei een van hen: 'Jij! Meekomen!'

Ik had geen keuze. Ik volgde de mannen naar een ander deel van de fabriek, waar het veel lawaaieriger en drukker was. Dit was een heel ander deel van de productielijn, het begin. Ze bleken nieuwe arbeiders te zoeken om de machines te bedienen die achter in de fabriek stonden, de machines waarmee het staal werd gesneden. De moed zakte me in de schoenen. Het proces was helemaal niet gemechaniseerd of geautomatiseerd. Er stonden weliswaar machines, maar je moest nog steeds al je kracht aanwenden omdat het anders niet lukte. Eerst moest het staal de ene kant op worden geknipt, daarna dwars erop. Eigenlijk had ik het makkelijk gehad in de eindfase van het productieproces, toen ik bij de kwaliteitscontrole werkte, maar nu werd ik geconfronteerd met de op een na zwaarste taak van allemaal: de randen van de hulzen op een bepaalde breedte snijden.

De eerste avond dat ik daar werkte, had ik al mijn kracht nodig om uiteindelijk zeven kleine hulzen te maken. Ik vond het heel zwaar; de bladen in de machine werden steeds bot of gleden weg. Maar toen ik om me heen keek, besefte ik dat de grotere, sterkere meiden aan dezelfde machines soms wel veertig of vijftig hulzen in één dienst konden produceren. Hoe kon ik me in deze baan staande houden? En wat zou er gebeuren als me dat niet lukte?

Twee andere gevangenen, een Pool en een Fransman, volgens mij allebei Joden, hadden de taak om de bladen in de machinerie op dusdanige wijze aan te brengen dat ze sterk genoeg waren om mee te snijden. Ze werden *Meisters* genoemd. Het snijden ging zo moeizaam dat de bladen steeds na korte tijd moesten worden vervangen. Precisie was van het grootste belang. Elke huls moest precies dezelfde vorm en grootte hebben.

Ik keek hoe de Meisters te werk gingen en dacht diep na. Dat was iets wat ik toch wel moest kunnen. Het was me opgevallen dat de opzichters hier niet zo hardvochtig en wreed waren als in Auschwitz. Ik denk dat het logischer was om iets vriendelijker te zijn, omdat dat de productiviteit ten goede kwam. Dat was vooral van belang omdat de aanvoer van werkkrachten stagneerde.

Ik besloot me zo snel mogelijk tot de Duitse opzichter te wenden. Ik wilde niet afwachten tot ik in de problemen zou komen.

'Neem me niet kwalijk, meneer,' zei ik tegen hem. Ik nam geen blad voor de mond. Uitte me in klare taal. Ik kon charmant lachen. En ik sprak perfect Duits. 'Ik ben niet zo goed in het werk dat me nu is toegewezen. U ziet vast ook wel dat ik nooit zoveel zal produceren als de bedoeling is.'

Hij wachtte met opgetrokken wenkbrauwen tot ik mijn verhaal zou vervolgen.

'Maar ik ben wel snel en goed in andere dingen. Ik spreek goed Duits. Ik kan goed met cijfers overweg. Ik zou veel beter op mijn plek zijn op de administratie. Of, als u dat liever hebt, zou ik dat daar kunnen doen, toezicht houden op de bladen en ze vervangen.'

Ik wachtte met ingehouden adem af. In Auschwitz zou ik het nooit hebben aangedurfd om een Duitser op deze manier aan te spreken. Dat zou complete waanzin zijn geweest. Maar hier durfde ik het risico wel aan. De opzichter zag zo wel dat het geen zin had om me op deze post aan te houden, want dat werd nooit wat. En gelukkig voor mij bleek hij voor rede vatbaar.

'Goed. Dat klinkt logisch. Laat maar eens zien wat je kunt.'

En op die manier kreeg ik promotie. Ik werd zelf een Meister, en ook kreeg ik administratieve taken toebedeeld.

Ik kreeg langzamerhand enig inzicht in de manier waarop hun systemen werkten. Hoe ze mensen tegen elkaar opzetten om de productie op te voeren. In mijn nieuwe baan leerde ik die paar grote meiden kennen die erg sterk waren en efficiënt werkten. Gelukkig heb ik nooit een blad voor de mond genomen. En ik mag dan wel klein zijn, maar mensen luisteren meestal wel naar wat ik te vertellen heb. Op een dag nam ik deze meiden apart, en ik zorgde ervoor dat niemand anders ons kon horen.

'Luister eens, jullie moeten echt wat langzamer aan doen, hoor,' zei ik. 'Snappen jullie niet hoe het werkt?'

'Langzamer aan doen?' zei een van hen. 'En dan de extra portie eten mislopen? Ben je gek geworden?'

'Ja, ik weet het. En ik weet waarom ze dat doen. Maar het punt is: hoe sneller jullie werken, hoe moeilijker het is voor de anderen die niet zo sterk zijn als jullie.'

Volgens mij hadden ze hier nog nooit bij stilgestaan. Wanneer je zo'n ontzettende honger hebt, kun je maar aan één ding denken: hoe kom ik aan eten?

'Als jullie zoveel in één dienst kunnen produceren, denken ze dat iedereen dat kan,' verklaarde ik. 'Ze verlangen van iedereen hetzelfde. Jullie maken het voor ons allemaal alleen maar moeilijker.'

Zou ze boos worden? Ontdaan raken? Ik wist het niet. Maar ik zag wel dat de anderen het er moeilijk mee hadden. Ik móést er gewoon iets van zeggen.

Ze dacht er eens over na. En ze vertraagde haar tempo.

Je moet je best doen om te overleven. Natuurlijk. Maar het is moeilijker om dat in je eentje te doen. Je maakt nog de meeste kans om het te redden als je met elkaar samenwerkt.

November 1944 - april 1945

We verzwakten steeds verder, waren steeds minder goed opgewassen tegen onze miserabele levensomstandigheden. We hielpen elkaar om geïmproviseerd schoeisel te maken met behulp van onze dekens, of met ander materiaal dat we te pakken konden krijgen of konden ruilen. Wij nieuwkomers hadden een zo vriendschappelijk mogelijke groep gevormd, in aanmerking genomen hoe hard we werkten, en veel van de meiden beschouwden mij als hun leider. Zoals ik al eerder zei was Margot ook nog bij ons, en een andere familie was met ons mee naar Altenburg gekomen, vijf zussen die net als wij bij elkaar waren gebleven. Het was een heel droevig moment toen een van hen ziek werd en weggebracht werd – naar de ziekenboeg, werd er gezegd. Ze hebben haar nooit weergezien. We zorgden allemaal voor elkaar.

We waren hondsmoe. Maar toch vonden we het hier beter dan in Auschwitz omdat we niet meer in zo'n grote mate van onzekerheid verkeerden. In Altenburg wist je tenminste wat er het volgende uur of de volgende dag naar alle waarschijnlijkheid zou gebeuren. Overleven leek meer tot de mogelijkheden te behoren. Hier waren geen gaskamers. Geen selecties.

En hier en daar viel zelfs enige vriendelijkheid te bespeuren. Op een dag hoefden we niet in de fabriek te werken maar werden we naar een ander gebouw gestuurd om daar schoon te maken. Een Duitser van middelbare leeftijd hield toezicht tijdens het werk. Ik wist niet wie hij was of wat hij daar deed, en ook niet wat hij van ons wist. Maar waarschijnlijk had hij met me te doen. Ik zat op handen en knieën de vloer te schrobben toen hij naar me toe kwam en zei dat ik kon stoppen.

'Jij hoeft vandaag niet te werken. Ga maar binnen zitten. Er staat wel een stoel.'

Ik was bang. Stel dat ze terugkwamen en me betrapten?

'Maak je maar geen zorgen. Als ik iemand zie aankomen, geef ik je wel een seintje. En dan vertel ik ze dat je de hele tijd hebt zitten werken.'

Voordat ik wegging gaf hij me twee cadeautjes: een suikerklontje en een klein spiegeltje. Het was voor het eerst sinds ons vertrek uit het getto dat ik mijn eigen gezicht zag.

Het kostte me moeite om mezelf ervan te overtuigen dat ik naar het gezicht van Lily Engelman keek. Mijn haar was weer flink aangegroeid, kan ik me nog herinneren. En ik droeg een sjaal om mijn hoofd te bedekken, zodat ik er niet zo afschuwelijk uitzag als eerst. Maar inmiddels maakte het me allemaal niets meer uit. Nu denk ik dat ik beter niet in die spiegel had kunnen kijken. Wat had je eraan om jezelf in de spiegel te zien, helemaal veranderd, terwijl je alleen maar bezig was met de vraag wanneer je weer iets te eten kreeg.

Hoewel je gemakkelijk de dagen en nachten uit het oog kon verliezen, bleven we het verstrijken van de tijd afmeten aan de veranderende buitentemperatuur. De kou werd nog bijtender en drong tot in onze botten door. Onze jassen waren dun, en onze voeten en benen werden genadeloos aan de kou blootgesteld. De wandeling van het kamp naar de fabriek verliep trager en pijnlijker doordat we door sneeuw en ijs baggerden. Onze voeten en oren en vingers bonsden, deden pijn en werden blauw. Ook wanneer we binnen waren en ons konden warmen, hadden we last van jeuk en opgezette ledematen. We kregen pijnlijke blaren en een rode huid. Ik kon mijn kuiten helemaal niet bedekken, en één plek ervan bevroor ernstig. Een paar blaren raakten zo ontstoken dat er een zwarte korst op kwam. Mijn huid stierf af, iets wat nooit meer goed is gekomen. Met koud weer doet dat litteken tot op de dag van vandaag pijn.

Mijn eenentwintigste verjaardag brak aan en ging voorbij zonder dat ik erbij stilstond.

Maandenlang konden we maar aan één ding denken: Hoe moesten we de nacht doorkomen? Wanneer zou de ochtend eindelijk aanbreken?

Maar toen de dagen weer begonnen te lengen, drong het tot ons door dat het verloop van de oorlog echt aan het veranderen was. Naast het kabaal van de fabriek en het geroezemoes van honderden mensen die gezamenlijk in de barakken leefden, hoorden we andere geluiden: het gebulder en gefluit van bombardementen. Explosies die de nachten deden trillen. Het geratel van luchtafweergeschut. Naarmate dat kabaal harder klonk en steeds dichterbij kwam, werd het steeds moeilijker om te slapen, zowel overdag als 's nachts. Het was niet zo erg wanneer je aan het werk was en midden in je dienst naar een schuilkelder werd gestuurd. Maar uit je slaap gewekt worden en na zulke uitputtende dagen moeten opstaan, was heel moeilijk. En je was nog niet teruggegaan naar je bed en in slaap gevallen, of je schrok weer wakker. Of je werd wakker van de angstige kreten van iemand anders. En dan kon je alleen maar blijven liggen luisteren en piekeren en hopen.

Vanaf februari kwam Leipzig zwaar onder vuur te liggen. Ik kwam er pas later achter dat we hadden gehoord dat de geallieerden de stad en de olieraffinaderijen en vliegvelden bombardeerden. De complete industrie van de vijand werd kapotgemaakt, alles en iedereen, zowel burgers en militairen als vluchtelingen. Ook Chemnitz werd aangevallen. We bevonden ons recht onder de aanvliegroute van de geallieerden naar Dresden, honderd kilometer ten oosten van Altenburg. Geen wonder dat we geen rust kregen. We hadden er weinig weet van waar de frontlinie lag. We hoorden alleen de sirenen herhaaldelijk gaan, en het gebeurde vaak dat we 's nachts de fabriek uit moesten om naar de schuilkelders te gaan, om later weer naar het werk terug te keren.

Tussen de diensten in, terwijl we naar de fabriek liepen of ervan terugkwamen, of wanneer we vrij hadden, begonnen we zelfs te praten over de toekomst.

'Ze komen dichterbij! Dat was nog wel het hardste gebulder tot nu toe.'

'Denk je dat de geallieerden de fabriek zullen bombarderen?'

'Het zou kunnen.'

'Zo moet je niet praten.'

'Als ze Duitsland willen vernietigen, moeten ze de munitie ook vernietigen.'

'En wij dan?'

'Weten ze eigenlijk wel dat we hier zitten? Weten ze wel hoe we eraan toe zijn?'

'Alsof iemand dat iets kan schelen.'

'De oorlog loopt vast ten einde. Dat heb ik van een van de opzichters gehoord. Hitler is bijna *kaputt*.'

'Hoe kunnen we hier wegkomen?'

'Het lijkt me sterk dat de Duitsers ons nu nog zullen laten gaan.'

'Ze zullen ons toch eerder vermoorden dan dat ze ons aan de Amerikanen of Russen uitleveren?'

'Sst.'

We kregen geen echte berichten van de buitenwereld te horen.

Waren we banger dan eerst? Eigenlijk niet. Hoewel het einde van de oorlog zeker tot de mogelijkheden leek te gaan behoren, en we daar constant aan dachten, konden we ons gewoonweg niet voorstellen hoe dat voor ons zou aflopen. We waren vijanden van het *Reich*. Waarom zouden ze ons in leven laten? Duitsland zou er toch alles aan doen om te voorkomen dat we de oorlog overleefden en ons verhaal konden doen?

Het was een donderdag in april, en we gingen naar het werk, zoals alle dagen. Mijn zussen en ik hadden dagdienst. Maar na een paar uur ging het licht uit, de deuren van de fabriek zwaaiden open en het bevel kwam: 'Ophouden met werken! *Zählappell!*'

Appèl? Nu? We werden geteld en liepen gehaast terug naar de barakken.

Daar kregen we te horen dat het kamp geëvacueerd zou worden.

'De Amerikanen zijn al dichtbij. We vertrekken onmiddellijk. *Mach schnell!*' Opschieten!

We waren bijzonder slecht voorbereid. We kregen helemaal geen tijd. Een meisje dat had staan wachten tot haar jurk droog was moest vertrekken met alleen haar slipje aan en een deken om. De poorten werden opengezet, en daar gingen we.

De plotselinge vrijlating was heel bijzonder. We waren verheugd. Op dat moment was het voor ons genoeg om te weten dat we weggingen. Betekende dat dat onze levens gespaard zouden worden? Dat het zin had om ons in leven te laten? Wanneer je elk moment verwacht geëxecuteerd te worden en ineens mag je weg, dan voelt het als vrijheid.

Ik pakte Piri's hand met mijn ene hand en die van René met de andere.

12 april 1945

Meer dan tweeduizend vrouwen en meisjes, op weg naar een onbekende bestemming. Het volledige kamp stroomde leeg. De SS bleef ons bewaken en we kregen niets te horen, alleen dat we steeds moesten doorlopen. Weer werd er gefluisterd: we werden ergens naartoe gebracht om daar vermoord te worden. We wisten niet dat al maandenlang colonnes wandelende lijken van de ene plek naar de andere in het ineenkrimpende Reich werden gedreven.

In de derde week van januari, toen het Sovjetleger gestaag oprukte in bezet Polen, had de SS Auschwitz-Birkenau en de bijbehorende buitenkampen verlaten. Ze vernietigden bewijsmateriaal, lieten iedereen achter die te zwak was om te lopen en evacueerden de overgebleven 56.000 gevangenen – die voor de gezondsten moesten doorgaan – en stuurden ze naar kampen die ver weg lagen, in het hart van het Duitse grondgebied. Een kwart van deze mannen, vrouwen en kinderen zou deze tocht niet overleven. Ze werden afgeslacht of standrechtelijk geëxecuteerd, kwamen om door de kou, door uitputting of honger. Na de oorlog zijn deze afschuwelijke tochten bekend geworden onder de term 'dodenmarsen'.

We hadden geen eten. Geen water. Ons schoeisel was onderhand tamelijk nutteloos geworden. We zouden net zo goed géén schoenen kunnen hebben gehad. Ik had onze voeten al maandenlang in lompen gewikkeld en ze steeds opgelapt en gerepareerd, in een poging onze schoenen draagbaar te houden. Sommige meiden die nog restanten van houten klompen droegen, gooiden ze weg en gingen blootsvoets verder, omdat het anders onmogelijk was om het tempo bij te houden. Het werd al snel duidelijk dat men niet bereid was enige genade te tonen. We waren verzwakt en uitgeput, maar iedereen die ook maar even achterbleef, werd doodgeschoten.

Ik pakte mijn zussen nog steviger bij de hand. Ik ontfermde me zo goed mogelijk over ons groepje.

'Help me, Margot,' riep ik.

Piri kon niet goed meekomen. Eigenlijk kon ze nauwelijks lopen. Ze zag bleek en haar ogen vielen steeds dicht. De enige manier om haar mee te krijgen was haar tussen ons in nemen, zodat we haar zo goed mogelijk konden ondersteunen, alsof ze een lappenpop was.

Het was zeer beangstigend. We voelden dat het einde van onze beproeving aanstaande was, maar nog een paar dagen moeten blijven leven leek een onmogelijke opgave.

Op een gegeven moment, al vrij snel, denk ik, moet de grote groep zich hebben opgesplitst. Toen ik om me heen keek leken we met veel minder mensen dan eerst. Ik ben er pas onlangs achter gekomen dat de meesten waren doorgelopen naar het zuiden, naar het Ertsgebergte. Vijftienhonderd vrouwen. Van geen van hen is ooit meer iets vernomen.

We kwamen door dorpjes en stadjes. Het was heel raar om mensen te zien die echt in huizen woonden. Weer dat gevoel dat de hele wereld was veranderd, maar dat het leven voor deze gezinnen bijna normaal leek te verlopen. Mensen kwamen naar buiten en keken naar ons. We keken naar hen. Niemand stak een vinger uit om ons te helpen. Niemand gaf ons eten. Niemand gaf ons water. We staarden elkaar alleen maar aan, alsof we van verschillende planeten kwamen.

Het voorjaar had vroeg en snel zijn intrede gedaan. De hemel was stralend blauw. De zon brandde op ons hoofd. We konden onze afgematte lijven nauwelijks nog voortslepen. Onze dunne jassen leken nu ontzettend zwaar. Veel meisjes gooiden hun jas weg, om hun krachten te sparen voor het lopen. We hadden onze borden en lepels meegenomen. Maar we kregen nergens eten of water. We stopten nooit. We hadden bar weinig energie. En het was een marteling om een leeg bord mee te dragen. Ook dat gooiden we weg. Maar in mijn jas, in een klein zakje, droeg ik mijn sieraden met me mee.

De behoefte om te gaan slapen was overweldigend. We vielen onder het lopen bijna in slaap. Het enige wat we wilden, was gaan slapen. Slapen. Slapen. Slapen. Ons lichaam smeekte om genade. Onze geest verzette zich.

'Probeer te blijven lopen,' zei ik tegen de anderen. 'We moeten doorgaan. Dat moet. Het kan nu niet ver meer zijn.'

Waarheen we ook maar op weg waren. Maar we leefden nog. We moesten in leven zien te blijven.

'Lily,' zei René op een gegeven moment tegen me, zacht en buiten adem. 'Kunnen we niet beter verdwijnen? Misschien merken de Duitsers er niets van en kunnen we gewoon verdwijnen.'

We hadden nauwelijks tijd om na te denken. Doorlopen of vluchten? Ik probeerde erover na te denken. En de hele tijd moesten we blijven lopen, blijven lopen. Steeds verder, steeds verder. Niet in slaap vallen. Niet in slaap vallen.

Konden we niet gewoon verdwijnen?

Zouden we ons ergens langs de route verstoppen?

Zou iemand ons helpen als we dat deden?

Ik kon niet meer helder nadenken. Het enige was ik kon, was de ene voet voor de andere zetten. Mijn zussen bij de hand houden. Ervoor zorgen dat we bij elkaar bleven.

Verdwijnen? Uiteindelijk durfde ik het niet aan. Eén persoon kon misschien verdwijnen, maar twee, of drie, of vier? Of zes? Voor hoelang? Wie konden we achterlaten?

En steeds dacht ik aan wat ik mijn vader had beloofd. Piri kon nauwelijks lopen. Hoe kon ze dan vluchten?

'Lily?' René wachtte nog op een antwoord.

Ik wilde niet dat ze aan me begon te twijfelen.

'Het is te riskant,' zei ik. 'Als ze ons zien, schieten ze ons geheid dood. Nee. Dat kan gewoon niet.'

Ze knikte. Haar geloof in mij was onaangetast.

We moesten blijven lopen tot de avond viel. We kwamen bij een grote schuur, aan de rand van een boerenerf. Veel bijgebouwen. Stro op de grond. Het rook er naar paarden. Mest. Geen eten. Geen water. We ploften neer in het stro en vielen ogenblikkelijk in slaap, praktisch bewusteloos.

Niet lang. Uren voordat het licht werd, maakten ze ons wakker. En toen moesten we weer verder.

Die dag was een vrijdag. We hadden de hele ochtend gelopen, en de hele middag. Die avond sliepen we weer op stro in boerenschuren. En we werden gewekt door het gebrul van vliegtuigen. Bommen ontploften, niet eens zo ver weg. Maar hier waren we helemaal niet bang voor. We waren opgelucht. Dit zijn onze mensen, hielden we onszelf voor. Ze staan aan onze kant. Het kwam niet eens bij ons op dat bommen van de geallieerden ons net zo goed fataal konden worden als Duitse bommen.

De volgende dag verliep net zo. Lopen, lopen, lopen. Niet nadenken. Geen eten. Half slapend. Nooit mijn zussen loslaten. Niet wetend waar de Duitsers ons heen brachten, of waarom. De stralende blauwe lucht. Toen ineens: vliegtuigen. Veel vliegtuigen. Lawaai. We konden nu Amerikaanse vliegtuigen zien overvliegen. We zwaaiden er zelfs naar. We waren zo leeg. Zo uitgeput. Verder. En verder. En verder. En verder. De hele tijd stierven er mensen langs de kant van de weg. Wie ook maar even ging zitten, werd ter plekke doodgeschoten. Maar we waren al zover gekomen. We hadden al zoveel overleefd. We moesten doorgaan. Dat moest. Ik kon mijn zussen nu niet in de steek laten. Ik wilde niet dat ze bleven staan. Ze moesten gewoon door.

En toen, die middag, toen we in een plaatsje aankwamen, vielen er vier bommen heel dichtbij. Een hels kabaal. De grond trilde ervan. Sirenen loeiden. En Margot zei ineens: 'Ze zijn weg!'

We keken om ons heen. Onze bewakers waren verdwenen. Precies zoals we zelf hadden overwogen om te doen, waren ze nergens meer te bekennen, en we hadden ze niet eens zien weggaan. We durfden het nauwelijks te geloven. We bleven staan, verwachtten elk moment geweerschoten te horen, kreten van pijn. Maar er kwam niets. We waren helemaal alleen. Wat was er aan de hand?

Binnen enkele ogenblikken doemden er uit de stofwolken, te midden van kabaal en tumult, legertanks op, elke vol Amerikaanse soldaten. Helmen. Uniformen. Jeeps met Amerikaanse vlaggen.

Dat was een van de gelukkigste momenten van ons leven. We waren vrij. Inmiddels waren we nog maar met een paar honderd over.

We bleven verbluft naar de mannen staan kijken. En ze keken terug, net zo overdonderd. Ze konden hun ogen niet van ons afhouden. Ze hadden geen flauw idee wat we achter de rug hadden.

We waren niet meer te herkennen als mensen, laat staan als jonge vrouwen. Uitgemergelde wezens, vies, met holle ogen, verscheurd tussen opluchting en ongeloof. Hoofddoeken. Versleten kleren. Handen als klauwen. Blote voeten. Onze huid zat strak over de botten van ons gezicht getrokken en wanneer we lachten, leek dat meer op een grimas. In de ogen van die weldoorvoede jongemannen, die zo sterk en gezond waren, en toch ook ver van huis, zagen we er waarschijnlijk uit als deerniswekkende monsters. Uit de manier waarop ze naar ons keken zou je opmaken dat ze in een colonne spoken terecht waren gekomen.

En we konden niet met elkaar communiceren. We spraken geen Engels. De Amerikanen spraken geen Duits. Maar we zagen wel dat ze ons allemaal wilden helpen, dat ze ons alles wilden geven wat ze hadden. Ontzettend opgetogen. Ontzettend in verwarring gebracht. Ik wist niet of ik wilde eten of slapen. Ik wilde gewoon dat alles ophield.

Onze bevrijding vond plaats in Pfaffroda, in Saksen, een dorpje dat bijna vijf kilometer van de Tsjechische grens lag. De Amerikaanse soldaten die ons redden wisten niet wie we waren of waar we vandaan kwamen. Ze deden hun best voor ons. Maar ze waren gewend te vechten, de vijand om zeep te helpen, niet om voor mensen te zorgen. Ze waren geen maatschappelijk werkers. Niemand snapte wat mensen als wij nodig hadden, omdat niemand van mensen als wij gehoord had. Wij waren onvoorstelbaar. De buitenwereld wist nog steeds zo goed als niets over de kampen.

De kreten klonken steeds harder.

'Eten! Eten! Geef ons iets te eten!'

Uit de goedheid van hun hart gaven ze ons wat ze hadden. Frisdrank en snoep en chocola. En zwaar voedsel, zoals cornedbeef. Maar wat wisten ze van verzwakte lichamen, waarvan de organen door de honger nauwelijks nog functioneerden? Wat wisten wij er zelf van?

De volgende dagen brachten ze ons onder in het dorp, overal waar maar een plek te vinden was. De soldaten organiseerden alles, plaatsten groepjes vrouwen bij Duitse gezinnen of in leegstaande huizen waarvan de bewoners gevlucht waren voor de geallieerde opmars. Wij kregen zo'n verlaten huis toegewezen. Het was erg raar om naar een huis gebracht te worden, een echt huis, met kamers en meubilair, behang en ramen. Alles was er nog, behalve de bewoners, die waarschijnlijk overhaast vertrokken waren en weinig spullen hadden meegenomen.

Het kostte ons moeite om te eten. Onze maag was vergeten wat er met voedsel gedaan moest worden, dachten we. Toen we eenmaal onder dak waren gebracht, kregen we van de soldaten licht verteerbare dingen te eten, zoals pap. Gelukkig aten we heel langzaam, en waren mijn zussen en ik al nooit zulke grote eters. Een paar dagen later hoorden we dat sommige van onze meegekomen vrienden uit de fabriek waren overleden. Nog later hoorden we dat er veel meer waren die een paar uur of een paar dagen na onze bevrijding waren gestorven, vergiftigd door het eten waarvan ze zo lang verstoken waren gebleven.

Omdat er niet genoeg bedden waren voor iedereen, legden ze kussens en dekens op de grond voor de rest. Die nacht konden we eindelijk veilig gaan slapen. Toch lukte het ons niet om de slaap te vatten. We luisterden in het donker naar elkaars ademhaling. Ons lichaam bleef in hetzelfde ritme doorgaan. Ik kon eenvoudigweg niet geloven dat we hier waren. We leefden nog. Alle drie. Voor ons was de oorlog voorbij. Als er iets uitzonderlijks gebeurt, of het nu iets goeds of iets naars is, lukt het soms niet om het in één keer te verwerken. Onze geest was zo actief – zoemend, zo leek het wel, van de shock en de verwondering en de blijdschap – dat ons lichaam niet tot rust kwam.

'Ben je wakker, Lily?' fluisterde Piri.

Ik kon moeilijk doen alsof dat niet zo was.

'Ja.'

'Hoor je dat?'

Ik verstijfde en spitste mijn oren. Misschien een paar klopgeluiden en gedempte stemmen. Het geluid van voetstappen boven ons. Was daar een kamer? Een zolder? Ik kon me niet herinneren in het huis een trap te hebben gezien.

'Ja, ik hoor het ook.'

'Wat denk je dat het is?'

Nu waren we allemaal klaarwakker. En doodsbang. We spitsten onze oren in een stilte die niet stil genoeg was. Piri pakte mijn hand.

'Dit huis stond toch leeg? Denk je dat we hier wel veilig zijn?'

'Ja. Sst. Probeer maar te gaan slapen. Natuurlijk zouden de Amerikanen ons hier niet naartoe hebben gebracht als het niet veilig was. Ga maar slapen.'

's Morgens kwamen we erachter wat er aan de hand was. Bij het krieken van de dag werden we wakker van nog meer vreemde geluiden, en toen we naar buiten keken, zagen we de gedaanten van verschillende mannen, die zich snel uit de voeten maakten. Op de verdieping boven ons hadden Duitse soldaten zich de hele nacht voor de Amerikanen schuilgehouden. Het waren hun laarzen en hun stemmen die we gehoord hadden. En hoewel we bang waren, waren ze waarschijnlijk banger voor ons dan andersom.

Maar tegen de tijd dat dit besef tot ons doordrong, waren ze al verdwenen. En wij waren veilig.

Half april tot begin mei 1945

De shock werd nog groter toen de soldaten ons een paar dagen later naar Schönberg brachten, een klein plaatsje dat op nog geen uur lopen van Pfaffroda lag. We werden weer in een tijdelijk onderkomen geplaatst, waar we meer ruimte hadden, deze keer toevertrouwd aan de zorg van een aristocratische Duitse familie. Twee andere Hongaarse vriendinnen uit Altenburg zaten ook in onze groep, ene Adèle en een ander meisje van wie me de naam inmiddels ontschoten is. Andere meisjes gingen naar andere families. Ik neem aan dat de Duitse gastgezinnen er net zo weinig over te zeggen hadden als wij.

De Amerikanen brachten ons naar een bijzonder imposant huis, waar we beleefd werden ontvangen door een moeder, een vader en een grootvader. Waren hun volwassen kinderen misschien al uit huis? We kwamen aan zonder bezittingen, met alleen maar de versleten kampkleren die we nog steeds droegen, vies en onder de luizen. We waren ineens te gast bij vreemden, die nog maar een paar weken daarvoor onze vijand waren geweest. We woonden bij hen in, bijna alsof we familie van elkaar waren.

Alles in hun huis was zo mooi dat het ons ontzettend onwerkelijk voorkwam. We sliepen in echte bedden, met goedgevulde matrassen, frisse witte lakens en warme zachte dekens. Er hingen schilderijen aan de muur, gordijnen voor de ramen, en op de vloer lagen tapijten. Er waren handdoeken. Maar deze rijke Duitse familie beperkte zich strikt tot het bevel dat ze gekregen hadden om ons eten en onderdak te geven. Ze leenden geen schone kleren uit, noch boden ze aan om onze smerige kleren te wassen.

Die eerste maaltijd was onvergetelijk. Het beeld van de gedekte tafel was overweldigend, met kaarsen, een linnen tafelkleed, glimmend zilver, mooie porseleinen borden, glanzende glazen, servetten. Huispersoneel dat voor ons kookte en ons bediende. Nog niet zo lang geleden waren deze vrouwen de huisslaven van dit gezin geweest en moesten wij op onze beurt wachten voor wat waterige soep uit een gemeenschappelijke pan. Nu waren we allemaal bevrijd, maar het was een aparte vrijheid die we genoten.

Het viel ons bepaald niet mee om ons aan te passen aan het 'normale' leven. We moesten opnieuw leren hoe je je mes en vork vasthoudt. We moesten onszelf er steeds aan herinneren dat niemand ons eten zou stelen. Wat een ongebruikelijke en ongemakkelijke sensatie was het om zoveel te mogen eten als je wilde. Onze maag kon niet alles verdragen. Het was al een hele tijd geleden dat we koosjer hadden gegeten, maar hier konden we dat in elk geval proberen, dus aten we voornamelijk groenten. Toch kwamen we niet los van de gewoonte om bij elke maaltijd brood voor later te bewaren. We moesten altijd wat brood opsparen. En om eerlijk te zijn: dat doe ik nog steeds.

Elke avond gingen we met dit gezin aan tafel, en ik deed mijn best om me te gedragen zoals een welopgevoede gast zich zou moeten gedragen. Gelukkig spraken we alle vijf Duits, en we deden ons uiterste best om een beleefd gesprek te voeren. Maar onze gastheer en gastvrouw – ze behandelden ons voorbeeldig – leken nog steeds onze vijanden te zijn, en we voelden ons er heel ongemakkelijk onder dat ze zich zo keurig gedroegen. Hoe konden we van de ene op de andere dag onze gevoelens veranderen? Ik weet nog hoe ontregelend het was, na alles wat we te verstouwen hadden gekregen, om te zien hoe zij al die tijd hadden geleefd, badend in weelde, en om te beseffen hoe weinig er in hun leven veranderd was.

O, de stress van die maaltijden. Het gezin was weinig mededeelzaam. Alle vragen die je wilde stellen moest je voor je houden. Ze vroegen ons nooit iets. Ze beweerden dat ze nergens iets van afwisten. Maar hoe kon dat?

En we waren niet de enigen die hun heerlijke eten, dat zo stijlvol werd opgediend, nu met hen deelden. Tijdens de oorlog, toen hun boerenknechten naar het front werden gestuurd, had deze welvarende familie dwangarbeiders ingezet om het land te bewerken, voor de koeien en paarden te zorgen en het huis te onderhouden. Volgens mij waren dat

Russen of Polen. Politieke gevangenen of krijgsgevangenen. Nu werd deze Duitse familie gedwongen om met deze mannen en vrouwen, die ze al die tijd als tweederangsburgers had behandeld, om te gaan als de medemensen die ze waren.

De jongemannen raakten opgewonden door onze komst. Meisjes! En buitenlanders, net als zij! Uit hun gedrag sprak in elk geval enige affiniteit. Ze probeerden te flirten en deden hun best om onze aandacht te trekken. Het had iets engs, de manier waarop ze naar ons keken. We snapten wel waar het hun om te doen was, en daardoor voelden we ons bijzonder slecht op ons gemak. Maar gelukkig was de Duitse vader heel streng.

'Daar komt niets van in!' zei hij tegen hen. 'Jullie moeten die meisjes te allen tijde met rust laten.'

En daar waren we hem dankbaar voor.

We hadden overal behoefte aan, en we hadden niets. Geen kleren, geen bezittingen en ook geen geld. De Amerikanen namen een aantal van ons mee naar Waldenburg, een klein plaatsje in de buurt, boven op een heuvel, om te kijken of er geschikte kleren te vinden waren. Een paar dagen na onze bevrijding had daar een grote veldslag plaatsgevonden. Het plaatsje was in een ruïne veranderd. Net als de Duitse soldaten waren veel winkeliers op de vlucht geslagen. Overal lag puin. Winkels en fabrieken waren verlaten, deuren stonden wijd open en soms waren de ramen versplinterd.

'Pak maar wat je hebben wilt,' kregen we van de soldaten te horen. Het voelde niet goed, maar we hadden geen keuze.

We gingen op zoek naar schoenen en ondergoed en haarborstels. We waren niet al te kieskeurig. En we vonden stoffen, fris groen-wit katoen met een vrolijk ruitjespatroon. Toen we terug waren gingen we druk aan de gang met het naaien van identieke jurken. Eén voor ieder van ons. We droegen wekenlang niets anders. Anyuka zou trots zijn geweest als ze ons zo had gezien, weer alle drie in dezelfde kleren. Knopen aan de voorkant. En met zakken, waar we altijd een stukje brood in konden bewaren. En mijn sieraden.

Nu zagen we er aan die grote tafel iets toonbaarder uit, hoewel de gesprekken nooit wilden vlotten.

Ons haar groeide aan en werd dikker en glanzender. Eindelijk konden we ons haar goed wassen. Onze krullen kwamen terug. We werden weer wat dikker.

Het was leuk om de Amerikanen te leren kennen als ze bij ons op bezoek kwamen, en we probeerden een beetje Engels te praten. We leerden te glimlachen en te lachen. We kibbelden om de sigaretten en chocoladerepen die ze uitdeelden. Ze organiseerden sjabbatavonden. We konden weer Joods zijn, vrijuit, met elkaar. Op een middag, toen de Amerikanen terug moesten naar hun kamp, stonden we voor hun jeep in onze nieuwe groene jurk. En we poseerden en maakten grapjes en lachten, en een van hen nam foto's.

Op 4 mei namen ze ons mee naar het stadhuis en kregen we nieuwe identiteitspapieren. Ik heb die van mij nog steeds. Ik gaf mijn officiële naam op – Livia Engelman – en Bonyhád, Hongarije, als mijn geboorteplaats.

'Geboortedatum?'

'1923,' zei ik, '29 december.'

Nu was ik niet langer niemand meer, of een nummer. Ik had een vel papier in mijn hand. Gestempeld en ondertekend door de burgemeester van Schönberg. Het document was opgesteld in het Duits en het Engels, hoewel de vertaling qua woordkeuze en spelling een beetje vreemd aandeed. Ik kon geïdentificeerd worden.

Mejuffrouw Livia Engelman [...] was vanwege Joods zijnde gedeporteerd van Hongarije naar Duitsland en geïnterneerd in concentratiekamp Auschwitz Altenburg. Op 13-4-1945 werd ze door de 'SS' naar Pfaffroda gebracht en bevrijd door de american leger. Alle identiteitsbewijzen en documenten zijn in het concentratiekamp afgepakt. Alle autoriteiten wordt verzocht alle benodigde hulp te verlenen.

Drie dagen later, op 7 mei, gaf Duitsland zich onvoorwaardelijk over. Maar daar heb ik geen herinnering aan. Is dat ons eigenlijk wel verteld?

Mei - juni 1945

Al snel werd onze vreemde en doelloze routine onderbroken. Binnen een maand kwamen er meer Amerikaanse soldaten in Schönberg aan. Andere. Mannen van het Amerikaanse 8e Legerkorps. Twee dagen voordat we tijdens onze dodenmars werden gered, hadden ze Buchenwald bevrijd. Nu waren ze op zoek naar Joden van alle buitenkampen van Buchenwald, en ze hadden gehoord dat wij hier zaten. Ze wilden ons helpen, maar brachten verontrustende berichten mee.

'De Russen zijn in aantocht,' zeiden ze tegen ons. 'Die vormen hier binnen niet al te lange tijd de bezettende macht. Jullie kunnen het beste zo snel mogelijk met ons meekomen. In de Amerikaanse zone zijn jullie veiliger.'

En ze kwamen al snel terug met een kolossale vrachtwagen om ons op te halen.

De Russen bevrijdden Auschwitz nadat we vertrokken waren. Per toeval waren ze eind januari op het kamp gestuit, en ze werden met afschuw vervuld door hetgeen ze aantroffen. Nu rukten ze op en trokken het gebied rond Leipzig binnen. Hoewel de Joodse Amerikanen hun bondgenoten waren, wilden die niet dat we in Sovjethanden vielen. Misschien omdat we meisjes waren. Of misschien omdat we Joden waren. Ik weet het niet.

We waren het zo gewend om te doen wat ons werd opgedragen dat we geen moment aarzelden. En ondanks alle luxe en comfort konden we het eigenlijk niet goed vinden met onze verslagen vijanden. We grepen de kans om verder te gaan met beide handen aan en stapten opgewekt in de vrachtwagen. De laadruimte was open van achteren, met een soort houten hek eromheen, als een enorm krat, en we stonden rechtop en hielden ons stevig vast, en bij elke kuil in de weg werden we door elkaar geschud, en waarschijnlijk gilden we het dan uit. We kwamen heel wat kuilen tegen, omdat we door een gebied reden waar onlangs nog hevig gevochten was. Overal waren sporen van het oorlogsgeweld zichtbaar. Dat was schokkend om te zien. We wisten zo weinig over wat er in de rest van de wereld gebeurde. Nieuws verspreidde zich ontzettend langzaam. We wisten niet eens dat Hitler zelfmoord had gepleegd.

Maar waar moesten ze al die jonge, kwetsbare mensen opvangen? Waar konden we allemaal veilig worden ondergebracht, ook al was het maar tijdelijk, om op krachten te komen? Niemand wilde ons. We hadden geen ouders die zich over ons konden ontfermen. Niemand wist waar de rest van onze familie was.

We reden heel wat uren in westelijke richting, door uitgestrekte bossen, dalen en verwoeste dorpen, naar Weimar. Pas toen we zagen dat we door de hoofdingang van Buchenwald reden, wisten we wat ons reisdoel was. JEDEM DAS SEINE stond er boven de poort. We waren weer in een concentratiekamp. Een *Konzentrationslager* (KZ). Buchenwald was een van de eerste en grootste in Duitsland gebouwde concentratiekampen, en er waren verschillende soorten gevangenen naartoe gestuurd, om zich dood te werken of om om te komen van de honger: Joden, Polen, Slavische burgers, mensen met geestelijke en lichamelijke beperkingen, politieke gevangenen en mensen die ervan werden verdacht in het verzet te hebben gezeten, Roma en Sinti, vrijmetselaars, homoseksuelen, misdadigers, krijgsgevangenen, en mensen die een verboden geloof toegedaan waren, zoals Jehova's getuigen en bahai-gelovigen. Bijna een kwart miljoen gevangenen uit minstens dertig landen. Nu waren er geen nazi's in het kamp, alleen vluchtelingen als wij, en we reden Buchenwald als vrije mensen binnen. Ze noemden ons 'ontheemden'. Het kamp werd voorlopig geleid door het Amerikaanse leger, en er was een rabbijn – rabbijn Schacter – die zich over ons ontfermde.

Het viel bepaald niet mee om de barakken en wachttorens en de lege Appellplatz weer te zien. Maar gelukkig – misschien omdat ik de leider van ons groepje was, of misschien omdat de barakken nog steeds vol voormalige gevangenen zaten, die ook nergens anders terechtkonden – kregen we een kamer toegewezen in een van de huizen waarin de SS-bewakers hadden gewoond. Zodoende sliepen mijn zussen en ik in echte bedden, waarin eerst Duitsers hadden geslapen. We hoefden nooit meer in stapelbedden van driehoog te slapen. Vanuit het raam konden we de barakken niet eens zien, omdat de huizen in een apart deel van het concentratiekamp stonden, een eind verwijderd van de plek waar zovelen de dood hadden gevonden. Ook de schoorstenen van het crematorium van Buchenwald waren niet te zien.

We dachten dat we er wel tegen konden. We hielden onszelf voor dat we geluk hadden gehad. En toch, toen we onze eerste maaltijd kregen en de soep in precies dezelfde gemeenschappelijke pannen werd opgediend die ze ook in Auschwitz-Birkenau hadden gebruikt, werden we bevangen door de herinneringen aan de verschrikkingen. Het was een afgrijselijk gevoel. We werden alle drie totaal overspoeld door allerlei beelden en herinneringen. We vonden het afschuwelijk om daar te moeten zijn. Maar we hadden geen keuze.

'Kijk,' zei ik tegen Piri. 'Dit is heel andere soep. Het ruikt heel lekker. En je mag er net zoveel van nemen als je wilt.'

Ik zat al in over onze volgende stap, al besprak ik dat niet met René, Piri of Margot, want ik wilde niet dat ze zich daarover zorgen zouden maken. Ik besefte zo langzamerhand hoe hopeloos de situatie was. Hier waren duizenden mensen zoals wij, zonder ouders die nog in leven waren, en zonder een plek om naartoe te gaan. Sommigen hadden niet eens een land dat hen als staatsburger erkende. Dit overvolle kamp was slechts een tijdelijke halte, dat kon niet anders.

Sommige meisjes waren na onze bevrijding zo snel mogelijk uit Duitsland vertrokken. Ze wilden gewoon zo spoedig mogelijk naar huis. Maar het leek me afschuwelijk om terug te gaan naar Bonyhád in de wetenschap dat Apu en Anyuka en Bela en Berta daar niet zouden zijn. Ik had weinig hoop dat Imi de oorlog had overleefd. Ik kon het idee niet verdragen dat we terug zouden gaan naar ons lege huis en dan zouden zien wat de nazi's ermee hadden gedaan. Ik zag Bonyhád niet langer als onze thuishaven. Ik wist dat ik ergens een nieuwe plek moest zien te vinden waar we ons thuis konden voelen. Maar waar?

Op een dag kwam de rabbijn langs. Hij had nieuws. De Zwitserse regering had aangeboden honderden Joodse kinderen onderdak te verschaffen. Rabbijn Schacter had de opdracht gekregen het vervoer te regelen.

‘Wat denk je ervan? Zouden jij en je zussen naar Zwitserland willen?’

Een kans om uit Duitsland weg te komen? Natuurlijk zei ik ja.

Maar de wereld wist nog steeds zo weinig over de fabrieken des doods die we waren ontvlucht. De Zwitsers begrepen niet dat praktisch alle jonge kinderen in de kampen waren vermoord.

‘Ze nemen alleen kinderen tot zestien jaar,’ legde hij uit, en hij keek me met een veelbetekenende blik aan.

Ik knikte. Ik begreep het. We moesten ervoor zorgen dat we op die lijst kwamen. Dat kon maar op één manier.

‘Ik heb een document. Mag ik even een pen lenen?’

Het papier waar de burgemeester van Schönberg een stempel op had gezet. Gelukkig was de inkt die gebruikt was tamelijk licht. Blauwe inkt. Het was niet zo moeilijk om een 3 in een 9 te veranderen. Opeens was ik zes jaar jonger. Ik was nog steeds geboren op 29 december, maar nu niet meer in 1923 maar in 1929.

Ik legde René en Piri uit wat ons te doen stond. Ik wist dat ik op ze kon rekenen. Ze deden altijd wat ik zei.

‘Jullie zijn nu een tweeling, oké?’ Het was de enige manier waarop we aannemelijk konden maken dat we alle drie niet ouder dan zestien waren.

‘Oké. Maar wanneer zijn wij dan geboren?’

Het leek me dat René wat makkelijker kon doen alsof dan Piri.

‘12 november.’ Dat was Piri’s geboortedatum. ‘1930. 1930, goed?’

‘1930,’ zeiden ze, en ze knikten. ‘1930.’

‘Ik ben vijftien,’ zei ik. ‘Jullie zijn veertien.’

‘We zijn veertien.’ In feite was Piri zestien.

We waren het eens.

Overlevenden uit de kampen en dodenmarsen mochten van geluk spreken dat ze nog in leven waren. Niemand van ons had papieren van voor de oorlog waarmee we konden aantonen wie we waren of waar we vandaan kwamen. Half juni kwam er een verpleegkundige van het Zwitserse Rode Kruis naar Buchenwald om te bepalen wie op dit transport mee mocht en wie niet. Ze heette zuster Elsbeth Kasser, en ze was heel streng. In een van de gebouwen in het kamp richtte ze een kantoor in, waar alle meisjes en jongens in de rij moesten blijven wachten tot ze naar binnen werden geroepen, een voor een, voor een gesprek. Als je werd goedgekeurd, zette ze een stempel op een kaart, die je meekreeg, de kaart waarmee je op de trein naar Zwitserland kon stappen. Misschien omdat wij drieën zo klein waren, geloofde ze ons. We kregen onze stempels. We konden op weg. Maar dagenlang heerste er veel verwarring en commotie over de vraag wie er al dan niet mee mochten.

Volgens mij was het in die tijd dat de assistent van de rabbijn bij ons langskwam om afscheid te nemen. Hij kwam uit New York en was ongeveer van mijn leeftijd. Hij had krachtige gelaatstrekken, buitengewoon vriendelijke ogen, en was direct en eerlijk. Hij sprak een beetje Jiddisj, net als de rabbijn, en zo konden we min of meer met elkaar communiceren, omdat Jiddisj niet zo heel veel verschilt van Duits. Hij vond me aardig, omdat ik niet verlegen was, en ik vond het altijd leuk om met nieuwe mensen te praten.

Hij wilde ons het allerbeste wensen voor de reis die we voor de boeg hadden. Hij zou met ons meegaan, de trein in, maar dan zou hij zich over heel veel kinderen moeten ontfermen, en hij wilde niet de kans mislopen ons een laatste keer te spreken. Van de soldaten hadden we al gebedenboeken en een mezoeza gekregen, een zilveren kokertje met een speciaal rolletje perkament met een gebed, het Sjema Jisrael. In ons huis in Bonyhád prijkte er een op elke deurpost. Het was nog lang niet zover dat we een eigen huis hadden, laat staan eigen deurposten, maar we kregen toch het gevoel dat dat moment misschien iets dichterbij was gekomen. Was het toen, of misschien iets later, dat ik de kleine mezoeza aan mijn hangertje vastmaakte en het samen met mijn engeltje om mijn hals droeg?

'Nou, dit was het dan,' zei de jongeman met een glimlach. 'Nog even en jullie gaan op reis. En dan kunnen jullie een nieuwe start maken. Een heel nieuw leven beginnen.'

'Heel hartelijk dank voor alles wat jullie voor ons hebben gedaan.' De Amerikaanse soldaten waren ontzettend aardig voor ons geweest. We hadden hen maar een korte tijd meegemaakt, maar wat een verschil hadden ze gemaakt.

'Graag gedaan. Graag gedaan. O, wacht nog even.'

Hij pakte een pen en doorzocht zijn zakken. 'Ik heb vast wel een stukje papier bij me.' Eerst de ene zak. Toen de andere. Zonder succes.

‘Ah, kijk eens!’ zei hij uiteindelijk, en hij begon te lachen.

In plaats van een papiertje, waarnaar hij gezocht had, trok hij een bankbiljet tevoorschijn. Het was een briefje van tien, met een stempel: ALLIIERTE MILITÄRBEHÖRDE, geallieerd militair gezag. Zoiets had ik nog nooit gezien.

Hij schreef er tien woorden op: *A start to a new life. Good luck and happiness.*

En toen ondertekende hij zijn bericht met de woorden ‘Assistant to chaplain Schacter’.

En hij schreef zijn naam er in grappige Hebreeuwse lettertekens bij. We waren geen van beiden goed in Hebreeuws, maar het was een symbool van ons gedeelde geloof en wederzijds begrip.

Het was een persoonlijk, hartverwarmend geschenk. Het was het eerste spontane teken van menselijke goedheid dat ons sinds zeer lange tijd ten deel viel. Ik bedankte hem in de grappige taal die we ter plekke verzonnen: een mengeling van Duits, Jiddisj en gebaren. Ik borg het briefje zorgvuldig op. Het herinnerde ons eraan, na alle wreedheid die we hadden moeten doorstaan, dat mensen ook met elkaar begaan konden zijn. Er bleek toch nog enige hoop en goedheid in de wereld te zijn.

Drommen mensen liepen over het spoorwegemplacement in Weimar en spraken in verschillende talen door elkaar heen. Een kloeke, bebrilde vrouw deed haar best om de leiding te nemen. Ze stond op een legertank zodat iedereen haar kon zien en horen. Er waren nog meer mensen van andere organisaties die namen opnoemden en lijsten afwerkten (altijd zoveel lijsten!), treinkaarten uitdeelden, ons in de juiste groepen indeelden, riepen om stilte, op fluitjes bliezen, ons naar de juiste plek probeerden te dirigeren. Het verliep nogal chaotisch. Er waren lange Amerikaanse soldaten in uniform en met een legermuts op, vrouwen die een baret droegen, volwassen overlevenden (er liepen heel wat mannen rond in hun gestreepte hemd en broek van het kamp), een paar kleine kinderen, grotere kinderen, tieners, jongens en meisjes. Wezen uit Hongarije, Polen, Tsjecho-Slowakije, Roemenië en een paar die nu stateloos waren. Iedereen stond opgewonden te kletsen. Ik zorgde ervoor dat wij, de meisjes uit Altenburg, bij elkaar bleven.

We werden met z’n drieën bij de rest in de rij gezet, weer met onze groen-wit geruite jurken aan. En Margot natuurlijk ook. Het was inmiddels juni geworden, en het was zo heet dat ik mijn jas over mijn arm droeg. Sommige kinderen hadden koffers of tassen of kleine knapzakken. Maar sommige hadden helemaal niets bij zich.

We wachtten tot we in een Duitse trein konden stappen, waar GEALLIEERDE STRIJDKRACHTEN op stond, met zitplaatsen, geen goederentrein. Maar er waren veel meer van ons die een kaart hadden dan er op de houten banken pasten. Daarom verwijderden ze de zitplaatsen en stapelden ze de banken buiten op elkaar om plaats te maken voor de weeskinderen. Er was geen perron. Geholpen door vriendelijke soldaten volgden we de spoorrails tot we bij de juiste wagon kwamen. We hadden hulp nodig om bij het bijzonder hoge trapje te kunnen komen om in de trein te klimmen. Vergeet niet dat we allemaal heel klein waren! En het trapje was heel hoog.

Eindelijk zaten we in een trein die naar een plek ging waar we veilig zouden zijn. Er waren ramen en deuren. We wisten waar we heen gingen. We wisten dat we onderweg te eten zouden krijgen. En water. We waren niet bang. De rabbijn was bij ons, en ook zijn vriendelijke assistent.

Bijna precies een jaar daarvoor waren we op het station van Pécs in goederenwagons gepropt met meer dan honderd naaste en verre familieleden. Nu waren we maar met z'n drieën. Waar was Imi? Wat was er met Hilda gebeurd? Waren er nog meer die de oorlog hadden overleefd?

De trein reed uiterst traag door het Duitse landschap. Kinderen zwaaiden met vlaggetjes uit het raam, en we zongen Hebreeuwse liedjes, alle liedjes die we ons konden herinneren. Ik kon bijna niet wachten tot we er zouden zijn. De treinreis duurde verscheidene dagen. Op vrijdag 22 juni reden we eindelijk het station van Saint-Louis binnen, een Frans stadje dat een paar kilometer van Bazel lag, op de grens met Duitsland en Zwitserland. De trein stopte. Wij wachtten af. Heel lang.

Er was een probleem.

22 juni - eind juli 1945

De Zwitserse verpleegster die ons een voor een had ondervraagd, was ook hier weer om op de gang van zaken toe te zien. Zuster Kasser was hels. Ze geloofde geen moment dat iedereen in de trein op de oorspronkelijke lijst stond die ze in Buchenwald had opgesteld. Bijna twee keer zoveel mensen waren komen opdagen, zo'n 260 in totaal, en de meeste van de verstekelingen leken ouder dan zestien. Zuster Kasser was ervan overtuigd dat rabbijn Schacter haar een loer had gedraaid.

Toch bleven we zitten wachten. Mensen leunden uit de raampjes van de trein om te zien wat er aan de hand was. Ik deed mijn best om mijn groepje gerust te stellen. Rabbijn Schacter leek al net zo ontstemd als zuster Kasser.

'Gaan ze ons terugsturen?' vroeg een van de meisjes. 'Ze kunnen ons nu toch niet meer terugsturen, wel?'

'Welnee,' zei ik stellig. 'Dat zal de rabbijn nooit laten gebeuren. Dat weet ik zeker.'

Uiteindelijk stapten we allemaal uit. Rabbijn Schacter organiseerde een vrijdagavonddienst, en volgens mij sliepen we die nacht in een afgehuurde zaal in Saint-Louis. De volgende dag gingen sommige jongens door naar Frankrijk. De rest van ons stapte over op een andere trein. En uiteindelijk, na lange tijd, arriveerden we veilig in Zwitserland, via Bazel. Onze trein stopte in Neuchâtel, een stad aan een meer aan de voet van de Jura. Toen we uitstapten, op 23 juni, zagen we dat het perron met kippengaas was afgezet. Verpleegsters in kledij van het Rode Kruis en mannen in uniform met notitieboekjes in de hand stonden bij de uitgang en noteerden allerlei dingen toen we langsliepen. We moesten op banken plaatsnemen en kregen te horen wat we moesten doen.

Het gedoe en de verwarring bij de grens versterkten het gevoel dat we hadden dat ze ons in Zwitserland niet echt met open armen ontvingen.

Ze hadden niet verwacht dat zovelen van ons Joods waren. Ze hadden verzwakte, uitgeteerde mensen verwacht, als de graatmagere slachtoffers waarover in het nieuws werd bericht. Inmiddels hadden we natuurlijk al maanden genoeg te eten gekregen. Ons haar was gegroeid. We zagen er gewoon uit als alle andere meisjes en jongens van onze leeftijd. Ook als we dat diep vanbinnen niet zo voelden.

Omdat we rechtstreeks uit Buchenwald kwamen, werden we onmiddellijk in quarantaine geplaatst. Ze dachten dat we misschien ziekten bij ons droegen, en een aantal van de groep leed inderdaad aan tuberculose, of de gevolgen van vlektyfus of bevriezing, of had dringend tandheelkundige hulp nodig. Eerst gingen we naar kamp du Mail, waar werd bekeken of we gezond genoeg waren om niet in quarantaine te hoeven. In de buurt van Neuchâtel stond een prachtig huis van het Zwitserse Rode Kruis, La Rochelle. Zo'n vijftig van de meisjes werden daarnaartoe gebracht. En uiteindelijk kwamen er Joodse organisaties langs om zich over ons te ontfermen. Hun maakte het niets uit dat we geen kleine kinderen waren. Ze onderkenden de schaal van de catastrofe.

Er verschenen vertegenwoordigers van drie van deze organisaties: Poalé Agoedat Jisrael, Hashomer Hatzair/HeHalutz, en Bachad. Ze hadden allemaal tot doel zo veel mogelijk mensen te helpen. De hoop voor de toekomst lag bij de volgende generatie. Het was belangrijk dat jongeren als wij, die geen ouders hadden die ons konden begeleiden, de band met ons geloof niet zouden kwijtraken, dat we niet zouden vergeten hoe we Joods moesten zijn. Daarom waren de organisaties naar La Rochelle gekomen, om zich te presenteren.

Het was echt aan iedereen afzonderlijk om te bepalen met wie je in zee wilde gaan, voor zover ik dat kan nagaan, maar ik denk dat alle groeperingen erop uit waren om zieltjes te winnen, en het waren allemaal zionisten. Hashomer Hatzair – de 'jonge garde' – was een seculiere en socialistische Joodse jeugdbeweging. De Bachad – een afkorting van Brit Chalutzim Dati'im, oftewel de 'alliantie voor religieuze pioniers' – was een orthodoxe zionistische organisatie die jonge mensen praktische agrarische vaardigheden bijbracht die ze nodig hadden voor de alia, de emigratie naar het Heilige Land. De godsdienstigste van de drie organisaties was Agoedat Jisrael, oftewel de Agoedah. Ik wist dat toen nog niet, maar Agoedat Jisrael was in Polen opgericht door ultraorthodoxe Joden die tegen het politieke zionisme waren omdat ze niet wilden dat het Joodse geloof in de toekomstige staat Israël zou worden vervangen door seculier nationalisme. Later is de beweging een politieke partij geworden.

Ondertussen vroegen veel meisjes mij om raad, vooral de jongere.

'Waar moeten we heen, Lily?'

'Wat vind jij dat we moeten doen?'

'Dat moeten jullie helemaal zelf weten. Jullie moeten zelf kiezen.'

Maar ze wachtten tot ik voor hen een beslissing zou nemen. Maar wat wist ik ervan af? Binnen de gemeenschap van Bonyhád bestond weinig belangstelling voor het zionisme. Wat ik wel wist, was dat ons geloof buitengewoon belangrijk was geweest voor onze ouders, en zij zouden hebben gewild dat we ons aansloten bij de godsdienstigste organisatie.

Eigenlijk waren de meeste meisjes in onze groep afkomstig uit zeer godsdienstige families – *froem*, 'vroom', net als wij. Of nog strenger. Al gold dit niet voor iedereen. Zoals ik al zei was Margot niet grootgebracht met het idee dat het belangrijk was om veel aan het geloof te doen. In dat opzicht viel ze in ons groepje een beetje buiten de boot.

'Margot,' zei ik tegen haar. 'Je weet dat je ons niet meer nodig hebt. Je redt je wel als je je liever bij een van de andere organisaties aansluit. Je moet naar de organisatie gaan waar je je het meest thuis bij voelt.'

Maar we waren al een jaar bij elkaar gebleven en hadden samen zoveel meegemaakt. Ze wilde nu bij ons blijven, en wij bij haar. Daarom besloten we met z'n allen met Agoedat Jisrael in zee te gaan. Uiteindelijk gingen er maar drie meisjes met Hashomer Hatzair mee naar het huis dat ze runden in Bex, in de Rhônevallei, en achttien meisjes, uit Polen, Roemenië of officieel stateloos, werden overgebracht naar het huis van Bachad in Krattigen, ten zuiden van Bern.

En zo werden we eind juli 1945 eindelijk naar een plek gebracht waar we tot rust konden komen, in elk geval voor een tijdje. Een plek waar we ons geen zorgen hoefden te maken over wat er de volgende dag of het volgende uur stond te gebeuren. Een plek waar we ons veilig en geliefd voelden. Agoedat Jisrael had twee mooie hotels overgenomen in een charmant bergdorpje, Engelberg, dat nog steeds een buitengewoon populaire vakantiebestemming is. Eén 'Alijah Heim' was voor meisjes – Hotel Alpina – en het andere was voor jongens – Hotel Central. Er waren prachtige bedden en kussens en quilts. Eten in overvloed. Balkonnetjes. En slechts twee of drie meisjes per kamer.

Daar deden ze hun uiterste best, heel serieus, voorzichtig en vriendelijk, om ons weer tot leven te brengen, zowel lichamelijk als geestelijk. Om ons op te lappen. Om ons te leren hoe we weer normale meisjes konden worden.

Onderhand waren we een heel hecht clubje geworden. We hadden al zoveel met elkaar doorstaan. Niet alleen Margot Kovacs, en Henchi, onze goede vriendin uit de naaikamer in Auschwitz. Rivka, Henchi's zus, zou zich gaan verloven met een Zwitserse jongen die heel froem was. Ze was de eerste van ons allemaal die ging trouwen. Er waren ook nog Olga en Lenke Lipschitz, die altijd Suri en Libou werden genoemd, de dochters van een vooraanstaande chassidische rabbijn uit Kisvárda, in het noordoostelijke puntje van Hongarije, bij de grens met de Oekraïne, waar Henchi en Rivka ook vandaan kwamen. De gezusters Lipschitz waren heel serieuze meisjes, zeer godsdienstig. Thuis zouden ze nooit de leuke Zwitserse klederdracht dragen die we allemaal kregen: een korte witte jurk met korte pofmouwtjes, een kleurige schort en een gesteven hoofdtooi! De gezusters Fischer, Eva en Klara, waren net als René en Piri zomaar een tweeling geworden in Buchenwald. Edit Bledy was de enige van ons die geen Hongaarse was, ze kwam uit Tsjecho-Slowakije, maar ze sprak wel Hongaars. Ibi Retek kwam uit Nagyhalász. Etou Seligman was ook een goede vriendin die we al sinds Auschwitz kenden en die helemaal alleen was, zonder broers of zussen. En dan was er nog Adèle Goldmann, die samen met ons in het grote huis in Schönberg had gezeten. Zij had een zus in Amerika. Ook waren er twee zussen bij ons die Aranka en Sassi Basch heetten, uit een grote familie afkomstig waren en samen met ons in Altenburg hadden gezeten, en die zoveel zussen hadden dat we ze 'de twaalf gezusters' noemden. Niet dat het allemaal echte zussen van elkaar waren; het waren nichten, uit Máramaros, in de Karpaten.

Wanneer ik nu aan onze groep terugdenk, staat me het duidelijkst voor de geest wie nog familie had en wie niet. Wie nog ergens een zus had. Wie het gelukt was om een broer of een neef of nicht op te sporen die nog in leven was, zoals Ibi. Wie er helemaal alleen voor stond. Dat was voor ons het belangrijkste. Broers en zussen, volle neven en nichten. Onze generatie moest de toekomst vormgeven. Geen van ons had nog ouders of grootouders.

We kregen les in Hebreeuws en Engels. We maakten lange bergwandelingen. Er werden dansavonden voor ons georganiseerd. We werden meegenomen op excursies. Die uitjes waren het hoogtepunt van de week. Toen het winter werd, gingen we sleeën.

Maar hoe goed bedoeld het allemaal ook was, niets van dit alles leek te werken. We begonnen ons steeds slechter te voelen.

Omdat we gestopt waren. Eindelijk. Al die maanden sinds onze bevrijding hadden we ons alleen maar beziggehouden met overleven, in onwetendheid verkerend over wat elke dag brengen zou. De hele tijd hadden we in onzekerheid geleefd: over of we misschien om het leven gebracht zouden worden, en hoe dan, en waar, en waarom. Over wat we te eten zouden krijgen, waar we konden slapen of waar we de volgende dag naartoe gebracht werden.

In Zwitserland hadden we ruimte en tijd tot onze beschikking. We leken alles te hebben wat we in het leven nodig hadden, we bevonden ons in een uitzonderlijk mooie omgeving en hadden een geweldig gevoel van vrijheid. Ik had een kamer op de zolderverdieping van Hotel Alpina, en elke dag kon ik voor ons open raam of op het balkon gaan staan om uit te kijken over de besneeuwde bergtoppen. We ademden de zuiverste lucht ter wereld in. We waren werkelijk bevrijd, werkelijk veilig.

Toch was het een gecompliceerde wedergeboorte. Ons lichaam herstelde weliswaar goed, en we zagen er ondanks onze littekens sterk en gezond uit, maar onze geest bleef achter, want toen pas drong de impact van ons lot werkelijk tot ons door.

Wanneer je je midden in een afschuwelijke situatie bevindt, laten je hersenen dat besef niet toe, gelukkig. Pas later, wanneer je een heldere blik krijgt, wanneer je iets meer afstand genomen hebt, dringt het tot je door wat het allemaal betekent. Er komen vragen bij je op. Onmogelijke vragen. Of je nu wakker bent of slaapt, die vragen blijven in je hoofd rondspoken.

Waarom hebben ze mijn moeder vermoord?

Ik had vroeger een familie. Ik had een thuis. Ik had nog een zus en twee broers. Neven en nichten. Tantes. Ooms. Vriendinnen. Buren. Waar waren die allemaal gebleven?

Waarom waren we alleen, in dit vreemde land waar ze een vreemde taal spraken, zonder iedereen die we eerst kenden?

Geen ouders. Geen familie. Geen thuis. Geen taal. Geen bezittingen. Geen toekomst. Geen verleden, leek het soms. We waren niemand meer, en we hadden geen thuis meer.

We waren kwijtgeraakt wat het belangrijkste voor ons was, en niemand kon ons dat teruggeven.

In Zwitserland leek het alsof we eindelijk ontwaakten en de werkelijkheid tot ons doordrong. De volle impact van wat er was gebeurd kwam keihard binnen, en dat was een hard gelag. Ik weet nog dat ik om me heen keek en overal Zwitsers zag die eigenlijk niets over de oorlog wisten. De hele tijd, terwijl die gruwelen plaatsvonden, hadden ze in overvloed geleefd. Daardoor kregen we het gevoel alsof er een muur tussen ons in stond. We hadden het gevoel alsof ze het nooit, werkelijk nooit, zouden kunnen begrijpen. Logisch ook, aangezien Zwitserland als neutraal land niet aan de oorlog had deelgenomen. Ze hadden talloze Europese Joden de rug toegekeerd. We hadden inmiddels heel wat geleerd over de internationale ontwikkelingen die hadden plaatsgevonden. Het was algemeen bekend dat de Zwitserse regering de grenzen voor vluchtelingen in 1942 had dichtgegooid. En te vaak leek het erop dat men ons niet wílde begrijpen. Als je erover begon, keerden ze zich van je af. Ze wilden het gewoonweg niet horen.

Moeten verduren wat wij moesten ondergaan, vastbesloten zijn de wereld te vertellen over het totale gebrek aan menselijkheid dat we hadden ervaren... en er vervolgens achter komen dat de wereld daar doof voor was. Dat was ontzettend moeilijk om te accepteren. We mogen natuurlijk niet vergeten dat de oorlog net achter de rug was, en dat mensen wel meer aan hun hoofd hadden, ook in het neutrale Zwitserland. Hoe konden we dan verwachten dat vreemden zouden begrijpen wat wij allemaal hadden doorstaan, of dat ze zouden openstaan voor onze verhalen?

Daarom kreeg ik het idee dat ik me beter stil kon houden. Wat ik me in Auschwitz heilig had voorgenomen werd langzaam door de werkelijkheid onderuitgehaald. Hoe kon ik de wereld iets vertellen wanneer niemand wilde luisteren? Ik realiseerde me dat ik gewoon maar moest doorgaan met mijn leven, zo goed en zo kwaad als dat ging, en dat ik alles moest doen wat in mijn macht lag om mijn zussen en ons clubje te ondersteunen. Dat was al moeilijk genoeg.

Dit was de zwaarste tijd. Sommigen van ons konden het niet aan. Een paar gingen eraan onderdoor. Zus kon niet met zus spreken over wat er gebeurd was. Nicht kon niet met nicht communiceren. Het was gewoon te moeilijk.

Gelukkig voor mij was er één persoon in Engelberg met wie ik goed kon praten. Een buitengewoon aardige Zwitserse, Berta Hertz, had de leiding over het meisjeshotel en ontfermde zich over ons allen. Net als wij was ze Joods, en ze had een nichtje, Rosalin, dat ongeveer zo oud was als wij. Rosalin was de eerste buiten mijn familie en vriendenkring die echt luisterde, die echt wilde weten wat ons drieën was overkomen, zodat ze ons zo goed mogelijk kon helpen. Zij werd mijn beste en innigste vriendin daar. We waren bijzonder hecht. Ik vertelde haar alles. En op de een of andere manier wist ze precies hoe ze op me moest reageren. Iemand hebben die veel om je gaf en heel betrokken was, iemand die zich nooit van je afwendde – het maakte alle verschil.

Stap voor stap begonnen we de moeilijke zoektocht naar nieuws over onze verdwenen families. René en Piri en ik wilden dolgraag weten wat er van Imi was geworden. Er was zoveel met ons drieën gebeurd sinds we van elkaar waren gescheiden. Maar hoe stond het met onze broer? We wisten helemaal niets van Imi's lotgevallen sinds de dag dat hij werd weggevoerd om dwangarbeid te verrichten, om naar de munkaszolgálat te gaan, nog voor we het getto in Bonyhád hadden verlaten. Zou het mogelijk zijn dat hij nog in leven was? Als hij naar ons op zoek was, hoe zou hij ons dan ooit kunnen vinden, helemaal in Zwitserland, ver verwijderd van ons oude huis?

Toen het Zwitserse Rode Kruis zich over ons ontfermde, kregen we te horen dat het Internationale Rode Kruis mensen kon helpen hun familie op te sporen. Dat hadden ze al tientallen jaren na oorlogen gedaan, ze hadden er veel ervaring mee en hadden er effectieve systemen voor ontwikkeld.

Daarom lieten we onze namen bij het Internationale Rode Kruis registreren. Ze stuurden brieven naar Hongarije voor ons. We wachtten af. We hadden niet veel hoop.

Juli 1945 - juni 1946

Het Rode Kruis liet de namen van alle weeskinderen uit Buchenwald op de radio voorlezen, en ook in het bioscoopjournaal werden we genoemd. En als gevolg daarvan ontdekten we tot onze grote vreugde en verbazing dat twee familieleden de oorlog hadden overleefd en zelfs in Zwitserland waren. Bella Brick was een van de vele volle nichten van mijn vader, jonger dan hij, maar veel ouder dan ik, en daarom noemden we haar tante Bella. Haar echtgenoot, Max, of oom Miksha, zoals we hem kenden, was onderwijzer. Ze hadden zelf geen kinderen, maar hadden gereisd met een nichtje, Dita Engelman, en met z'n drieën woonden ze nu in hun nieuwe huis in Genève.

Zo gauw ze konden kwamen ze ons in de bergen opzoeken. Een ongelofelijke dag. Familie uit Bonyhád zien, mensen die we al ons hele leven kenden… We konden onze ogen nauwelijks geloven. En we hoorden vol verbazing hoe ze de oorlog hadden overleefd; hun verhaal is later beroemd geworden, en was zeer controversieel.

Een jaar daarvoor, laat op die ene vrijdagavond, eind juni, nadat onze moeder onze haren had gewassen en voor de allerlaatste keer de sjabbatkaarsen had aangestoken op het sportveld aan de rand van Bonyhád, waren Bella, Miksha en Dita in Boedapest op een trein gestapt. Een halfuur na middernacht vertrokken er vijfendertig goederenwagons uit Boedapest, waarin bijna zeventienhonderd passagiers zaten die in veiligheid gebracht werden door het Boedapest Hulp- en Reddingscomité: zionisten, orthodoxe en ultraorthodoxe Joden, rabbijnen, wetenschappers, kunstenaars, boeren, industriëlen, verpleegsters. Rudolf Kasztner, die het comité had opgericht, had met Adolf Eichmann een akkoord gesloten en sprak van een ark van Noach. Het plan was om de Hongaarse Joden van de Endlösung te redden door losgeld te betalen, en eerst hoopte het comité tienduizend Joden te 'kopen' – 'bloed voor goederen'. Sommigen zagen dit als een vorm van collaboratie. Het bleek dat de Bricks genoeg geld hadden om drie plaatsen in de trein van Kasztner te kunnen bemachtigen. Ze hadden geen idee waar ze naartoe gingen – Kasztner ook niet, toen de trein vertrok – maar ze wisten wel dat het bijna overal veiliger was dan in Hongarije. Mogelijk hadden ze al uit voorzorg geld op een Zwitserse bankrekening gestort. Hun transport stopte aan de grens met Oostenrijk, waarna Eichmann de treinroute liet omleggen naar Bergen-Belsen. De trein kwam daar uiteindelijk op 9 juli aan, dezelfde dag dat wij in Auschwitz arriveerden.

De passagiers werden naar een speciaal deel van het concentratiekamp gebracht, het zogeheten *Ungarnlager*, het Hongaarse kamp, waar ze weinig te eten kregen en met veel mensen in een paar kamers werden gepropt. Maar ze kregen wel de mogelijkheid dingen te organiseren. Zodoende werden er zelfs concerten en lezingen gehouden, en voorstellingen met sketches op de planken gebracht. Bella, Miksha en Dita hadden uitzonderlijk veel geluk: na ongeveer zes weken mochten ze vertrekken, met zo'n driehonderd anderen, al bleef de rest van de groep tot december vastzitten in Bergen-Belsen. Op 18 augustus 1944 kwamen ze in Zwitserland aan. Ze waren gered, en rijk genoeg om een nieuw leven op te bouwen.

'Heb je geld nodig, Lily? Hier, neem dit maar,' zei mijn oom rustig, en hij stopte me een paar bankbiljetten toe.

We praatten en praatten. We konden niet alles in één keer onthouden. Tante Bella vertelde van een bezoek dat ze had gebracht aan Palestina, voor de oorlog, maar toentertijd dacht ik er niet verder over na. We waren gewoon ontzettend blij om haar te zien. Op dat moment was ze bij ons weten misschien wel de enige van onze familie die nog in leven was.

Ik droeg mijn kettinkje toen voor iedereen zichtbaar. Wanneer mensen er vol bewondering naar keken en vroegen hoe ik aan het sieraad kwam, vertelde ik hun het verhaal van mijn slimme, trouwe broer Imi, die zo vindingrijk was en mijn schat had verstopt. Dit kleinood was mijn laatste link met mijn geliefde broer, de beste vriend uit mijn jeugd. Ik had de sieraden van mijn moeder ook nog, die ik nu niet langer meer voor het oog van de buitenwereld verborgen hield. Ik gaf mijn zussen elk een van de ringen, en eindelijk voelden ze zich veilig genoeg om die te dragen.

Sindsdien heb ik het hangertje altijd gedragen. Volgens mij is het het enige sieraad van goud dat Auschwitz is binnengekomen met de oorspronkelijke eigenaar en ook weer op die manier uit Auschwitz is vertrokken.

Wanneer ik het verhaal van mijn broer vertelde, denk ik dat men uit de manier waarop ik over hem sprak wel kon opmaken dat ik weinig hoop had hem ooit weer te zien. Ik troostte me met de gedachte dat ik niet helemaal alleen was overgebleven. Ik had René en Piri nog. Wij waren tenminste nog in leven, en we sterkten steeds meer aan. We zouden met z'n drieën een nieuw leven opbouwen. Het had zoveel slechter kunnen aflopen. Maar toch miste ik mijn oude maatje. Zolang ik nog niet daadwerkelijk had vernomen dat Imi niet meer leefde, was ik vastberaden nog een beetje hoop te blijven koesteren. Het is altijd goed om te blijven hopen.

Toen de tijd verstreek kregen verschillenden van ons nieuws te horen over verre vrienden en familieleden. Soms goed nieuws. Soms vreselijk nieuws.

Ik kreeg op een gegeven moment een afschuwelijk bericht over mijn geliefde nicht Hilda. Nadat we in september 1944 een glimp van elkaar hadden opgevangen aan weerszijden van het hek, was ze samen met een groep andere meisjes geselecteerd in Bonyhád, waarna ze op transport werden gesteld naar concentratiekamp Stutthof, dat gebouwd was in een afgelegen moeras een aantal kilometers van Danzig (Gdańsk). Van daaruit moesten tweehonderd vrouwen lopen naar een kleiner buitenkamp in de stad Thorn (Toruń). Ze verbleven in ijskoude barakken, die ze nooit bij daglicht zagen, doordat ze 's morgens en 's avonds in het pikkedonker van en naar hun werk moesten lopen. Een van hen, ook een goede vriendin die bij mij in de klas had gezeten, Sari Kuttner, kon het niet over haar hart verkrijgen om de meisjes achter te laten die aan de kou en de honger en de uitputting waren bezweken. Elke avond na het werk ging ze naar buiten met een schep en een gebedenboek. Op een avond wilde ze mijn nicht Hilda begraven, heel laat, maar Hilda was dusdanig bevroren dat haar arm niet meer gebogen kon worden en dus niet in het graf paste. 'Ik ben zo bang,' zei ze tegen haar vriendinnen, 'dat de hond van de *Oberscharführer* haar zal opeten.' En toen ging ze terug, de ijskoude duisternis in, om te proberen een groter graf te graven, waarin plaats was voor het hele lichaam van Hilda.

Geen van de kinderen van Hilda's familie heeft de oorlog overleefd. Magda heeft in Auschwitz de hand aan zichzelf geslagen. Haar andere zussen, Borishka en Lola, zijn daar ook gestorven. Hun enige broer hield het nog het langst vol. Hoewel hij de kampen overleefde, is hij op een van de allerlaatste dagen van de oorlog overleden.

In april, toen het tijd was voor Pesach, organiseerden Berta en Rosalin en de anderen die de leiding hadden over de twee instellingen een prachtige sederavond in Engelberg voor alle meisjes en jongens uit Buchenwald. Er werden vier of vijf tafels gedekt, de prachtigste pesachborden werden tevoorschijn gehaald, en we doften ons allemaal zo goed mogelijk op, vastbesloten om van het feest te genieten. We hadden alle waardering voor de moeite die de leiders zich hadden getroost bij het organiseren van zo'n speciale en gedenkwaardige avond voor ons. Pesach is een familiefeest waarin het einde van het slavenbestaan van de oude Israëlieten wordt gevierd. We staan stil bij hun uittocht uit Egypte en komen elk jaar bij elkaar om symbolisch eten tot ons te nemen. Ouders spelen traditionele spelletjes met hun kinderen om het verhaal na te vertellen en op die manier door te geven. De focus ligt op de kleintjes.

Maar hoe konden we op die avond in 1946 niet denken aan onze eigen vervolging, onderwerping en bevrijding? Hoe konden we niet denken aan de huizen waaruit we waren verdreven? Onze gedachten gingen terug naar de sederavonden uit onze jeugd, naar onze ouders die er niet meer waren, en we barstten allemaal tegelijk in huilen uit.

Het was een vreselijk trieste avond, maar onze begeleiders deden hun best om ons te troosten, en dat lukte hun uiteindelijk ook. Ze moedigden ons aan om vooruit te kijken en het feit te vieren dat het ergste achter de rug was, en dat we nu een toekomst voor de boeg hadden. Het leven kon alleen maar beter worden, hielden ze ons voor.

Hoewel het eerst een harde dobber was, bleek de reis naar Zwitserland het beste besluit ooit te zijn. Elke dag voelden we ons een beetje sterker. En een stuk veiliger. Ik zat niet langer in over de veiligheid van René en Piri. Ik durfde ze uit mijn blikveld te laten gaan. Ze begonnen zelf kleine tripjes te ondernemen, naar tante Bella, een voor een, waarbij ze dan een ansichtkaart naar Engelberg stuurden om me te laten weten dat ze veilig waren aangekomen.

En toen gebeurde er iets uitzonderlijks.

Een van de meisjes met wie we in Duitsland hadden gezeten kwam uit Arad, een grote stad met een rijke geschiedenis. Arad ligt nu in Roemenië, maar was tot 1920 een Hongaarse stad en werd aan het einde van de Tweede Wereldoorlog een groot vluchtelingenkamp. Toen we besloten naar Zwitserland te gaan, wilde deze vriendin naar huis, om te proberen haar familie terug te vinden. Op een dag kwam ze op straat een jongeman tegen die haar ongelofelijk bekend voorkwam, al wist ze zeker dat ze elkaar nog nooit hadden ontmoet. Ze was zo overdonderd door de treffende gelijkenis die hij met mij vertoonde, en nog meer met Piri, dat ze bleef staan en hem aansprak.

'Neem me niet kwalijk, maar volgens mij ken ik jouw zussen,' zei ze. 'Ik heb met ze in een kamp in Duitsland gezeten. Eerst in Auschwitz, en later in Altenburg.'

'Ik heb nog nooit van Altenburg gehoord,' moest de jongeman bekennen.

'Heb jij misschien zussen die Lily, René en Piri heten? De gezusters Engelman?' vroeg onze vriendin.

'Ja!' riep onze broer verbijsterd uit. 'Ik ben Imre Engelman.'

'Zie je wel!'

'Wanneer was je bij ze? Waar zijn ze nu?'

Het meisje schudde haar hoofd. Ze wist het niet.

Toch leek het een wonder. Als een van hen vijf minuten eerder of later was geweest, zouden ze elkaar zijn misgelopen. Imi was naar Arad gegaan omdat die stad niet ver van de plek lag waar hij in de oorlog als dwangarbeider tewerk was gesteld. Hij had gehoord dat je vanuit Arad een trein kon nemen die je ergens anders naartoe bracht, en dat je vanuit daar dan naar Erets Jisraël kon gaan – het land Israël – oftewel het mandaatgebied Palestina, zoals het toen nog heette. Maar hij wist ook dat de reis die hij in gedachten had bepaald geen sinecure was. Het was niet makkelijk om Palestina binnen te komen, legaal of illegaal. Je had hulp nodig.

Hij ging er zonder meer van uit dat we allemaal waren omgekomen. Hij kon het vooruitzicht niet aan om in z'n eentje in Hongarije verder te moeten leven. Hij wilde emigreren, en tegen de tijd dat hij Arad had bereikt, was hij op weg. Althans, dat dacht hij.

Zo gauw Imi besefte dat we nog leefden, gooide hij zijn plannen om. Hij besloot dat hij het beste naar Hongarije terug kon gaan om daar op ons te wachten. Zo snel mogelijk reisde hij terug naar Bonyhád. Maar eerst vroeg ook hij het Rode Kruis om ons op te sporen. Gelukkig lukte het hun om onze gegevens boven tafel te krijgen, zodat ze hem uiteindelijk konden vertellen waar we nu waren.

En op een gegeven moment werd er in Engelberg een telegram voor ons bezorgd. Imi leefde nog en zocht ons. Eindelijk hadden we elkaar weergevonden.

We waren uitzinnig van blijdschap. Natuurlijk kenden we de details van zijn zoektocht nog niet. Pas later konden we elkaar schrijven om onze ervaringen uit te wisselen. Maar dat betekende toch dat we hem binnenkort op de een of andere manier zouden zien?

Ondertussen werd het tijd voor ons om bepaalde knopen door te hakken. De Zwitserse autoriteiten wilden niet dat vluchtelingen voor altijd in het land zouden blijven, ook niet de jonge overlevenden van Buchenwald. En dat terwijl Zwitserland ons zelf had uitgenodigd en we in totaal maar met 370 personen waren. Eerst zes maanden. Een jaar was het maximum. Onze groep begon uit elkaar te vallen. Adèle had een bericht ontvangen van haar zus in Amerika en ging daarheen. Een paar meisjes trouwden met Zwitserse jongens die ze via Agoedat Jisrael hadden leren kennen, en die bleven in Zwitserland. Volgens mij zijn een paar van de Buchenwald-jongens in Engelberg met Zwitserse meisjes getrouwd, maar dat betekende niet dat ze in het land mochten blijven, want de nationaliteit van de bruid deed er niet toe. Eén stel emigreerde naar Australië. Slechts twee of drie kozen voor de bijna moeilijkste weg, namelijk terugkeren naar de plaats waar ze vandaan kwamen, om te zien wat daarvan over was.

Ik was er meer dan ooit van overtuigd dat ik in Hongarije geen nieuw bestaan kon opbouwen. Ik wilde zelfs niet in Europa blijven. Absoluut niet. Niet na alles wat er met mijn familie gebeurd was. Ik wilde toen helemaal weg van dat continent. Ze hadden ons het gevoel gegeven dat we er niet thuishoorden. Zou het kunnen dat we ons in Israël wél thuis zouden voelen?

Zoals ik al zei leefde het zionisme nauwelijks in Bonyhád. Iedereen had het wel over Israël, maar dat was meer als een verre droom of fantasie dan als een echt land. Ik kon me geen enkele voorstelling maken van Palestina. Ik wist er zo goed als niets van af, en ik had geen idee hoe het er echt was. Maar ik wist wel dat het geen Europa was. En dat was op dat moment het belangrijkste voor me.

Dat tante Bella voor de oorlog een keer in Palestina was geweest, was hoogst ongebruikelijk. Misschien was Miksha geïnteresseerder in het zionisme dan we ons als kinderen hadden gerealiseerd. Ik praatte met Bella, en ook met Rosalin, en met haar tante Berta, en die vertelden me dat Agoedat Jisrael ons misschien kon helpen. De Britten, die het bewind over het mandaatgebied Palestina voerden sinds het Ottomaanse Rijk zijn gebieden in het Midden-Oosten had verloren na verslagen te zijn in de Eerste Wereldoorlog, stelden strenge beperkingen in aangaande het aantal Joodse immigranten dat legaal het land binnen kon komen, maar Agoedat Jisrael had zeggenschap over een klein quotum hiervan. De organisatie kon ons in het hele proces helpen met het invullen van formulieren, het zorgen voor de juiste papieren en het organiseren van onze reis.

Het leek een minder grote stap als we allemaal tegelijk gingen. We werden ertoe aangemoedigd door de organisatie die zich over ons ontfermd had, en ook door onze oom en tante. Ondertussen wisten we dat Imi al op weg daarnaartoe was toen hij in Arad hoorde dat zijn drie zussen nog leefden. We hoopten dat we met z'n vieren uiteindelijk herenigd zouden worden in Israël.

En omdat ik besloot te gaan, wilden de anderen ook mee: Margot natuurlijk, en Etou, die ook geen zussen had, en de gezusters Lipschitz, die zo uiterst serieus en godsdienstig waren, en Aranka en Sassi, de zussen uit Máramaros. Deze meiden beschouwden we zo'n beetje als onze familie. Ik deed mijn best om me over hen allemaal te ontfermen.

Begin juni werden we door tante Bella en oom Miksha in Genève uitgenodigd om Sjavoeot te vieren met hen en Dita, die net iets jonger was dan ik. Het was de eerste Jom Tov sinds ons vertrek uit Bonyhád die we in sjoel konden vieren met andere leden van onze familie. Bella bereidde eten dat me aan thuis deed denken: een romige soep met zure kersen, een traditioneel gerecht voor dit feest. Het was een buitengewoon gelukkige en bijzondere tijd.

En toen, een paar weken daarna, pakten we onze koffers en namen we afscheid van Zwitserland. Ik had al mijn papieren bij me. Toen ik een foto liet maken voor mijn Zwitserse identiteitsbewijs droeg ik vol trots mijn gouden engeltje om mijn hals. Binnenkort, zo hoopte ik, zou Imi dat zien, en dan zou hij begrijpen hoe belangrijk het engeltje voor me geweest was. Naast het engeltje hing de kleine mezoeza die ik in Buchenwald van de Joods-Amerikaanse soldaat had gekregen.

Ik was tweeëntwintig, maar volgens mijn officiële documenten was ik nog maar zestien. Toch had ik al twee levens achter de rug. Aan mijn eerste leven, mijn gelukkige jeugd in Bonyhád, was met de bezetting van Hongarije abrupt een einde gekomen. Mijn tweede leven, nadat mijn moeder en broer en zus waren vermoord, was nu voorbij. Het leek een wonder dat ik die ellende overleefd had, en nog wonderbaarlijker was het dat René en Piri en Imi dat ook was gelukt.

In Israël, zo besloot ik, zou mijn derde leven beginnen.

DOV

5 juli 2020

Tien woorden van hoop.

Zondagochtend om ongeveer halfnegen post ik een tweet.

Gisteren liet mijn overgrootmoeder (Lily Ebert, een overlevende van Auschwitz) me dit bankbiljet zien, dat haar als geschenk was gegeven door een van de soldaten die haar heeft bevrijd. Er staat op: A start to a new life. Good luck and happiness.

Ik tag een paar organisaties die dit interessant zouden kunnen vinden. Dan zet ik mijn mobieltje op stil en ga met mijn vader naar sjoel. Meestal ga ik niet op zondagochtend, maar het is voor het eerst sinds het begin van de pandemie dat de synagogen weer open zijn.

Een paar uur later kijk ik weer op mijn mobieltje. Ik heb achtduizend berichten op Twitter.

Wát? Achtduizend? Huh?

Ik begin erdoorheen te scrollen en merk dat het Staatsmuseum Auschwitz-Birkenau, met meer dan een miljoen volgers, mijn berichtje over het bankbiljet geretweet heeft. De berichten blijven binnenstromen, zowel van volslagen vreemden als van tamelijk beroemde personen. Andere Europese accounts die zich bezighouden met het verspreiden van kennis over de Holocaust hebben mijn tweet ook opgepikt, hebben hem geretweet en sturen me ondersteunende berichtjes.

Ik kan niet geloven wat er gebeurt. Ik wil Lily bellen om haar hiervan op de hoogte te stellen, maar ik kan niet eens snel genoeg op de berichten reageren. Ze zijn stuk voor stuk hartverwarmend en steunend.

Wanneer het in het Verenigd Koninkrijk rond drie uur in de middag is, wordt de VS wakker. En dan begint de teller echt op te lopen. Zo gauw de Amerikanen het bericht retweeten, kost het me echt grote moeite om alles bij te houden. Het wordt een internationale speurtocht naar de mysterieuze soldaat. Het bericht gaat viral.

Wanneer ik zie dat mijn tweet meer dan een miljoen keer bekeken is, ga ik met mijn moeder langs Lily om haar alle binnengekomen berichten te laten zien. Er worden veel vragen gesteld die ik niet kan beantwoorden, vragen waarvoor ik haar hulp nodig heb. Ik besef dat ik foto's had moeten nemen van andere dingen die ze heeft, zoals de mezoeza die ze van een Amerikaanse soldaat heeft gekregen, en andere foto's die niemand buiten de familiekring ooit heeft gezien.

Zo zitten we samen in haar flatje, en ik lees de leuke berichtjes aan Safta voor, meteen wanneer ik ze binnenkrijg, en ondertussen probeer ik iedereen een berichtje terug te sturen. Lily zit er lachend en grappend bij en vertelt me wat ik moet schrijven. We zijn alle drie overdonderd door de overweldigende respons. Het komt heel onwerkelijk op ons over.

En dan stuurt iemand een foto.

Het is een foto van een foto: het gezicht van een jongeman in legeruniform. Op de foto liggen een paar militaire identiteitsplaatjes. De afzender heeft er maar vijf woorden aan toegevoegd, woorden die ook op het bankbiljet staan: *De assistent van rabbijn Schacter*.

Het is tien voor halfvijf in de middag. Nog geen acht uren zijn verstreken sinds ik de originele tweet postte.

'Volgens mij heeft iemand hem gevonden, Safta!' roep ik uit. 'Of... Wacht even...'

HYMAN I SCHULMAN, staat er op de plaatjes. 32621927 743 44. EVA SCHULMAN (Zijn moeder? Voor het geval hij zou komen te overlijden?) 225 DIVISION AV, BRKLYN, NY.

Niet alleen een naam, maar ook zijn adres.

Wacht eens even, denk ik. Ik probeer rustig te blijven. Ik wil geen overhaaste conclusies trekken.

'Deze legerrabbijn of pastor Schacter had waarschijnlijk talloze assistenten,' zeg ik. 'Hoe kunnen we nu nagaan of deze Hyman Schulman echt Lily's soldaat was?'

En dan volgt het vreemdste deel van het hele verhaal. Er komt van dezelfde persoon een DM binnen op mijn Twitter-account, met een link naar een artikel in *The New York Times*.

Ik weet nog steeds niet goed wat ik ervan moet denken. Ik krijg het idee dat ik met een botaccount te maken heb, zo'n geautomatiseerde zombie-account die fakenieuws verspreidt: een profielfoto ontbreekt en de naam ziet er vreemd uit. Die is daarna veranderd in een rare combinatie van letters en cijfers. Het aantal volgers is praktisch nul. En bovendien is het een afgeschermde account, dus ik kan niet eens reageren. Waarom willen ze niet dat ik weet wie er achter die account zit?

Het artikel, over de brieven die soldaat Hyman Schulman aan zijn vrouw schreef, stamt al uit 2015. Kennelijk voerden ze al jaren een levendige correspondentie. Talloze liefdesbrieven toen ze verkering hadden, al op hun zestiende – mijn leeftijd! En daarna nadat ze getrouwd waren, de hele oorlog lang, toen hij naar Europa werd uitgezonden. Hij schreef Sandy in Brooklyn bijna elke dag. Eén brief begint met de volgende beangstigende woorden: *Gisteren zijn we op een plek geweest waarover je misschien al iets in de krant of op de radio hebt vernomen. Niet ver hiervandaan ligt een concentratiekamp.*

Bijna twee weken later onthult hij de naam ervan: *Buchenwald, in de buurt van Weimar hier in Duitsland.*

Vreemd om te bedenken dat er ooit een tijd is geweest waarin bijna niemand van Buchenwald had gehoord. Toen de wereld er geen idee van had wat er in de vernietigingskampen van de nazi's gebeurde.

Rabbijn Schacter was de eerste Joodse pastor die Buchenwald betrad, ontdek ik. Schulman was zijn assistent. Dan moet hij toch zeker degene zijn die we zoeken?

Ik begin Safta vragen te stellen. Ik weet over Auschwitz en Altenburg en de dodenmars, maar ik kan me niet herinneren dat ze veel over Buchenwald heeft verteld.

'Dat komt omdat we daar maar een paar weken hebben gezeten,' legt ze uit. En zeer zeker kan ze zich rabbijn Schacter nog herinneren. Hij was met hen meegegaan in de trein naar Zwitserland.

Mijn anonieme correspondent heeft nog iets anders te melden. De Hebreeuwse letters die op het bankbiljet staan zijn een transcriptie van de naam van de soldaat: hi jom sjoel man – Hyman Schulman. Ik vermoed dat hij niet zo goed in Hebreeuws was, maar dat de taal een belangrijke link tussen hen was. Waarschijnlijk vond Lily het destijds logisch, ook al vergat ze later dat hij dit had gedaan.

'Dus denk je dat dit degene is van wie je het briefje hebt gekregen, Safta?'

'Ja!'

Lily kan nauwelijks bevatten wat er aan de hand is. Wij kunnen het geen van drieën echt bevatten.

Ik bel mijn grootouders op. Mijn oma, de moeder van mijn moeder, is Bilha, Safta's tweede dochter.

'Wat denk jij ervan?' zeg ik. 'Hoe kunnen we nagaan of het echt om dezelfde persoon gaat?'

'Kijk eens of het hetzelfde handschrift is,' stelt opa Julian voor. 'Volg die link naar het archief.'

De correspondentie tussen Hyman en zijn vrouw heeft tientallen jaren in een kist bij hen op zolder gelegen. Meer dan zesduizend pagina's. Werkelijk honderden brieven, die niemand goed had bekeken of geordend sinds ze waren binnengekomen. Het gezin Schulman telde vijf kinderen die grootgebracht moesten worden. Ze hadden niet echt de tijd om oude brieven door te nemen, uit een verleden dat ze allebei liever vergaten. Pas na de dood van Hyman in 2013 begon zijn vrouw Sandy ze te herlezen. Het artikel in *The New York Times* beschrijft hoe een online kunstsite, POBA, onlangs veel van de brieven heeft ingescand en gedigitaliseerd. POBA wordt uitgesproken als 'fowa', een Tibetaanse term die betrekking heeft op de overgang van het bewustzijn bij het overlijden.

Een van de oprichters daarvan, Jennifer Cohen, was een vriendin van Hymans schoondochter, Arlene. Eerst verkeerde Jennifer in de veronderstelling dat de correspondentie tussen Hyman en Sandy alleen maar een fantastisch voorbeeld was van de verloren kunst van het schrijven van brieven, maar al snel kwam ze erachter dat die nog meer belang had als een neerslag van historische gebeurtenissen. En Hyman was niet alleen maar een getuige van de geschiedenis, maar ook een toevallige participant. Daarom besloot men bij POBA een selectie van de brieven op de website te plaatsen, met transcripties van sleutelpassages.

Het is vreemd om iets te lezen wat zo privé is en nu voor iedereen toegankelijk is gemaakt. Hyman schrijft buitengewoon indringend over de oorlog. Ik kom erachter hoe weinig ik van de bevrijding van Duitsland afweet. Ik heb tot nu toe nooit beseft hoe het voor een soldaat geweest moet zijn om te ontdekken wat er van de verlaten kampen was overgebleven. Zonder te weten waar het om ging. Zonder enig idee van wat voor gruwelen ze zouden aantreffen. Het zet me ertoe aan om meer over de bevrijding te lezen. Maar daar is nu geen tijd voor. Op Twitter stromen de likes nog steeds binnen, en ik wil eerst zeker weten dat we op het goede spoor zitten.

Julian en ik zijn urenlang bezig om de brieven van Hyman Schulman uit 1945 te lezen en ze te vergelijken met het berichtje op het bankbiljet uit hetzelfde jaar.

Geen twijfel mogelijk. Het is precies hetzelfde handschrift.

Lily is opgewonden en verbijsterd. Ik vind het heerlijk om haar zo gelukkig te zien.

'Je had het over vierentwintig uur, Dov. En we hebben hem binnen acht uur gevonden! Acht! Ongelofelijk.'

Ze vindt het verdrietig om te horen dat Hyman Schulman inmiddels is overleden.

'Zullen we toch proberen contact met zijn familie op te nemen, Safta?' stel ik voor. 'Om te kijken of zij hier iets van weten?'

En dan komt ons speurwerk pas echt op stoom.

We besluiten te beginnen bij Arlene. (Gelukkig vermeldde de journalist van *The New York Times* dat de volgende generatie Schulman de c uit haar naam had geschrapt.) Arlene blijkt een kunstenaar te zijn. We vinden een website met haar naam, waarop een link naar POBA staat, en daarom denken we tamelijk zeker te weten dat we goed zitten.

Ik begin me een beetje een stalker te voelen.

Samen met oma Bilha stellen Julian en ik een bericht op en laten dat achter op het contactformulier. We leggen uit wie we zijn en wat er aan de hand is. En dan klikken we op 'versturen'.

Voor Arlene en haar man Jason komt ons nieuws helemaal uit de lucht vallen. Aanvankelijk betwijfelt Jason of we wel gelijk hebben. Zijn vader heeft het nooit over een dergelijke ontmoeting gehad.

Het heeft me diep geraakt, en ik moet toegeven dat het me veel deed toen ik het handschrift van mijn vader en zijn vriendelijke woorden op het bankbiljet zag staan, schrijft Jason direct aan ons terug. Hij heeft ons Twitter-berichtje bekeken, plus een paar video-interviews met Lily die op YouTube staan. Hij weet het nu zeker. *Er kwamen allerlei gevoelens bij me boven.*

Hoewel Hyman zijn vrouw trouw schreef en haar zoveel vertelde als wat door de censuur toegestaan was, wilde hij na terugkomst uit de oorlog niet praten over de verschrikkingen die hij had meegemaakt.

In maart 1945 schreef soldaat Schulman aan Sandy dat hij een 'lucky break' had gehad, een mazzeltje: op eenentwintigjarige leeftijd was het hem gelukt een baantje te bemachtigen als assistent van de pastor van het Amerikaanse 8e Legerkorps. Dit was rabbijn Herschel Schacter, die ook uit Brooklyn kwam. Hyman moet ontegenzeglijk over enige *chutzpah*, enig lef, hebben beschikt, want hij vertelde de rabbijn dat hij kon autorijden, terwijl hij dat in werkelijkheid nog al doende moest leren.

In de decembermaand daarvoor, in 1944, toen Lily in de munitiefabriek in Altenburg werkte, nam Hyman in de vrieskou deel aan de felle man-tegen-mangevechten in de Slag om de Ardennen, een strijd die gevoerd werd onder het bevel van generaal Patton en een van de bloedigste in de geschiedenis van Amerika was. Een paar maanden later liepen soldaat Schulman en rabbijn Schacter samen Buchenwald binnen en konden ze hun ogen niet geloven. Hyman had daar zo'n groot trauma aan overgehouden dat hij het met zijn kinderen nooit over die moeilijke jaren wilde hebben. Maar het werk in die tijd is hem altijd bijgebleven, en ook de Joodse gevangenen die door hem en zijn medestrijders werden bevrijd bleven in zijn geheugen gegrift.

Wat hij heeft gezien en ervaren, heeft hij de rest van zijn leven met zich meegedragen. Ik kan me indenken hoe sterk je moeder moet zijn geweest om haar eigen afschuwelijke ervaringen mee te moeten dragen en niet alleen te overleven, maar ook nog op te bloeien. Van Jason vernemen we het droeve bericht dat zijn moeder Sandy net een paar maanden daarvoor is overleden. Hij vindt het bijzonder spijtig dat hij dit nieuws niet met haar heeft kunnen delen.

Het volgende weekend treffen we elkaar tijdens een online familiebijeenkomst: Arlene en Jason Shulman zijn in New Jersey, en Lily en haar familie in Londen. In totaal vier generaties bij elkaar.

'Fijn om jullie te zien!' verklaart een stralende Lily.

'Ja, ook fijn om jullie te zien!'

'Wauw! Echt ongelofelijk!'

'Ja, vind ik ook!'

‘Hoe is het mogelijk dat die twee puzzelstukjes elkaar hebben gevonden, te midden van miljoenen puzzelstukjes?’ zegt Arlene. ‘Het is een godswonder.’

‘Het is echt een godswonder om jullie nu te kunnen zien! Het lijkt me het ultieme bewijs dat de nazi’s niet hebben gewonnen!’ Lily is aangedaan door de reünie. Net als wij allemaal.

‘Jouw vader heeft me de goedheid van de mens laten zien, en hij heeft me hoop op een betere toekomst gegeven,’ zegt Lily tegen Jason. Ik zie dat oma Bilha een traantje wegpinkt, en mijn ogen beginnen te prikken. ‘Het was zo’n bijzondere ervaring, omdat ik echt denk dat hij toen de eerste man was die aardig tegen me deed. Dat waren we niet gewend. Ik heb dit bankbiljet al die tijd bewaard omdat ik het zo’n bijzonder gebaar vond. Ongelofelijk. Ik wilde het mijn hele leven bij me houden.’

Jason vertelt dat hij meer dan eens geprobeerd heeft zijn vader over het verleden te laten praten, bijvoorbeeld tijdens Pesach, wanneer de hele familie bij elkaar was.

‘Hij was een heel bijzondere man. Na de oorlog heeft hij veel voor anderen gedaan. Maar het liet hem niet onberoerd. Het bepaalde hoe hij in de wereld stond, het bepaalde de plek die hij binnen het gezin innam, hoe hij met ons omging.’

Hyman had een kleine camera en nam foto’s van wat hij tegenkwam. Aan de hand van ons bericht had Jason die foto’s weer eens uit de kast gehaald, en hij vertelt ons hoe verontrustend ze zijn. Ik moet denken aan de brief van zijn vader waarin hij schrijft over de stank van de doden die ze aantroffen, lijken die niet begraven waren maar verspreid door het kamp waren achtergelaten.

Ik laat Jason en Arlene de mezoeza zien, die Lily ook al die tijd zo zorgvuldig bewaard heeft.

We spreken af om elkaar nog eens te treffen, met andere familieleden. Het lijkt alsof we nu onlosmakelijk met elkaar verbonden zijn. Zij hebben een heel nieuwe kijk op Hyman Schulman gekregen. Het was dus niet alleen zo dat wij meer over ons verhaal te horen hadden gekregen. Zij waren ook meer over hun vader te weten gekomen.

Op dit moment is mijn plan gewoon om met behulp van Safta’s foto’s en videofilmpjes die ze in het verleden gemaakt heeft de ervaring van mijn overgrootmoeder toegankelijker te maken voor anderen. Het lijkt me dat men via sociale media kennis kan nemen van alles wat ze te verduren heeft gehad, alleen doordat ze Joods was. Korte clipjes zouden mensen benieuwd kunnen maken naar langere interviews.

Alles raakt in een stroomversnelling. Het bankbiljet van Hyman biedt heel bijzondere kansen. Door onze pogingen om Lily's verhaal via sociale media aan een breder publiek kenbaar te maken, word ik benaderd door vooraanstaande musea en wereldwijde organisaties die zich bezighouden met de kennisverspreiding over de Holocaust. Experts uit verschillende vakgebieden geven advies en suggesties. Op Twitter komen er nog meer berichten binnen waarin hulp wordt aangeboden. Iemand is zo vriendelijk om het bankbiljet nader te duiden. Het betreft niet de Duitse mark, zoals ik eerst veronderstelde, maar een speciale valuta die alleen in de geallieerde bezettingszones na de oorlog werd gebruikt – AMC, oftewel Allied Military Currency.

Een journalist van *The Times* interviewt Lily. De kop: BRIEFJE DAT AUSCHWITZ-OVERLEVENDE TROOST BOOD. Ze is opeens een mediasensatie.

Maar nog ingrijpender is een tweet van een andere onbekende.

Na een paar dagen komt er een bericht binnen van ene Bashi Packer, een vrouw die vertelt dat haar eigen moeder en zussen op hetzelfde transport van Auschwitz naar Altenburg zaten.

Ik heb de transportlijsten, vertelt ze ons. *Ik heb hun namen en andere documentatie gemarkeerd voor uw oma. Laat me maar weten of ze die wil zien.*

Natuurlijk willen we die zien!

We wisselen DM's uit, en daarna mailen we met elkaar. *Ik ben niet zo goed in Twitter*, vertelt Bashi ons. Het blijkt dat ze een filmpje heeft gezien van Safta en mij op de website van Sky News uit Amerika, en ons zo op Twitter heeft gevonden.

Een andere versie van Lily's verleden opent zich in rap tempo. Dit is de officiële versie. Het is om koud van te worden, en het biedt een schat aan informatie.

Eerst deelt Bashi niet meer dan een paar pagina's uit twee veel langere documenten. Lijsten. Vijfhonderd vrouwen. Uit volgetypte vellen blijkt dat Joods-Hongaarse vrouwen op 12 oktober 1944 van Auschwitz-

Birkenau naar de munitiefabriek in Thüringen zijn overgebracht. Eén lijst betreft een soort negatieve afdruk – vage, witte schrijfmachineletters op zwart. De ene naam na de andere. Geboortedata. Nummers. Plaatsnamen. Op de andere lijst, die iets gemakkelijker te lezen is, staan vinkjes en kleine correcties en hier en daar wat toevoegingen. Ik stel me een SS-officier voor met een clipboard in de hand, die de lijst controleert tijdens een appèl. Vijfhonderd jonge vrouwen zijn aangetreden om geteld te worden. Ze weten niet wat er met hen gaat gebeuren. En geen van hen is ouder dan dertig.

Bashi heeft Lily's naam voor ons met een felgele stift gemarkeerd. Daar staat ze, op bladzij twee, als achtentachtigste op de lijst. Ze heeft nu een nieuw nummer, voor dit nieuwe kamp. Nu is ze 37151. Haar geboortedatum klopt, maar niet het jaar: 29-12-1924. De typist heeft een foutje gemaakt en heeft 'Bonyhád' verkeerd gespeld, al is de plaatsnaam bij haar zussen op de volgende twee regels wel correct getypt. Piri staat geregistreerd onder haar volledige naam, Piroska. En daaronder René. Alle drie de zussen worden aangeduid met het woord 'Schneiderin', naaister.

Ook met geel gemarkeerd zijn Bashi's moeder en tantes: vijf gezusters Grossman, allemaal weinig in leeftijd verschillend. Anna, Esther, Adel, Iren, Berta, geboren in 1919, 1921, 1922, 1923, 1924.

Maar eigenlijk lees ik niet verder, omdat ik het Lily wil laten zien. Het is bewijsmateriaal.

'Kijk, Safta! Zie je wel? Hier staat je naam. En die van Piri. En van René.'

Nu weten we precies waar ze was en wanneer ze in Altenburg aankwam.

Ik begin de namen op de lijst voor te lezen, en Lily straalt wanneer ze bepaalde namen herkent. Zeer zeker herinnert ze zich de gezusters Grossman nog. Natuurlijk. Ze kan ons nog precies vertellen waar ze sliepen, en hoe ze, net als Lily en haar zussen, een plek bij elkaar hadden op een van de bovenste lagen van de houten stapelbedden. Andere namen komen haar ook bekend voor. We vinden haar vriendin Margot, ook als 'Margit' geschreven. En Henchi. En andere meisjes van wie ze de naam vergeten was en die met haar naar Zwitserland gingen. Hier staan ze allemaal, met hun geboorteplaats, geboortedatum en kampnummer.

Elke naam is een afzonderlijk leven. Deze lijst brengt het verleden bij haar boven, veel beter dan ons dat met onze ongerichte vragen ooit is gelukt. Ik zie nu in hoe belangrijk dit soort documentatie is. We luisteren al jaren naar Lily's verhalen. Zelfs voordat ik geboren werd, waren haar herinneringen door middel van interviews vastgelegd, gesprekken die nu worden bewaard in de British Library en het Imperial War Museum in Londen, en door de USC Shoah Foundation – The Institute for Visual History and Education in Californië, opgericht door Steven Spielberg, vlak nadat hij *Schindler's List* had voltooid.

Maar ondanks haar tatoeage, en ondanks het feit dat ik het afschuwelijk vond dat Safta door de nazi's tot een nummer werd gedegradeerd, had ik nooit gedacht aan de historische documenten die meer konden vertellen over haar leven voordat een van ons haar kende. Op deze manier zouden we alle puzzelstukjes aan elkaar kunnen leggen, officieel, onweerlegbaar. En al doende zouden we meer te weten komen over Lily's geschiedenis, en die van onszelf. Hoe meer we weten, als familie, hoe minder er vergeten kan worden.

Bashi werkt al dertien jaar als vrijwilliger in het United States Holocaust Memorial Museum in Washington. Ze weet hoe ze bij de documentatie moet komen, waar ze moet zoeken, wat nog ontbreekt. Zij kan ons door het hele proces loodsen. Ze maakt ook alle tijd vrij voor ons. Zo aardig en behulpzaam. We spreken af om later in de maand een Zoom-meeting te beleggen om haar bevindingen te bespreken. Maar eerst stuurt ze ons een linkje naar het verhaal van haar eigen familie, verteld door vier zussen die de oorlog hebben overleefd en uit een ander deel van Hongarije kwamen, die na de bevrijding andere keuzen maakten, maar die zoveel van de oorlogsgeschiedenis van mijn overgrootmoeder deelden.

Dit is voor mij een nieuwe openbaring. Safta heeft altijd duidelijk gesteld dat haar verhaal enkel en alleen dat van haar is. Ze kan alleen vertellen wat ze zelf heeft meegemaakt, wat ze zich nog kan herinneren. Elk individu dat in Auschwitz is geweest zal een ander verhaal vertellen. Andere dingen hebben meegemaakt. Een andere invalshoek hebben. Dat is belangrijk om te onthouden. Elk nummer is een naam. Elke naam is een mens. Iedereen is uniek.

Het verslag van Bashi's moeder en tantes is ontzettend aangrijpend.

Ik merk dat ik geschokt reageer en dat de tranen me in de ogen springen wanneer ik me realiseer hoe verschrikkelijk het in de kampen geweest moet zijn. Veel erger dan ik ooit had gedacht. Ik stel me mijn geliefde Safta voor in de situaties waarover verteld wordt.

De details die de gezusters Grossman beschrijven zijn veel gruwelijker en naargeestiger en specifieker dan de dingen die Lily met ons heeft willen delen. Door de parallellen tussen deze twee groepen zussen, die onderling altijd voor elkaar zorgden, elkaar in leven hielden, dringt hun geschiedenis pas goed tot me door. Ze waren daar samen. Ze moeten allemaal getuige zijn geweest van die weerzinwekkende scènes.

Bashi's moeder Esther en haar zus Goldie (Iren) kunnen zich nog herinneren dat Mengele vier pas aangekomen Poolse meisjes doodsloeg omdat ze zich onder het stapelbed van de Grossmans hadden verstopt. Esther gaf zich als vrijwilliger op om de doden van de ene plek naar de andere te brengen in de hoop haar ouders in een ander deel van het kamp aan te treffen. Er waren zo ontzettend veel doden. Ze herinneren zich nog een jonge vrouw die helemaal gek werd. De aanhoudende geur van verbrand vlees en haar. Een moeder die werd doodgeschoten toen ze probeerde een beetje soep voor haar kind te bemachtigen, en vervolgens werd haar dochter geëlektrocuteerd. Net als Lily kreeg Esther roodvonk, en bijna was ze eraan onderdoor gegaan. Toen de koorts afzakte, werden zij en haar zus Berta geselecteerd voor de gaskamer. Ze probeerden zich daarop van kant te maken door zich tegen het onder stroom staande hek te werpen – de draad aanraken – maar werden gered door de Blockälteste. Ze bespreken hun dromen en nachtmerries. Ze dromen over hun ouders. Ze dromen dat ze hun stervende oma dragen.

Safta kan zich geen enkele droom herinneren.

Volgens mij houdt Lily niet opzettelijk dingen achter. Oma Bilha, die psycholoog is, vertelt me over de theorie dat mensen die een zwaar trauma te verwerken hebben vaak een soort 'coverstory' verzinnen, een versie van de gebeurtenissen die niet onwaar is, een versie waarvan ze het aankunnen om die te vertellen, een versie die voor een toehoorder minder pijnlijk is om aan te horen. Ik vraag me af of Lily haar ellendigste herinneringen te zeer verdrongen heeft om ze nog naar boven te halen, mogelijk als gevolg van het feit dat ze jarenlang geprobeerd heeft haar familie te beschermen tegen kennis van dergelijke trauma's. Misschien weet ze ergens wel dat die herinneringen zo erg zijn dat niemand ze zou willen horen. Ze is het gewend met kinderen te praten. Haar verhaal heeft juist zoveel impact doordat ze je niet zoveel vertelt dat je je ervoor afsluit. In een openbare bijeenkomst, omringd door anderen, kan een toehoorder maar een beperkte hoeveelheid afschuwelijke verhalen aan. En Lily weet goed hoe ze de toehoorder aan zich moet binden.

Het artikel in *The Times* genereert een ongebreidelde mondiale interesse van de pers. Plotseling ben ik interviews met nieuwszenders van over de hele wereld aan het organiseren.

'Laten we iets doen, Dov,' zei Lily tegen me. Het was nog geen week geleden. Dit hadden we ons nooit kunnen indenken. Sky News, CNN, *The Jerusalem Post*, Euronews, BBC World News. Mensen luisteren naar het verhaal van Lily en de tien woorden van hoop van Hyman Schulman, in Australië, Brazilië, Israël – overal ter wereld. Het aantal mensen dat ons volgt op Twitter groeit gestaag.

In een van de video-interviews vertelt Lily dat ze nog een aandenken heeft aan die maanden vlak na het einde van de oorlog. Een cadeautje. Het is een sigarettendoos die in Auschwitz is gemaakt door een Poolse jongen, Wolf Faktor heette hij, een van de andere weeskinderen die in de trein naar Zwitserland zaten. Even denken we hem opgespoord te hebben, dankzij een paar aanwijzingen van behulpzame twitteraars, maar uiteindelijk twijfelen we daaraan, want er blijken verschillende overlevenden met die naam te zijn geweest, die helaas geen van allen meer in leven zijn.

Eind juli hebben we weer een ongelofelijk emotionele samenkomst op Zoom: van de andere kant van de wereld bespreekt Bashi alle nieuwe documentatie die verband houdt met Lily die we met haar hulp boven tafel hebben weten te krijgen via het United States Holocaust Memorial Museum en de Arolsen Archives, de voormalige International Tracing Service. Papieren monumenten, zoals het archief dit materiaal omschrijft. Van hen die voor het overgrote deel zijn omgekomen, vormen die bestanden hun enige gedenktekens.

Bashi vindt het ontroerend om Lily alleen al te horen spreken. Haar

Hongaarse accent, nog steeds zo duidelijk aanwezig, doet haar zo sterk denken aan Esther, haar moeder, die in 2012 is overleden.

'Ja, ik kan me de gezusters Grossman nog wel herinneren,' zegt Lily. 'Ze sliepen niet zo ver bij ons vandaan. Ze letten altijd goed op elkaar. Dat maakte het verschil. Dat je niet alleen was. Dat hield ons in leven.'

Uiteraard heeft Lily nooit eerder de papieren gezien die verband houden met haar gevangenschap. Ze wist nooit wat voor rapporten haar overheersers bijhielden, en ze had er nooit bij stilgestaan dat zulke zaken tientallen jaren later teruggevonden zouden worden. Er bestaan ook nog andere lijsten, van na de oorlog, van de kinderen die naar Zwitserland zijn gestuurd, rapporten van het Zwitserse Rode Kruis en de UNRRA (de United Nations Relief and Rehabilitation Administration) en USFET (United States Forces, European Theater), en ook 'tracing and documentation'-dossiers van de International Tracing Service. (Lily heeft ook een T/D-nummer: 362779.) Wat een papierwinkel en correspondentie die de gevangenschap en bevrijding van één jong meisje bevestigen. Waar ze was geregistreerd, en wanneer.

Dankzij Bashi is er veel bewijsmateriaal boven water en tot leven gekomen.

Samen leggen Bashi en Lily aan mij en mijn moeder uit wat het allemaal te betekenen heeft: nu kunnen we Safta's herinneringen aanvullen met historische documenten.

Voor mij is het een openbaring. Het was nog niet eerder tot me doorgedrongen dat de munitiefabriek in Altenburg waar ze tewerk werd gesteld een onderdeel van Buchenwald was. Maar er is een kaart met bovenaan *KL*, de afkorting van 'Konzentrationslager', en, met potlood genoteerd: *Weimar-Buchenwald*.

'Dit moeten ze hebben ingevuld toen we net waren aangekomen,' zegt Lily. 'Altijd enorm efficiënt. Altijd die papierwinkel.'

'Iedereen werd geregistreerd,' zegt mijn moeder.

'Zo probeerden ze ons van onze menselijkheid te beroven. *Häftlings-Personal-Karte*. Een registratiekaart voor gevangenen. Kijk, zelfs mijn adres in Bonyhád staat erop.' Lily wijst naar een omgekeerde driehoek met een U erop. 'Dat betekent dat ik uit Hongarije kom.'

Wat moet dit vreemd voor haar zijn, denk ik bij mezelf. Terwijl ze praat, zie ik haar als het ware heen en weer gaan in de tijd.

‘Godsdienst: mos.?’ Dat snap ik niet.

‘Dat is een afkorting van “mosaisch”. Zo noemden de Duitsers ons. Van Mozes, betekent dat.’

‘En “Grund”?’

‘Dat is de reden. De grond. Bij mij hebben ze gezet: “Polit. Ungarin-Jüdin”.’

‘Politieke Hongaarse Jodin?’ vertaal ik.

‘Ik wist niets van politiek,’ zegt Lily. ‘Ze konden je oppakken omdat je Joods was. Ze konden je oppakken omdat je communist was, of socialist, of anarchist, of vakbondslid. Er waren tal van uiteenlopende redenen. Je kon een Jehova’s getuige zijn. Of een zigeuner – Roma of Sinti. Of homoseksueel. Of invalide. Of veroordeeld. Ze pakten je op als ze vonden dat je anders was dan de rest. Minder waard. Ik denk dat ze de Joden het meest verachtten.’

Ik verbaas me over het feit dat de registratie zo ontzettend gedetailleerd is. Lily’s lengte: 157 centimeter. Haar postuur: gemiddeld. Rond gezicht, bruine ogen, volledig gebit, zwart haar, de talen die ze spreekt. Haar neus is ‘normaal’. Wil dat zeggen dat haar neus er niet Joods uitziet? Ik vind deze obsessie met het catalogiseren van fysieke kenmerken walgelijk. Zo werkt antisemitisme dus. De verschillen benadrukken. Nooit de overeenkomsten tussen de mensen zien.

Hoewel we door Twitter aan deze bijzondere informatie zijn gekomen, komt er op die manier ook veel haat binnen. Het verhaal van Lily heeft miljoenen mensen bereikt. We hebben de aandacht getrokken. Er zijn mensen die dat altijd verwerpelijk vinden. Bijna elke dag komen er antisemitische uitlatingen op mijn Twitter-account binnen, en smakeloze grappen over de Holocaust. Ik heb de afzender nog niet geblokt of ze hebben alweer een nieuwe account aangemaakt om me hetzelfde nog eens toe te sturen. Bijna altijd doen ze dat met een DM, zodat andere Twitter-gebruikers het niet kunnen zien. Waarom nemen ze al die moeite om dat soort hatelijke berichten te sturen?

Niet dat ik nog nooit eerder met antisemitisme in aanraking ben gekomen. Tijdens mijn leven heb ik het alleen maar zien toenemen. Sommige mensen denken misschien dat het alleen in nazi-Duitsland gebeurde dat volslagen onbekenden je op straat ‘Vuile Jood’ nariepen.

Helaas gebeurt dat tegenwoordig ook weer in Londen. In de wijk waar ik woon worden de Joodse lagere en middelbare scholen beveiligd, net als synagogen, buurthuizen en koosjere winkels, en er lopen zelfs beveiligers op straat. Kinderen op Joodse scholen verstoppen zich bij wijze van oefening onder hun tafels voor het geval er een terreuraanslag plaatsvindt. Ik ken geen Joodse vrienden die nog nooit iets antisemitisch naar hun hoofd geslingerd hebben gekregen, enkel op grond van het feit dat ze Joods zijn. Mijn vroegste herinnering daaraan is van toen ik zeven was en met mijn grote broer van school naar huis liep. Vanuit het niets stopte er een blauwe pick-up naast ons. Het raampje ging omlaag en de inzittenden begonnen ons de huid vol te schelden. We snapten niet waarom ze juist ons moesten hebben, en geschrokken renden we naar huis.

Safta zegt altijd: 'De Holocaust begon niet met daden, maar met woorden', en ik heb gezien hoe gevaarlijk woorden kunnen zijn.

Ik draag mijn keppeltje nog steeds zonder me druk te maken over de vraag wie zich aan mijn godsdienst stoort, uit principe, maar heel wat van mijn vrienden zijn veel voorzichtiger. Ik ben trots op mijn afkomst, ik ben er trots op een Jood te zijn, en het is belangrijk dat iedereen leert inzien hoe we door middel van voorlichting de onwetendheid en vooroordelen kunnen wegnemen. Ik grijp elke gelegenheid aan om het over Lily's geschiedenis te hebben. Ik ben niet van plan mijn vijanden te laten winnen, op straat of online.

Maar ik zou willen dat ik mijn overgrootmoeder kon beschermen tegen mensen die hashtags gebruiken als #Holohoax. Volslagen vreemden die haar ervan beschuldigen leugens te verspreiden. Mensen die de ooggetuigenverslagen van overlevenden uitvlooien en beweren dat het allemaal overdreven is. Het botte commentaar. Natuurlijk vertel ik haar daar niets van. Maar ze heeft zelf veel te vaak dit soort dingen meegemaakt om het niet door te hebben.

Ik heb mijn wilskracht dus van Safta.

'We moeten heel sterk zijn en keer op keer blijven benadrukken: het is echt gebeurd,' zegt ze in een interview. 'Het is heel belangrijk dat de wereld weet wat er is gebeurd. Er zijn er niet veel van ons over [...] De meesten van ons zijn er niet meer. Hoe moet dat over een paar jaar?'

Mijn research komt nu op gang, en het is opwindend. Allemaal dingen die de familie onbekend waren, deels omdat ze niet wisten waar ze moesten zoeken, deels omdat ze daar geen tijd voor hadden. Ik merk dat ik bijna verslaafd raak aan het speurwerk. Hoe meer ik ontdek, hoe meer details ik wil achterhalen. Het is iets anders dan het leggen van een puzzel, want wanneer ik een puzzelstukje op zijn plaats leg, valt er een nieuwe plek open die opgevuld moet worden.

Ik wist eigenlijk niet zoveel over de dodenmarsen, of hoeveel ervan hadden plaatsgevonden, of van hoeveel duizenden gevangenen die aan het einde van de oorlog werden gedwongen de kampen te verlaten er nooit meer iets is teruggevonden. Om eerlijk te zijn wist ik niet dat er zo ontzettend veel kampen voor dwangarbeiders waren in het Derde Rijk. Op Wikipedia staat dat Altenburg een van de vele buitenkampen van Buchenwald was, maar over die kampen is weinig bekend.

Het grootste gat in mijn kennis is beslist de geschiedenis van de bevrijding. Hoe meer ik ontdek, hoe choquerender het is om te constateren hoe weinig ik er eigenlijk van afwist. Als die Amerikaanse soldaten Lily niet onderweg hadden gevonden en zich in 1945 niet over haar hadden ontfermd, zou ik nooit bestaan hebben. Voordat ik dat bankbiljet vond, zou ik nooit iets geweten hebben van de man die zo'n belangrijke rol speelde in Lily's verhaal: rabbijn Herschel Schacter.

Door wat ik allemaal ontdek krijg ik de aandrang iedereen over hem te willen vertellen.

Op 11 april 1945, zo gauw deze uit Brooklyn afkomstige rabbijn en zijn assistent hoorden dat Buchenwald door Amerikaanse troepen was bevrijd, zochten ze een jeep en reden ze vanuit hun hoofdkwartier in Weimar naar het kamp om de Joden te helpen die mogelijk nog in leven waren.

Rabbijn Schacter zei later dat hij 'overdonderd, verbijsterd en doodsbang' was. Hij noch Hyman zou ooit vergeten wat ze aantroffen. Als ik Schacters beschrijving lees van de rijen planken die aan de muren waren aangebracht, van de vloer tot aan het plafond, planken die als stapelbedden dienden, bedekt met stinkende zakken stro waarop uitgemergelde mensen lagen, moet ik onwillekeurig denken aan de onthutsende foto's die Jason Shulman ons liet zien na onze bijeenkomst, foto's die zijn vader had gemaakt. Hij vond de meeste ervan te choquerend om te tonen, dus ik heb er maar een paar gezien. Maar die beelden kan ik gewoon niet van me afzetten. Zelfs nu, nu ik denk dat ik zoveel meer 'weet' dan eerst, zijn er zoveel aspecten van de Holocaust, zoveel specifieke details van wat er gebeurd is, die gewoon te erg zijn om onder ogen te zien. Het is altijd makkelijker om weg te kijken.

Rabbijn Schacter was niet gewaarschuwd voor wat hij in Buchenwald zou aantreffen. En daar stond hij dan, overdonderd, oog in oog met 'de grimmige, bittere, smerige werkelijkheid van de Joodse tragedie'.

'Ik keek naar die mensen, en ik zag hun ogen,' zei hij later. 'Die mensen waren vel over been. Ze waren uitgehongerd, uitgemergeld, ze keken naar me met een opgejaagde, verminkte, verwarde blik, verlamd van angst. Ze wisten gewoonweg niet waar ze waren, wat er aan de hand was.'

Hij wist niet wat hij moest zeggen of doen, en riep vanuit een opwelling in het Jiddisj: '*Sjalom aleichem Jidden, ihr seit frei!*' Gegroet Joden, jullie zijn vrij!

Hij vertelde hun dat hij een rabbijn was. Dat konden ze niet geloven. Hij ging van barak tot barak en herhaalde zijn woorden.

'Het drong tot me door dat deze mensen mijn eigen vlees en bloed waren.' Zijn vader was van Polen naar New York geëmigreerd voordat hij geboren werd. 'Als mijn vader in 1903 niet op tijd op de boot was gestapt, zou ik daar ook terecht zijn gekomen.'

Rabbijn Schacter beschouwde het als zijn missie om in het hele gebied rond het kamp op zoek te gaan naar Joden als mijn overgrootmoeder. Hij hield religieuze bijeenkomsten in de recreatiezaal van de Duitse officieren in Buchenwald. Hij zegende zelfs huwelijken in. Hij hielp duizenden met hun terugtocht. Hij organiseerde Lily's toekomst.

Maar hoe precies, en wanneer? Ik weet dat de rabbijn in 2013 is overleden, in hetzelfde jaar als Hyman, want zijn overlijdensbericht is een van de weinige gegevens die ik aanvankelijk over deze uitzonderlijke en gedreven man vind. Van de familie Shulman kregen we te horen dat hij een zoon had, die ook rabbijn is geworden, dus ik besluit contact met hem op te nemen.

Rabbijn Jacob Schacter is makkelijk te vinden, aangezien hij aan de Yeshiva University in New York Joodse Geschiedenis en Denkwijzen doceert, en daarnaast een orthodoxe rabbijn is. Hij toont zich verheugd wanneer we contact met hem opnemen, zoals wij verheugd zijn dat we hem gevonden hebben. Maar hij wil ons aan iemand voorstellen. Een andere Amerikaanse wetenschapper, Rafael Medoff, is bezig een biografie van Herschel Schacter te schrijven. Hij zal ons precies kunnen vertellen hoe Lily in Zwitserland is beland en waarom ze haar leeftijd heeft moeten veranderen.

Mijn grootouders loggen ook in op de Zoom-meeting, en de twee professoren vertellen ons het hele verhaal. Jacob Schacter legt uit dat zijn vader zich tot doel had gesteld om de Joden te laten terugkeren tot hun Jood-zijn, met name jonge mensen die geen ouders meer hadden die hun konden vertellen over de traditionele wetten en gebruiken, mensen die van hun godsdienst waren afgesneden en in de oorlog geen kans hadden gekregen om vorm te geven aan hun geloof.

Daarom stapte hij in de jeep, op zoek naar Joden die in de verschillende kampen rond Buchenwald tewerk waren gesteld, dwangarbeiders die in de fabrieken hadden gewerkt waar chemicaliën, explosieven, vliegtuigen, motoren, kogels, bommen, granaten en spoorwegonderdelen werden geproduceerd. Hij probeerde overlevenden van de verschillende dodenmarsen op te sporen. De rabbijn en zijn collega's zochten stad en land af en deelden mezoeza's en gebedenboeken uit.

Van het hoofdkwartier van de geallieerden had rabbijn Schacter de leiding gekregen over het transport naar Zwitserland, en hij was ziedend toen zuster Kasser de door hem geselecteerde jongeren weigerde toe te laten, naar haar zeggen omdat ze te oud waren, of niet ziek genoeg. De rabbijn weigerde wie dan ook achter te laten. Hij zag hoe beschadigd deze jonge overlevenden waren, en hij wilde zo veel mogelijk van hen een nieuw leven bieden, met goede zorg en aandacht voor hun herstel. Hij achtte het niet immoreel om stempels na te maken of met hun leeftijd te sjoemelen, of meer jongeren de trein in te smokkelen. Wat Lily niet wist toen ze met haar zussen en vriendinnen bij de grens in Saint-Louis zat te wachten, was dat de Zwitserse autoriteiten de 'illegalen' naar Duitsland wilden terugsturen. Rabbijn Schacter reageerde daarop door te dreigen een internationale persconferentie te beleggen. Hij begreep dat het aanbod van Zwitserland om jonge vluchtelingen op te nemen niet zozeer een humanitaire als wel een politieke manoeuvre was, bedoeld om het land in een gunstig daglicht te plaatsen. Er was nogal wat ophef ontstaan over het feit dat veel Joden die voor de nazi's waren gevlucht en hun heil in Zwitserland trachtten te zoeken, waren omgekomen nadat het land in 1942 de grenzen sloot. De beste manier om deze jonge mensen Zwitserland binnen te krijgen, was de Zwitserse vluchtelingenaffaire in de openbaarheid brengen.

Mijn bewondering voor Herschel Schacter neemt alleen maar toe. Ik noteer data om uit te zoeken wanneer Lily en haar zussen precies van de ene plaats naar de andere zijn gebracht: van Pfaffroda naar Schönberg, van Schönberg naar Buchenwald, van Buchenwald naar Zwitserland. Lily heeft haar identiteitspapieren nog.

Maar deze Zoom-meeting gaat totaal niet over het controleren van de feiten. Weer reageren we heel emotioneel op deze bijeenkomst, die diverse continenten en tijdzones en generaties en decennia omsluit. Ook nu weer is het moeilijk om de tranen te bedwingen. Voor de zoon van rabbijn Herschel Schacter net zo goed als voor ons.

En dan, totaal onverwacht, zegt hij: 'Het zou veel voor me betekenen als u me een *beracha* zou willen geven. Kunt u me alstublieft een beracha geven?'

Lily is totaal overdonderd. En ze kan even niets uitbrengen. We zijn allemaal met stomheid geslagen. Het heeft iets mystieks. Veel mensen vinden het belangrijk om een zegen van een Holocaustoverlevende te krijgen. Heel wat van mijn vrienden zijn naar Safta gegaan voor een beracha. Vooraanstaande rabbijnen zegenen mensen op soortgelijke wijze.

Maar een rabbijn die Lily daarom vraagt!

Lily glimlacht verlegen. Na een verbaasde stilte, waarin rabbijn Schacter zijn hoofd buigt, zegt ze: 'Vraagt u *míj* om een beracha? Ik hoop dat u gezond en gelukkig zult zijn en dat u uw hele leven mag blijven doen wat u nu doet, in goede gezondheid. En mazzeltof.'

'Amen.'

Mijn opa en ik besloten op zoek te gaan naar nieuwsberichten over en beelden van Safta's reis naar Zwitserland. Het is een beetje verwarrend, en eerst weten we niet goed waar we moeten beginnen, omdat we erachter komen dat er twee treinen met weeskinderen uit Buchenwald vertrokken. Bovendien was er ook nog een andere Joodse pastor die met rabbijn Schacter samenwerkte om de kinderen te begeleiden: rabbijn Robert Marcus uit New Jersey, die bij het Amerikaanse 9e Luchtmachtcommando zat. Rabbijn Marcus nam een andere groep jonge vluchtelingen onder zijn hoede, kinderen die naar Frankrijk gingen. Ze vertrokken een paar weken vóór Lily uit Weimar en reisden in een trein waarop in verschillende talen stond: HITLER KAPUTT – Hitler is verslagen. Er waren ontzettend weinig echt jonge Joodse kinderen die Buchenwald hadden overleefd, dus bestond deze groep, net als die van Lily, voornamelijk uit oudere tieners en jongemannen van in de twintig die vervalste papieren bij zich hadden. Velen van hen droegen kleren die gemaakt waren van Duitse uniformen, het enige materiaal dat voorhanden was. Op een gegeven moment op hun reis werden ze aangezien voor de Hitlerjugend. Er waren maar een stuk of dertig jongens jonger dan dertien in deze trein, die op weg was naar een kindertehuis in Écouis in Normandië, een instelling die gerund werd door de OSE – de Œuvre de Secours aux Enfants. Een van de tieners in Écouis was de in Roemenië geboren Elie Wiesel, die over zijn ervaringen heeft geschreven in zijn boek *Un di velt hot geshvign* (En de wereld zweeg), gepubliceerd in 1956. Het Jiddisje boek werd in 1960 in het Engels uitgegeven als *Night* (en in 2006 in Nederland als Nacht).

'Steeds wanneer iemand van de buitenwereld ons probeerde te benaderen, trokken we ons verder terug,' schreef hij. 'We wezen jullie resoluut af. We bliefden jullie hulp niet, jullie begrip, jullie psychologische testen, jullie liefdadigheid. Jullie drongen te snel ons leven binnen; we waren nog in de rouw.'

Een andere zeventienjarige zei naderhand: 'Om de bevrijding te kunnen voelen, moest je überhaupt kunnen voelen, maar we voelden helemaal niets. We waren geen mensen […] wat dat betreft waren we ziek. Lichamelijk en geestelijk ziek. Alles deed zeer – ons lijf deed zeer, en onze ziel ook.'

Gelukkig staan er concrete data in de documentatie die Bashi ons stuurde. Lily en haar zussen staan op de UNRRA-lijst van 'Hongaarse meisjes goedgekeurd door zuster Kasser', 19 juni 1945. De dag waarop de tweede trein vol weeskinderen uit Duitsland vertrok. Mijn opa en ik beginnen naar deze datum te zoeken op de website van het United States Holocaust Memorial Museum. Bijna onmiddellijk stuiten we op een kort filmpje, *Orphans of Buchenwald* getiteld, weeskinderen van Buchenwald. Het is een fragment uit een drie uur durende film zonder geluid, gemaakt door het Signal Corps van het Amerikaanse leger, waarvan de soldaten gevechtsoperaties filmden en beelden van de oorlog vastlegden die nooit toegankelijk waren voor burgerjournalisten.

Het eerste beeld toont een grote mensenmassa in de buitenlucht. En dan zoomt de camera in op een kloeke, bebrilde vrouw in uniform die papieren uitdeelt. Zo te zien leest ze namen op. We zien mensen van achteren. Een jongeman met een hoofddeksel dat gemaakt is van een gestreept kampuniform. Amerikaanse soldaten zetten mensen achter elkaar in de rij en manen ze te gaan lopen. En dan zie ik van achteren een jonge vrouw in een geruite jurk die me bekend voorkomt, er loopt iemand voor de camera langs, en dan verdwijnt de vrouw uit beeld, de camera glijdt verder, en al snel verschijnt het gezicht van de vrouw die de leiding heeft.

En dan gaat de camera terug langs de rij met wachtenden, sommige duidelijk jong en andere die niet meer zo jong zijn. Honderden weeskinderen.

En daar, tot onze verbazing, na nog geen minuut: Lily!

'Kijk!' zeg ik opgewonden. 'Kijk! Spoel terug!'

'Weet je het zeker?' zegt opa.

'Ik weet het zeker.'

Haar gezicht is verbonden. Ze staat te praten. En de camera glijdt weer verder.

We spoelen herhaaldelijk terug.

We bekijken de rest van de film – jonge vrouwen die uit de laadbak van een vrachtwagen worden geholpen. Zo'n vrachtwagen waarmee Lily waarschijnlijk van Schönberg naar Buchenwald is gebracht. Mensen lopen langs het spoor, omdat de perrons door het oorlogsgeweld waren verwoest. Ze hebben koffers, tassen en knapzakken bij zich. Jonge jongens krijgen hulp bij het instappen in de trein. En dan is de film voorbij.

We kijken naar de foto's die we van Lily en haar zussen hebben, waarop ze identieke geruite jurken dragen die ze zelf gemaakt hebben. Het is onomstotelijk bewezen: dit moet Lily zijn.

'Moet je nou eens kijken, Safta. Je zult je ogen niet geloven. We hebben een filmpje van jou gevonden.'

Ze gelooft haar ogen niet.

Ze bekijkt de film op mijn laptop. Mijn moeder en ik kijken hoe ze reageert. Vertwijfeling en verwarring tekenen zich af op haar gezicht. We zetten de film stil als zij in beeld verschijnt. Maar nog steeds is ze niet overtuigd.

'Dat kan ik niet zijn!' zegt ze. 'Waar is René? Waar is Piri? Ik verloor ze geen moment uit het oog. Ik hield ze voortdurend bij me.'

'Maar kijk toch eens naar die jurk, Safta. Kijk eens naar je gezicht!'

'Hoe kan dit?' zegt ze. Langzaam dringt de waarheid tot haar door.

'Kun je je de cameraman nog herinneren?' vraag ik.

'Nee, het enige wat mij bezighield was hoe ik een plekje in die trein kon bemachtigen. Niets was zo belangrijk als samen met mijn zussen in die trein zien te komen. Spoel nog eens terug.'

We kijken de beelden nog eens, en nog eens. En uiteindelijk is ze overtuigd.

'Jullie hebben gelijk. Ongelofelijk.'

Op 4 augustus 2020 post ik een tweet met het filmpje. Ontzettend bijzonder. Het is bijna niet te bevatten dat we er zo snel op gestuit zijn. De daaropvolgende dagen, weken, maanden delen Lily en ik onze verbijstering met de wereld.

'Ik had nooit gedacht dat zoiets mogelijk zou zijn. Het is weer een wonder.'

Eind december neem ik nogmaals contact op met rabbijn Jacob Schacter. Weet hij misschien waar we opnamen van zijn vader kunnen vinden waarin hij specifiek de trein naar Zwitserland noemt? Dat rabbijn Schacter zich over Lily heeft ontfermd, en dat ze die kans heeft gekregen, is bepalend geweest voor Lily's verdere leven. Hij stuurt me een paar linkjes en wenst me veel geluk – *hatzlachah* – met mijn research. En weer groeien mijn respect en bewondering voor de rabbijn. In een van de opnamen houdt rabbijn Herschel Schacter een foto omhoog. Ik stuur zijn zoon weer een mailtje en vraag of er foto's bewaard zijn gebleven. Hij reageert kort en raadt me aan een YouTube-filmpje te bekijken dat ik nog niet ken.

Duitse volzinnen schallen me tegemoet. Een trein is net aangekomen. Kinderen hangen uit de raampjes.

Überlebende aus dem KZ Buchenwald bei ihrer Ankunft in der Schweiz.

Overlevenden uit concentratiekamp Buchenwald bij hun aankomst in Zwitserland.

Het is het einde van Lily's reis. Dit is een film uit de *Swiss Weekly Film Show*, een journaal dat nu in het Zwitserse nationale archief bewaard wordt, het Bundesarchiv. In juni 1945 werd het in bioscopen in heel Zwitserland vertoond.

Jonge mensen stappen uit de trein het perron op en passeren een hek dat iets weg heeft van een kooi. Ze worden geteld en afgevinkt. Even verschijnt een vrouw in beeld die in het wit is gekleed, met een hoofdkapje en een bril, mogelijk een non of een verpleegster. Zou dit zuster Kasser kunnen zijn? Al na twintig seconden komen er vier jonge vrouwen in beeld, bij een verzameling koffers en tassen. Ze hebben zich tijdens de treinreis omgekleed. Nu draagt Lily een donker vest op een bloes met een witte kraag en korte mouwen. Maar dit is haar, onmiskenbaar, onmiddellijk herkenbaar. De drie zussen zijn zoals gewoonlijk gekleed in min of meer identieke kleren. Het ronde gezicht van Margot is zichtbaar tussen dat van Lily en René. De oudere meiden kijken enigszins bezorgd uit hun ogen, maar Piri, die op de bagage zit, kijkt lachend in de camera. Ze zijn in Zwitserland aangekomen. Hun nieuwe leven gaat beginnen.

Elke miraculeuze ontdekking brengt me dichter bij Lily. Elke glimp van haar in de archieven brengt een van de andere historische elementen tot leven: dwangarbeid, dodenmarsen, de bevrijding, de kampen met 'ontheemden'. Bovenal de bijzondere uitdagingen die jonge overlevenden te wachten stonden die een nieuw leven wilden beginnen, overlevenden die hun vrijheid hadden, en verder niets.

Lily's verhaal wordt een deel van mij. Het is moeilijk uit te leggen. Ik weet het niet alleen, ik voel het ook, diep vanbinnen.

Ik zie een opname van rabbijn Herschel Schacter uit 1992. Hij beschrijft zijn eerste momenten in Buchenwald en heeft het over de noodzaak om het leven van de Europese Joden van vóór de Holocaust niet te vergeten, om de idealen voort te zetten waarvoor ze hun leven hebben gegeven. Hij benadrukt dat het aan de overlevenden is om de waarheden levend te houden.

'Het enige wat we moeten onthouden, is dat we moeten onthouden. We moeten de wereld hierover vertellen [...] De wereld mag dit niet vergeten. We moeten onze kinderen hierover blijven vertellen, en onze kindskinderen.'

Dat was ook de belofte die Lily zichzelf had gedaan. Maar die belofte gestand doen was veel moeilijker dan ze ooit had gedacht.

LILY

Juni 1946

Wij waren degenen die geluk hadden gehad. We kwamen in Haifa aan met officiële documenten op zak, als legale immigranten in het mandaatgebied Palestina. Duizenden andere overlevenden van de Holocaust probeerden ondertussen illegaal weg te komen uit Europa om een nieuw leven op te bouwen in het enige land waarvan ze dachten dat ze er welkom waren. Ze probeerden er op alle mogelijke manieren te komen, in krakkemikkige schepen, waarbij men deed alsof er bananen of andere goederen in vervoerd werden. De strenge limieten op het aantal Joden dat legaal in Palestina werd toegelaten, beperkingen die eind jaren 1930 door de Britten waren ingesteld, toen de Jodenvervolging in Europa elk jaar in intensiteit toenam, werden nog krapper. Na de Holocaust werd het zo moeilijk om er binnen te komen dat de Joodse gemeenschap in Palestina, de *jisjoev*, een grootschalige illegale immigratiecampagne op touw zette, waarbij gebruik werd gemaakt van een vluchtnetwerk, de Bricha.

Een van onze vrienden uit Engelberg, een jongen die Shayou Bernard heette, vergezelde ons naar Marseille om ons uit te zwaaien. Toen we in Marseille waren gekomen en hij afscheid van ons moest nemen, veranderde hij plotseling van gedachten, hij besloot niet meer in Europa te blijven en sprong aan boord. Zonder wat voor bezittingen dan ook bij zich, helemaal niets! Een volslagen lastminutebesluit. Ik heb geen idee hoe hij ermee weggekomen is, of hoe hij erin slaagde om zonder papieren of een certificaat Israël binnen te komen.

Maar zijn timing was perfect. Een paar weken na onze aankomst stelden de Britten een marineblokkade in om te voorkomen dat nog meer clandestiene schepen uit mediterrane havens in Palestina zouden aanleggen. En daarna werd iedereen zonder papieren overgebracht naar het interneringskamp op Cyprus. Daar verbleven ze soms jarenlang in onzekerheid, zonder te weten of ze uiteindelijk toch toestemming zouden krijgen om in Israël te gaan wonen.

Onze eigen kleine boot, de *Cairo*, was zo primitief dat je er tegenwoordig nauwelijks hout in zou durven te vervoeren. We hadden nog nooit op volle zee gevaren; de enige boten waarbij wij ooit aan boord waren gestapt, waren kleine pleziervaartuigen op de Donau, wanneer we een dagje naar Boedapest gingen. De tocht over de Middellandse Zee vanuit Marseille was zwaar en we waren dolblij dat de tocht bijna achter de rug was. Hoewel de zee rustig was, waren we allemaal kotsmisselijk en moesten we voortdurend overgeven. We kregen geen hap door onze keel en in de hutten konden we het niet uithouden, dus brachten we de hele tijd aan dek door. We sliepen zelfs onder de sterren. Dat betekende dat we te veel zon kregen, en te weinig rust.

Maar we waren jong en vol hoop. We konden het hebben, omdat we geloofden dat we op weg waren naar een nieuw bestaan in vrede. En we kenden elkaar onderhand van haver tot gort, de meiden en jongens van Engelberg. We gingen als broers en zussen met elkaar om. We hadden elkaar door dik en dun gesteund.

De laatste nacht, vrijdag, deden we geen oog dicht. De zon kwam helder en krachtig op boven het water, en toen zagen we land. Het land Israël – Erets Jisraël. Wat waren we opgewonden! Ik weet nog goed hoe intens blauw en betoverend de lucht die ochtend leek toen we aan dek stonden, turend naar het land dat we spoedig het onze zouden noemen. We vielen allemaal stil terwijl we onze eerste indrukken van ons nieuwe vaderland verwerkten. Het verschilde zo ontzettend van alles wat we hadden achtergelaten. En toen barstten we in gezang uit – hoewel ik eigenlijk helemaal niet kan zingen – en hieven we vol overtuiging 'Hatikwa', 'de hoop', aan:

Is onze hoop nog niet verloren
De hoop die al tweeduizend jaar leeft
Een vrij volk te zijn in ons land
Het land van Zion en Jeruzalem

Destijds was het natuurlijk nog geen volkslied. Israël was nog geen staat.

De gebouwen kregen vorm, werden steeds groter. We kwamen steeds dichter bij een steiger die op een brug leek, en uiteindelijk legden we aan. Het was een zonovergoten sjabbatochtend. Mensen die gehoord hadden dat er jongeren uit Zwitserland zouden aankomen, waren naar de haven gekomen om ons te verwelkomen. Zo gauw we van boord stapten, werden we begroet door een grote menigte die ons met open armen ontving. Een geweldig onthaal. Zo vriendelijk en warm. We hadden het gevoel thuis te zijn gekomen.

'Ik heb het helemaal gehad,' zei René zo gauw ze vaste grond onder de voeten kreeg. Ze had het van ons allen op de overtocht het zwaarst te verduren gehad. 'Ik stap van mijn levensdagen niet meer op een boot.'

Enkelen wierpen zich ter aarde en kusten de grond. We begonnen allemaal te dansen.

Maar we hadden wel een probleempje. Omdat het sjabbat was, mochten we onze bagage niet dragen, maar de boot ging door naar Egypte. Daarom werd alle bagage van boord gehaald en op een plek in de haven opgeslagen, waar we onze koffers de volgende dag konden ophalen. Het was wonderbaarlijk om te zien dat er tussen de mensen die naar de haven waren gekomen om ons te begroeten ook een Hongaarse familie was die uit Bonyhád kwam. Ze nodigden ons uit om sjabbat met hen door te brengen, alleen wij drieën, en ze drukten ons op het hart zeker nog een keer langs te komen als we weer in Haifa waren.

Op zondag gingen we terug naar de haven om onze bagage op te halen en de papieren in orde te maken. In de quarantainesectie moesten we in de rij gaan staan om tegen de pokken te worden gevaccineerd. Ik kreeg een certificaat, met een Engels stempel erop, en de notitie dat ik 'immigrant' was, onder 'speciaal toezicht'. De dag van mijn aankomst was 22 juni 1946. Ik had een nieuw nummer: 5109. Achteraf begrijp ik dat ik me binnen vierentwintig uur na aankomst had moeten melden bij een kantoor van de gezondheidsdienst, en ook weer op de derde en vijfde dag, maar op de kaart is niets aangetekend, wat doet vermoeden dat dit niet gebeurd is.

Eerst zag het ernaar uit dat iedereen die we tegenkwamen ons wilde helpen. We hoefden zelf niets te regelen. Alles was al door anderen voor ons uitgezocht. Op zondag gingen we met een bus langs de kust naar Tel Aviv. Daar werden we begroet door verwanten van een van de jongens met wie we uit Zwitserland waren vertrokken: de Schechters, een grote familie die werkzaam was in de leerindustrie. Ze namen heel wat meisjes en jongens op in hun huis in Rechov Aliyah, en we mochten daar een paar dagen blijven, tot we besloten hadden waar we naartoe wilden. Er waren natuurlijk te weinig bedden, dus we sliepen op de grond. Ze regelden kussens en dekens, gaven ons te eten en zorgden over het algemeen buitengewoon goed voor ons. We waren doodop maar vol verwachting. Eindelijk een nieuw begin.

Wat nu? Weer waren we aangekomen in een vreemd land, zonder geld, zonder familie en zonder een taal. Het was niet alleen een vreemd land, maar ook een heel jong en arm land. We hadden niet het flauwste benul hoe het leven in Israël eruit zou zien.

En toch, net als zoveel generatiegenoten, waren we optimistisch en koesterden we allerlei idealen. We stonden te popelen om ons steentje bij te dragen aan de opbouw van het land. De geijkte manier om dat te doen was door in een kibboets te gaan: een gemeenschap, een thuis, een plek die je zelf uit kon kiezen. Het idee erachter was dat alles gebeurde op basis van eerlijkheid en gelijkwaardigheid: een manier van leven waarin samenwerking en het delen van de aanwezige spullen hoog in het vaandel stonden. De afgelopen twee jaar was het ons gelukt om in leven te blijven door elkaar intuïtief te helpen. Nu leek het ons een goed idee om ons bij een nederzetting aan te sluiten die op dat principe stoelde.

Maar welke kibboets moesten we kiezen? De oudste kibboetsim waren socialistische en zionistische utopieën, en veel daarvan waren seculier. Agoedat Jisrael, de orthodoxe organisatie die zich in Zwitserland over ons had ontfermd en ons geholpen had om naar Palestina te gaan, was onlangs betrokken bij de bouw van een nieuwe kibboets in de heuvels van Judea, Hafetz Haim. Die gemeenschap was godsdienstiger dan de meeste, dus dachten we dat we daar het beste naartoe konden. De meeste mensen die daar al vanaf het begin zaten waren Duitse Joden, jonge pioniers die zeer gemotiveerd waren. Vanuit de kibboets werd een bus gestuurd om ons op te halen, twaalf jongens en meisjes in totaal, onder wie Margot, Aranka en Sassi en een paar anderen van de groep uit Máramaros die we 'de twaalf gezusters' noemden.

Het was heerlijk, dat gevoel ergens bij te horen. Het was voor het eerst dat we dat echt voelden sinds we uit Bonyhád waren vertrokken. Maar we merkten dat het leven in de kibboets absoluut niet meeviel. We konden maar moeilijk wennen aan de hitte. Natuurlijk spraken we nog geen Hebreeuws. En toen ze ons lieten zien waar we werden ondergebracht, zakte onze mond van verbazing open.

Dit was een bijzonder arme kibboets, in zijn eerste jaar op een nieuwe locatie. Er waren nog nauwelijks gebouwen klaar, dus we sliepen in tenten – grote, witte klokvormige tenten, waarin alleen maar rijen bedden stonden en verder niets. De wasgelegenheid was ver weg in een houten schuur. Het hele terrein was met een hek omgeven en er was een grote eetzaal die ook dienstdeed als onze sjoel, maar alles was heel basaal: geen tafellakens, uiterst eenvoudige borden en bestek, en eigenlijk totaal geen luxe.

De helft van de tijd werkten we voor de kibboets, de andere helft besteedden we aan onze Joodse studie en leerden we Hebreeuws.

's Morgens werkten de meisjes meestal in de keuken: afwassen, groenten klaarmaken, aardappelen schillen. Maar soms moest ik op de kleine kinderen passen, want in de kibboets was de kinderopvang destijds een collectief gebeuren. Het was erg grappig dat ik op drie- en vierjarigen moest passen die geen woord verstonden van wat ik zei, en omgekeerd. Maar op de een of andere manier kwamen we er wel uit.

Er was toen een geweldige rabbijn, een heel bijzondere, buitengewoon spirituele man, rabbijn Yosef Shlomo Kahaneman, die uit de Baltische staten kwam en destijds toevallig in Palestina op bezoek was, toen hij door de oorlog niet meer terug kon. Zijn jesjiva's, zijn school en zijn weeshuis in Litouwen zijn allemaal verwoest door de nazi's, en veel van zijn leerlingen en familieleden zijn vermoord. Maar hij was opnieuw begonnen in een plaatsje buiten Tel Aviv, Bnei Brak, en hij richtte een nieuwe jesjiva op, en verschillende nieuwe tehuizen voor kinderen die door de Holocaust hun ouders hadden verloren. We vonden zijn lessen heel inspirerend. Door hem voelde het goed om Joods te zijn.

Iedereen in de kibboets was heel aardig voor ons, maar toch voelden we ons er niet op ons gemak. Ik zag al snel in dat dit niet de ideale plek voor ons was. Het was niet wat we toen nodig hadden. We leken van het ene uiterste in het andere beland te zijn. Zwitserland was een oase van luxe geweest. En nu leefden we weer in armoede en kregen we mondjesmaat te eten. We vonden het allemaal heel primitief. We waren het zat om steeds alles met iedereen te moeten delen – gemeenschappelijke badkamers en wc's, slaapzalen, nooit in de gelegenheid om zelf beslissingen te nemen, altijd met anderen aan tafel gaan, altijd die grote pannen met eten – ook al was er eigenlijk nooit genoeg. Misschien deed het ons allemaal te sterk denken aan de andere kampen die nooit uit ons hoofd verdwenen, hoewel we daar nooit over spraken. Misschien kregen we het gevoel een stap terug te hebben gedaan, in plaats van een stap vooruit.

Het viel niet mee om te bedenken wat we nu moesten doen, maar ik probeerde via via met verschillende mensen contact te leggen. Na een paar weken had ik er iets op gevonden. We namen snel afscheid van ons kibboetsbestaan en beproefden ons geluk in Tel Aviv.

1946 - 1948

Tel Aviv was een ontzettend levendige plaats, zo'n stad die nooit slaapt, een groene stad die uit zandduinen was verrezen. Zoiets had ik nog nooit gezien: modern, kleurrijk, licht en nieuw. Ik was nog nooit op zo'n kosmopolitische plek geweest. Wat een contrast was dat met de duisternis die we achter ons hadden gelaten.

Overdag werkte iedereen zich uit de naad, en dan, 's avonds... Het nachtleven stopte nooit. De witte betonnen gebouwen waren licht maar heel heet, dus iedereen zocht elkaar in de avond op. Mensen gingen de straat op, wandelden in de parkjes tussen de gebouwen en zaten op terrasjes of in restaurants. Het was altijd ongelofelijk druk, dag en nacht. En al die mensen waren hier uit allerlei delen van de wereld naartoe gekomen, niet alleen uit Europa maar ook uit Afrika en het Midden-Oosten. Ze brachten allemaal hun eigen cultuur met zich mee, hun eigen eten, hun eigen muziek en manier van doen.

Het leek ons echter beter om niet in Tel Aviv te blijven, en we dachten gelukkiger en veiliger te zijn in Bnei Brak, de veel kleinere plaats in de buurt, waarover rabbijn Kahaneman ons had verteld. Er waren talloze jonge vrouwen zoals wij, die net waren aangekomen in Erets Jisraël, zonder familie, zonder bescherming, zonder werk. Het waren er zovelen dat de Agoedah een organisatie in het leven had geroepen om hen te ondersteunen, het Sarah Schenirer Institute, gevestigd op Rabbi Akiva Street 27. Het instituut was vernoemd naar de Poolse pionier op het gebied van onderwijs aan orthodoxe Joodse meisjes, die in 1935 was overleden. Omdat er in het instituut geen plek meer was om te overnachten, huurden we een gemeenschappelijke kamer in een flatje in de buurt, maar wel konden we in het instituut terecht voor eten en gezelschap. Een oude dame kookte 's avonds een eenvoudige warme maaltijd voor ons. Omdat ons Hebreeuws nog steeds te wensen overliet, behielpen we ons met alle talen die we kenden en probeerden we ons daarnaast met handen en voeten verstaanbaar te maken.

Ook nu werden we gered door onze naaivaardigheden. Piri kreeg werk in een winkel, Newmans, waar ze in het atelier achterin nachtjaponnen en hemdjes en slipjes maakte. René en Margot en ik kregen werk in een matrassenfabriek, waar we de buitenste laag van matrashoezen moesten stikken. Elke ochtend namen we de bus van Bnei Brak naar de fabriek in Tel Aviv, waar we 's morgens om negen uur begonnen en om zes uur 's avonds ophielden, zes dagen per week. Het was heel vermoeiend, maar het leek ons een goed begin, en we waren erg tevreden met ons lot. We realiseerden ons hoe verwend we waren geraakt door ons verblijf in het hotel in Engelberg, waar alles voor ons geregeld werd. Maar nu waren we eindelijk onafhankelijk! En ik wist dat mijn zussen veilig waren.

En Imi? We wisten alleen dat hij naar Bonyhád was teruggekeerd om ons te zoeken en om te redden wat er nog van ons voormalige bestaan over was. Rond de tijd dat we uit Zwitserland vertrokken, probeerde hij een berichtje te sturen om ons te laten weten dat hij weliswaar ook naar Israël wilde komen maar dat hij enig oponthoud had. Hij kon of wilde niet zeggen wat de reden daarvan was. *Gaan jullie maar*, schreef hij. *Ik kom wel achter jullie aan*. Het bericht werd van de ene instelling naar de andere gestuurd, van het ene land naar het andere, en moet heel wat keren in allerlei talen vertaald zijn. Het telegram heeft er meer dan een halfjaar over gedaan voordat het ons in Bnei Brak bereikte. We konden alleen maar hopen en bidden dat hij inmiddels al op weg was gegaan naar ons.

Wie kon hebben voorspeld wat dat oponthoud ons allemaal zou kosten?

We hadden een favoriet café waar we na het werk met onze oude vrienden afspraken. Velen van ons hadden overdag verschillende bezigheden en een enkeling zocht nog steeds werk, maar vaak troffen we elkaar daar rond zonsondergang. Op een avond zat ik daar in het café met Shayou, de Hongaarse jongen die van Buchenwald met ons mee was gegaan naar Zwitserland en in Marseille op het allerlaatste moment aan boord van de *Cairo* was gesprongen. Hij was inmiddels een soort broer van me geworden. Door onze gedeelde geschiedenis was er als het ware een familieband ontstaan. Die band was heel sterk.

Het was druk binnen, en we bestelden koffie. Ik betaalde altijd voor mijn eigen drankjes. Ik wilde niet dat een jongen me vrijhield. We kletsten een eind weg (nooit over ons verleden, altijd over het heden), wie wat deed, wie werk had, wie niet, en misschien lachten we om de dingen die die dag gebeurd waren, toen een zelfverzekerde jongeman binnenkwam en zijn blik door het café liet gaan. Hij gedroeg zich dusdanig dat ik vermoedde dat hij in Erets Jisraël geboren was.

Maar tot mijn verbazing stevende hij op ons tafeltje af en sprak me in het Hongaars aan. 'Hallo! Jij bent vast een van de nieuwe meisjes uit Zwitserland.' Hij had een luide, imponerende stem. 'Ik hoorde je net Hongaars spreken, dus ik vond dat ik me even aan je moest voorstellen.'

'En jij bent?'

'Ik ben Shmuel. Ik ken iemand die bij jou in de matrassenfabriek werkt. Hij heeft me verteld over jou en je zussen en vriendinnen.'

'O ja?'

Eerst vertrouwde ik het niet helemaal. Ik wist niet goed wat hij wilde. Een van de dingen waarmee we in dat jaar in Zwitserland aan de slag moesten was dat de nazi's ons geloof in de mensheid totaal onderuitgehaald hadden. Ze hadden ons ontzettend vernacheld. We hadden mensen elkaar dingen zien aandoen die we nooit voor mogelijk hadden gehouden. Dat vreet de rest van je leven aan je. Ik vond het heel moeilijk om anderen te vertrouwen, vooral vreemden, en mannen al helemaal.

'Ja,' zei hij. 'Ik ben ervan overtuigd dat je wel wat hulp kunt gebruiken. Omdat je hier nieuw bent. En dat valt niet mee, laat me je dat verzekeren. Ik ben hier al een flinke tijd... acht jaar nu. Ik weet hoe het hier reilt en zeilt. Dus als er iets is wat je nodig hebt, als je werk zoekt, of een plek om te wonen... Wat voor hulp dan ook... Dan ben ik je man.'

Ik vond dat hij ontzettend vol van zichzelf was. Maar ik moest toegeven dat ik wel wat hulp kon gebruiken. Er waren nog heel wat dingen die geregeld moesten worden. Het waren toen zware tijden voor iedereen: het viel niet mee om rond te komen voor nieuwkomers zoals ik, maar ook voor de zionisten die al voor de oorlog naar Erets Jisraël waren gekomen en op een gegeven moment merkten dat steeds meer mensen naar werk op zoek waren.

'Dank je,' zei ik. 'Ik zal erover nadenken.'

Hij haalde een pen tevoorschijn en schreef iets op.

'Vraag hier maar naar me,' zei hij. Hij gaf me het briefje.

Shmuel Ebert. Export/import. Plus een adres.

Ik had voorlopig werk. René en Piri waren best tevreden met hun baantje, en we vonden dat we een goede plek hadden om te wonen, dus wij zaten goed. Zo konden we zeker verder leven. Maar ik voelde me nog steeds verantwoordelijk voor de anderen. Sommigen hadden nog geen werk, en we brachten met z'n allen weinig geld binnen. We waren helemaal alleen op de wereld. We moesten allerlei beslissingen zelf nemen: waar we heen gingen, wat we zouden doen, waar we moesten gaan wonen, en er was altijd wel een probleem waarvoor een oplossing gevonden moest worden. Het ging erom dat we elkaar zo veel mogelijk hielpen. Eén voor allen, allen voor één.

Ik was een vechter. Een echte vechter. Niet alleen voor mezelf, maar voor de hele groep meiden die tegen me opkeken en naar me luisterden. Ik wilde van niemand hulp aannemen. Maar ergens wist ik dat ik weliswaar sterk was maar ook wel een beetje begeleiding kon gebruiken. Het leek tegenover de anderen niet eerlijk om een kans te laten lopen op goede raad van iemand die het klappen van de zweep kende.

En deze jongeman had iets wat ik maar niet kon vergeten.

Ik ging op zijn werkadres bij hem langs. Hij had een bedrijf dat borsalino's importeerde, die stijlvolle Italiaanse gleufhoeden die alle orthodoxe mannen droegen.

We spraken af elkaar later die avond te treffen. Deze keer in een ander café. Ik denk dat hij niet tijdens ons samenzijn gestoord wilde worden.

'Ah, daar ben je,' zei hij toen hij me in de gaten kreeg. Hij trok een stoel voor me naar achteren en wachtte tot ik was gaan zitten voordat hij de ober riep voor de menukaart. 'Ik ben zo blij dat je bent gekomen.'

'Hoezo?'

'Nou, om je de waarheid te zeggen, wilde ik je heel graag nog een keer zien.'

Wat kregen we nou?

'O, begrijp me niet verkeerd, hoor...'

Waarschijnlijk keek ik niet blij.

'Ik meende het wat ik laatst zei. Ik kan je vrienden echt helpen. Ik kan ze allemaal aan werk helpen. Geen probleem.'

Ik ontspande me enigszins.

'Maar jij bent degene in wie ik echt geïnteresseerd ben.'

'Ik red me wel,' zei ik. 'Ik heb al een baan. Dat weet je toch?'

'Ja, maar er zijn zoveel dingen die je moet regelen als je hier nog maar net bent. Dat weet ik ook. Geloof me. En de dingen veranderen hier om de haverklap. Er komen elke dag ontzettend veel nieuwe mensen bij. Je moet goed op je hoede zijn. Ik kan je helpen.'

Ik kwam meteen ter zake. We bespraken een tijdje wie wat nodig had, wie wat kon doen, en ik vertelde over een paar problemen die mijn vrienden ondervonden. We namen koffie. Hij leek inderdaad overal een oplossing voor te kunnen bedenken. Hij wist waar je het beste kon gaan eten, winkelen, drinken, waar je dit en dat en zus en zo kon vinden. Hoe je de boel moest regelen.

En al snel spraken we nog een keer af. Hij legde uit wat hij allemaal had geregeld, aan wie hij ons kon voorstellen, wat de volgende stap was. En toen dronken we nog een koffie. En toen nam hij me mee uit eten.

En ik merkte dat ik dat leuk vond. Dat ik hem leuk vond.

Hij was ontzettend doortastend. Zo'n man die zelfs Eskimo's nog ijs zou kunnen verkopen, zoals wij dat altijd zeiden. Ontzettend charmant. En het had er alle schijn van dat ik van zijn charme onder de indruk raakte.

Het was heerlijk om met een nieuwe persoon in mijn leven Hongaars te kunnen praten. Onze gemeenschappelijke taal vormde een sterke band tussen ons. Grappig trouwens dat hij weliswaar al heel wat jaren in het land was maar nog steeds niet goed Hebreeuws sprak. Voor de oorlog waren er niet veel Hongaren in Israël. Dat betekende dat het ook voor hem heel belangrijk was om met elkaar in onze gemeenschappelijke moedertaal te kunnen communiceren.

Shmuel was in 1938 vanuit Boedapest naar het mandaatgebied Palestina gekomen. Hij was toen nog maar zeventien. Hij had het gevoel dat er iets verschrikkelijks stond te gebeuren. Dat er in Hongarije voor

Joden binnenkort geen ruimte meer zou zijn. Vooral in Boedapest groeide het antisemitisme met de dag. Hij was er niet de persoon naar om zijn kop in het zand te steken. Zijn oudere broer Tzvi was al een paar maanden eerder dan Shmuel naar Israël gegaan, maar ondanks hun aandringen wilde de rest van de familie niet alles achterlaten wat ze kenden en die grote stap wagen. Het was niet gemakkelijk, zoals ik al zei, en ik weet niet hoe ze aan de officiële immigratiepapieren kwamen. Misschien via zionistische connecties in Boedapest? Je kende iemand die weer iemand anders kende... Zo leek het vaak te gaan. Het had grote voordelen om een certificaat te hebben en legaal in het land te zijn. Of was Shmuel misschien niet legaal binnengekomen? Om eerlijk te zijn vroeg ik daar liever niet naar. Maar wat ik wel weet, is dat toen zijn boot de haven binnenvoer en hij aan wal sprong, er door een Britse soldaat op hem geschoten werd.

Op een dag liepen we over Rothschild Boulevard, een van de oudste en mooiste straten van Tel Aviv. Het is een brede, lommerrijke straat met een groenstrook in het midden, een lang gazon met wilde vijgenbomen en bodhibomen – een prachtige plek om te wandelen of met je vrienden af te spreken, want er zijn genoeg plekken waar je kunt zitten kletsen.

'Zie je dat bankje?' zei hij, met zijn vinger wijzend. 'Dat was mijn eerste bed. Daar heb ik mijn eerste nacht in Tel Aviv doorgebracht.'

Dat was dus zijn verhaal. Ik kwam er stap voor stap achter. Hij had zijn bestaan vanuit het niets opgebouwd. Ik vertelde hem weinig van mijn eigen verhaal. En hij drong niet aan.

In die tijd dacht ik totaal niet aan trouwen. We waren nog zo jong, en ons nieuwe leven was net begonnen. Waar het mij om ging, was dat mijn zussen en ik een plek in Israël vonden om ons te settelen. We hadden een veilige omgeving voor onszelf nodig. Ik was er niet op uit een echtgenoot aan de haak te slaan. Ik had niet het gevoel dat iemand van ons al aan zo'n grote stap toe was.

Maar hij was zo'n enthousiaste figuur. En knap was hij ook. Niet bijzonder lang, maar langer dan ik, in net de juiste mate. Hij straalde iets krachtigs uit met zijn onweerstaanbare lach en mooie witte tanden, zijn dikke bos golvend haar en borstelige wenkbrauwen, en zijn mooie hoge voorhoofd. Ook had hij een luide, krachtige stem. Je kon hem altijd horen aankomen. Hoe beter ik hem leerde kennen, hoe veiliger ik me bij hem voelde. Hij zorgde heel goed voor me, en dat voelde verrassend goed.

Om eerlijk te zijn werd ik het een beetje moe om steeds maar weer verantwoordelijk te zijn voor alles, om steeds vooruit te moeten denken, om steeds ervoor te zorgen dat iedereen het naar zijn zin had. Nou ja, natuurlijk vond ik dat ergens ook wel leuk. Maar na zo'n lange tijd... Het was uitputtend geworden. Dus toen er iemand langskwam die precies leek te weten waar hij mee bezig was en die de leiding nam, voelde dat als een zegen.

'Maak je maar geen zorgen, dat regel ik wel,' zei hij altijd. En altijd voegde hij de daad bij het woord.

De constante last om overal voor te moeten zorgen viel van mijn schouders wanneer we bij elkaar waren.

Shmuel en ik hadden erg veel gemeen. We hadden allebei graag mensen om ons heen, we vonden het altijd leuk om nieuwe mensen te ontmoeten. We knoopten allebei heel gemakkelijk een praatje aan met anderen, altijd en overal. Net als ik was hij een geboren organisator. Hij was stoer, dat zeker, maar hij had een ontzettend groot hart. Hij hield er sterke waarden en overtuigingen op na en hij nam nooit een blad voor de mond. In tal van opzichten vormden we een ideaal stel.

Maar aan de andere kant leken we misschien net iets te véél op elkaar. We waren allebei iets te onafhankelijk. Hij was altijd nadrukkelijk aanwezig, zelfs overheersend. Net als alle mannen, misschien. Op de een of andere manier denken ze altijd dat ze het beter weten. Doe dit. Doe dat. Maar ik was het zelf gewend om de leiding te nemen. Ik leidde de hele groep van ons, al jaren. Dus dat was bepaald niet makkelijk.

Niemand hoeft me te vertellen wat ik moet doen, dacht ik bij mezelf.

Soms maakten we daar ruzie over. Hij vond het bijvoorbeeld verschrikkelijk om op iemand te moeten wachten. En het lukte mij niet altijd om op tijd te zijn.

Op een dag, nadat ik me had gehaast om hem na het werk in een park te treffen, merkte ik dat hij met zijn voet zat te tikken, op zijn horloge keek en in een afschuwelijk humeur was.

'Dit is de laatste keer,' zei hij ongeduldig tegen me. 'Als je nog één keer te laat komt, moet je het zelf maar weten. Dan ben ik weg. Dit pik ik niet langer.'

Meen je dat, dacht ik bij mezelf. Ik zei niets, maar ik vond het niet fijn om op die manier een ultimatum gesteld te krijgen. Waar haalde hij het recht vandaan?

Dus de volgende keer dat we afspraken, verzon ik een kleine test. Ik vertrok expres te laat van mijn werk en liep op mijn gemak naar het café. Ik gaf hem ruim de gelegenheid om bij me weg te gaan.

Maar hij was er gewoon. En dat bleef zo, elke keer dat hij een stukje van mijn onafhankelijkheid probeerde af te halen. Daar wilde ik gewoon niets van weten. En hij is altijd bij me teruggekomen.

Dus toen hij me ten huwelijk vroeg, zei ik ja.

Het was april 1948, vlak voor Pesach. Doordat hij zo'n doortastende persoonlijkheid was en goede connecties had, lukte het Shmuel uiteindelijk om zijn ouders uit Hongarije naar Israël over te laten komen, en rond die tijd kwamen ze naar Tel Aviv. Ze hadden in de oorlog in Boedapest ondergedoken gezeten en hadden hun twee oudste zonen al tien jaar niet meer gezien. Shmuel deed zijn best om ook zijn oudere broer en zus naar Israël te halen, en daar slaagde hij tot ieders verbazing uiteindelijk in, maar niet op tijd voor de trouwerij. Door de veranderde politieke situatie in beide landen was het in die tijd niet alleen moeilijker om het mandaatgebied Palestina binnen te komen, met of zonder papieren, maar ook om Hongarije uit te komen. Het was zeker een voordeel als je in Boedapest woonde en niet ergens in de provincie. Ik maakte me nog steeds zorgen om Imi. Als hij niet vanwege ons naar Arad was gegaan, zou hij het mandaatgebied Palestina misschien allang hebben kunnen bereiken. En nu werd het IJzeren Gordijn opgetrokken, sneller dan we ons konden voorstellen.

Shmuels moeder bleek net zo lief en enthousiast te zijn als haar zoon en heette me buitengewoon hartelijk welkom in de familie. Vanaf het begin behandelde ze me als haar eigen dochter. Omdat ze zelf behoorlijk fors gebouwd was, schrok ze volgens mij toen ze zag dat ik zo klein was. Daar heeft ze natuurlijk nooit iets van gezegd, maar ik had altijd het idee dat ze toen ze hoorde dat ik in de kampen had gezeten, bang was dat haar zoon een vrouw zou trouwen die heel zwak en broos was.

En ik was inderdaad nog steeds zo mager als een lat. Dus ze kookte en bakte voor me en perste sinaasappels voor me uit om ervoor te zorgen dat ik zou aansterken. Ze was altijd heel lief voor me.

Soms vraag ik me af wat mijn eigen ouders ervan gevonden zouden hebben dat ik mijn toekomstige echtgenoot in een café was tegengekomen. Het was een vreemd en triest idee dat ze Shmuel nooit zouden ontmoeten, dat ze nooit zouden weten met wie hun kinderen trouwden. Ik vond het niet makkelijk om zelf zo'n grote beslissing te moeten nemen en in m'n eentje onze eenvoudige ceremonie te moeten voorbereiden. Maar ik probeerde er niet al te zeer bij stil te staan. Wat voor keuze hadden we met z'n allen? Doordat ik het zo druk had, was het gelukkig niet moeilijk om dergelijke gedachten te verdringen. En natuurlijk had ik mijn zussen die me hielpen.

Ik kan moeilijk doen alsof René en Piri verheugd waren dat ze degene kwijtraakten die zich altijd zo trouw over hen ontfermd had. Maar ze waren blij voor me, en ik wist dat ze nu sterk genoeg waren om zich te kunnen redden. Een vriendin nam mijn plek over in de kleine flat die ze deelden. Ik zou niet ver van hen af komen te wonen, en het Sarah Schenirer Institute zou over hen waken. Deze nieuwe verandering zou voor ons allemaal goed uitpakken. Het was voor ons allen een grote stap voorwaarts.

Mei 1948

Ik had een witte jurk nodig voor de trouwerij. Dat hij wit was, was het enige wat van belang was. De jurk die ik droeg was misschien al door honderd andere Holocaustoverlevenden gedragen. En honderden vrouwen na me zouden de jurk dragen. De ene bruid gaf de jurk door aan de andere. Voor sommigen was hij te kort. Voor anderen was hij te groot. Maar dat maakte ons niet uit.

Het was een tamelijk eenvoudige jurk, met een hoge kraag, bescheiden versierd met wat namaakbloemetjes. Lange pofmouwen. Ik had ook een sluier – ook geleend – die hoog werd opgestoken en met een haarband met bloemetjes op mijn donkere haar werd vastgezet. Ik droeg hoge hakken met witte bandjes en witte kousen, en ik had een boeketje van verse bloemen. We kregen veel bloemen – anjers en rozen. Shmuel zag er heel knap uit in zijn zwarte pak met stropdas en in een wit overhemd met lange revers – en natuurlijk droeg hij een van zijn eigen hoeden. Maar uiteindelijk stond hij op het feest te dansen met opgerolde hemdsmouwen.

Mevrouw Benedict, de achternicht van mijn moeder, bracht me naar de choepa. Ik had haar nog maar een paar keer ontmoet, toen ze ons had uitgenodigd voor de sjabbatlunch. We kenden haar eigenlijk helemaal niet zo goed, maar ze was de enige binnen de familie die de plaats van een van mijn ouders kon innemen. Ik vond het vreselijk dat mijn moeder en vader er niet bij waren. Er helemaal alleen voor staan, op zo'n moment, terwijl je uit zo'n grote familie komt... Ik voelde het gemis heel erg. Maar we zaten allemaal in hetzelfde schuitje. Er waren maar weinig leeftijdsgenoten van ons in Israël van wie de ouders nog in leven waren.

Het afgelopen jaar was tumultueus verlopen, niet alleen voor ons persoonlijk maar ook voor het hele land, en eigenlijk voor alle overgebleven Joden in Europa. De Holocaust wordt in Israël de Shoah genoemd. Dat is een Bijbels woord, Hebreeuws voor 'ramp' of 'complete vernietiging'. In 1947 waren 4500 Shoah-overlevenden die de ellende van de Holocaust al hadden moeten doorstaan, op weg naar Erets Jisraël aan boord van een schip, de *Exodus*, toen ze een tweede ramp te verwerken kregen: ze werden door de Britten aangevallen. De vluchtelingen werden gedwongen terug te keren om onder erbarmelijke omstandigheden in een Duits kamp voor ontheemden ondergebracht te worden. Het betrof hier mensen die geen huis hadden. Die nergens naartoe konden. Hun situatie was al zo schrijnend, niet alleen vanwege het naziregime maar ook omdat de rest van de wereld geen vinger had uitgestoken om de massavernietiging tegen te gaan. En nu dan op deze manier behandeld worden? Met nieuwe ellende geconfronteerd worden? We konden het gewoon niet geloven. Onze ontzetting en woede naar aanleiding van de aanval op de *Exodus* waren heel heftig.

En toch, nog geen tien maanden later, barstte de vreugde los in Tel Aviv. Op vrijdag 14 mei 1948, in de laatste uren van het Britse mandaat over Palestina, werd de Israëlische onafhankelijkheidsverklaring een feit. Het nieuws ging als een lopend vuurtje door de stad. Iedereen ging de straat op. Letterlijk iedereen die kon lopen haastte zich naar Rothschild Boulevard, en we werden opgenomen in het grootste feest dat ik ooit heb meegemaakt. We hadden tweeduizend jaar op dit moment gewacht. Ineens, na al onze beproevingen, na alles wat ons volk eeuwenlang had moeten doorstaan, hadden we ons eigen land. We waren thuisgekomen en hadden eindelijk een plek voor onszelf. Een plek waar we thuishoorden. Je kunt je niet voorstellen wat dat voor ons betekende.

Met z'n duizenden vierden we feest: jong en oud, mensen die pas waren aangekomen, pioniers van het eerste uur – iedereen was aan het dansen en zingen en juichen. Overal werd gelachen. Iedereen was in extase. Zoveel vreugde. Naar mijn smaak een beetje te veel getoeter – al die claxonnerende auto's vormden een hels kabaal dat alles overstemde. Maar over het algemeen was ik die dag zielsgelukkig. Ons land was herboren. En ik was verliefd. Onze huwelijksuitnodigingen waren verstuurd, en over twaalf dagen zou ik gaan trouwen.

Maar onze hoge verwachtingen werden al snel ondermijnd. Op de avond van 14 mei voerde Egypte de eerste luchtaanval op het pasgeboren land uit. Een paar uur na middernacht trokken alle aangrenzende Arabische staten Israël binnen: Syrië, Libanon, Irak, Jordanië en Egypte. Een burgeroorlog tussen Joodse en Palestijnse milities, die in november 1947 was begonnen nadat de Verenigde Naties een voorstel indienden om Palestina op te splitsen in een afzonderlijke Joodse en Arabische staat, escaleerde in een internationaal conflict. Shmuel, die in een van de milities had gevochten, was al opgeroepen om te dienen in het nieuwe leger van Israël. Hij kreeg zes weken verlof om te trouwen.

Op de dag dat we trouwden, vielen er bommen. Precies op het moment dat ik met Shmuel onder de choepa ging staan voor het laatste onderdeel van de ceremonie begonnen de sirenen te loeien.

We verstijfden allemaal.

Onze dappere gasten waren bijna gestrand, want we konden geen taxi krijgen die naar de zaal in Bnei Brak kon komen – deze zaal was de enige die we nog hadden kunnen vinden – en we moesten ze in groepjes van twee of drie met onze eigen auto naar huis brengen. We mochten van geluk spreken dat er foto's van het feest gemaakt zijn, want het kostte ons de grootst mogelijke moeite een fotograaf bereid te vinden de verduistering aan het eind van de avond te negeren.

Het waren dus moeilijke tijden toen ons getrouwde leven begon. Er was groot gebrek aan alles. Maar toch had ik het gevoel dat ik ontzettend bofte. Shmuel kende iedereen. Hij zat op een schaakclub met David Ben-Gurion, de eerste premier van Israël, en had samen met een andere toekomstige leider, Menachem Begin, tegen de Britten gevochten, hoewel hij me er nooit veel over vertelde. Hij had aan een jesjiva gestudeerd, dus hij kende ook veel rabbijnen. Overlevenden die met andere overlevenden in het huwelijk traden hadden in het begin bijna niets, maar het lukte Shmuel om voor ons een piepklein eenkamerflatje in Tel Aviv te vinden, en we hadden zelfs wat meubilair. Ge'ula Street was vlak bij de kust, met een wit zandstrand aan de overkant van de straat. Vanaf ons balkon keken we uit op de Middellandse Zee. Omdat ik was opgegroeid in Hongarije, dat nergens aan de zee grenst, vond ik het heerlijk om elke dag het water te zien, dat zo blauw en mooi was en zich kilometers ver uitstrekte. We keken samen naar adembenemende zonsondergangen.

Shmuel was zeer aangenaam gezelschap, en ik kreeg steeds meer van zijn zachtmoedige en spirituele kant te zien. Hij gaf me altijd het gevoel bijzonder en geliefd te zijn, en ik was dol op ons nieuwe gezamenlijke bestaan in het kleine flatje dat helemaal van ons was.

We kochten een kleine slaapbank die we elke avond uitklapten, en we kregen uiterst praktische huwelijksgeschenken die we in ons nieuwe huis goed konden gebruiken. Ik was een van de eersten binnen onze vriendenkring in Tel Aviv die een koelkast hadden. Dat bleek geen onverdeeld genoegen, want al onze buren wilden daar ook graag gebruik van maken. Het viel niet mee om in die hitte melk en kip en vis goed te houden, en ik vond het moeilijk om nee te zeggen. Niemand die de oorlog had meegemaakt zou ooit voedsel verspillen.

Eigenlijk kookte ik zelf eerst niet. Ik had dan wel veelvuldig met mijn moeder taarten en dergelijke gebakken, maar ik had weinig ervaring in het klaarmaken van het eten van alledag. In het begin van ons huwelijk gingen Shmuel en ik meestal uit eten. Langzaam leerde ik mezelf koken. En hoewel ik het er nooit met mijn moeder over kon hebben, was ze in mijn hart wanneer ik stond te hakken en te roeren en te proeven en te kruiden. Wanneer ik boodschappen deed, zocht ik naar de groenten die ik uit mijn jeugd kende – tomaten, rode pepers, paprika's – en stap voor stap leerde ik de smaken bereiden die ik van het eten van mijn moeder kende. In mijn keukentje begon het te ruiken naar de geuren die ik me herinnerde van Bonyhád.

1948 - 1950

Maar waar was dat meisje gebleven dat zich zo heilig had voorgenomen de wereld te veranderen als ze de oorlog zou overleven? Wat was er geworden van de belofte die ik mezelf had gedaan?

Ik denk dat ik die belofte in Zwitserland had weggeschoven. En in Israël had ik haar compleet verdrongen.

Niemand praatte in die tijd over het verleden, en daar waren tal van redenen voor. Na de Tweede Wereldoorlog had iedereen genoeg aan zijn eigen sores, en in Israël was ons grootste probleem de nieuwe oorlog die was uitgebroken – wéér een strijd om te overleven.

Dat was dus een belangrijke reden.

Maar nog belangrijker was het dat we het allemaal ontzettend moeilijk vonden, en pijnlijk ook, om over de oorlog te praten. Het had geen zin om het er met elkaar over te hebben, met onze 'familie' uit Buchenwald, uit Altenburg, uit Auschwitz-Birkenau, omdat we allemaal maar al te goed wisten wat we met z'n allen hadden moeten doorstaan. En het had geen zin om erover te praten met mensen die we na de oorlog ontmoetten, want hoe we ook ons best deden om het uit te leggen, onze belevenissen waren zo afgrijselijk dat anderen er grote moeite mee hadden het te geloven. Hoe kon dat allemaal nou echt gebeurd zijn?

De 'Endlösung der Judenfrage' van de nazi's was een vorm van massamoord die uniek was en zijn weerga niet kende. De genocide in het rijk van Hitler ging elk voorstellingsvermogen zo ontzettend te boven dat mensen die het zelf niet hadden meegemaakt de verhalen eenvoudigweg niet konden verwerken, ook niet toen alle informatie beschikbaar kwam. Misschien is het wel nooit mogelijk. Hoewel we met velen waren in Israël, was het voor de overlevenden uit zelfbescherming gewoon beter om het er niet over te hebben. Het stilzwijgen gold zowel nationaal als persoonlijk. Het was niet alleen een individueel maar ook een sociaal trauma.

De Joden die al voor de oorlog naar het mandaatgebied Palestina waren gekomen, koesterden gemengde gevoelens. Sommigen waren zelfs van mening dat de Hongaarse Joden er zelf schuld aan hadden dat ze zich hadden laten wegvoeren, als naïeve dwazen. Het was op de een of andere manier onze eigen schuld. We hadden het allemaal moeten zien aankomen.

Er was weinig discussie, en nog minder begrip.

Ik wilde niet dat René en Piri gingen piekeren over wat ons was overkomen. Ik wist mezelf ervan te overtuigen dat het gemakkelijker voor hen zou zijn om alle ellende te vergeten als we het verleden onbesproken lieten. Ik dacht dat ik ze op die manier het beste kon beschermen.

Zelfs met Shmuel kon ik het er niet over hebben. Een heel lange tijd althans niet. Hij wist er uiteraard van af. Mijn tatoeage sprak voor zich. Maar hij wilde me niet van mijn stuk brengen. Hij wilde zich niet opdringen. Hij vroeg me nooit iets. Het was erg moeilijk om het erover te hebben, voor iedereen. Het valt niet mee om er vragen over te stellen, en het valt niet mee om de antwoorden aan te horen. Sommige mensen, zoals mijn zussen, zouden er de rest van hun leven niet meer over praten.

Binnen zes maanden diende zich de volgende grote verandering aan. Ik merkte dat ik zwanger was. Het leek een wonder. Ik denk dat veel van de jonge vrouwen bang waren dat ze door de ellende in de kampen onvruchtbaar waren geworden. Het idee van een baby, van nieuw leven... Het vooruitzicht zelf moeder te worden. Dat betekende ontzettend veel voor me. Onze familie breidde zich weer uit.

Wat was ik onwetend. We hadden niemand die ons de dingen kon vertellen die we moesten weten, wat er zou gaan gebeuren, wat we moesten doen. Ik kon zeer goed opschieten met de moeder van Shmuel, maar het is niet hetzelfde als wanneer je je eigen moeder nog hebt. Maar we verkeerden allemaal in dezelfde positie, dus ik had geen medelijden met mezelf.

Toen ik scherpe steken in mijn buik voelde, dacht ik eerst nog dat ik iets verkeerds gegeten had. Ik had geen idee dat de bevalling begonnen was. Ik had geen idee hoe het was om een kind te baren.

Ik vertelde Shmuel dat ik buikpijn had, en zijn gezicht betrok.

'Kom, we gaan,' zei hij. 'Meteen.'

'Waarheen?' vroeg ik.

'Naar het ziekenhuis! De baby komt eraan!'

We konden geen taxi krijgen, dus we moesten lopend naar het ziekenhuis. Het was een zeer snelle bevalling, binnen twee uur na aankomst in het ziekenhuis was het kind er, en ik vond het niet al te moeilijk, maar tegen het eind, toen de arts me onderzocht, merkte ik dat hij in paniek raakte. Uiteraard mochten echtgenoten in die tijd niet bij de bevalling zijn. De arts verdween. Hij kwam terug. Hij vertelde me niet wat er aan de hand was.

In plaats van een hoofdje verscheen er een klein bipsje. Mijn dochter lag in een stuit, en dat had hij zich niet gerealiseerd. Gelukkig glibberde ze veilig naar buiten en kwam alles toch nog goed.

Maar naderhand vertelde mijn man me dat de arts naar buiten was gestormd en de keuze aan hem had gelaten: 'Moet ik de moeder of het kind redden?'

Als ik eraan denk, word ik weer razend. Wij waren degenen die het kind moesten baren. Maar niemand vertelde ons iets. Niemand vroeg ons wat wij ervan vonden.

We noemden haar Esther Nechama, naar Shmuels moeder en die van mij, maar we noemden haar altijd Esti. Ze was mijn eerste sabra. Zo noemden we kinderen die echt in Israël geboren waren. Het is het Hebreeuwse woord voor de cactusvijg: hard en stekelig vanbuiten, zacht en zoet vanbinnen. Maar er was niets stekeligs aan Esther. Haar bevalling verliep soepel en ze was een makkelijk kind. Ik hoefde maar een week in het ziekenhuis te blijven, wat in die dagen niet lang was.

Maar vooral toen ik met haar naar huis ging, miste ik mijn moeder erg. Het was heel eng om verantwoordelijk te zijn voor zo'n klein dropje en geen idee te hebben hoe je haar vast moest houden, of hoe je haar in haar badje moest doen. Ze leek veel te broos en was me zo dierbaar dat ik bang was dat ze door mij per ongeluk iets zou breken. Ik was bang dat ik iets verschrikkelijks zou doen. Ik denk dat ik meteen vanaf het begin veel te beschermend ben geweest. Ik maakte me om het minste of geringste zorgen. Ik wilde een perfecte wereld voor mijn kindjes creëren, zodat ze helemaal veilig zouden zijn. Ik kon het idee niet verdragen dat Esti iets zou overkomen.

Tzvi, de broer van Shmuel, en diens vrouw Margot hadden al een paar kinderen. Margot kwam bij ons langs in ons kleine flatje en legde me rustig uit wat ik moest doen: hoe ik Esti in bad moest doen, hoe ik de temperatuur van het water kon testen, hoe ik haar hoofdje en nek moest vasthouden, hoe ik haar moest verschonen. Daarover zat ik ook in de zenuwen! Ik was zo bang dat ik Esti pijn zou doen dat ik geen veiligheidsspelden durfde te gebruiken. Gelukkig kwam de borstvoeding – iedereen gaf destijds borstvoeding – goed op gang, en Esti deed het goed. Elke week ging ik met haar naar het ziekenhuis om haar te laten wegen, en vol trots zag ik dan dat ze steeds zwaarder werd. Maar dat ik zo vaak ging, was bij nader inzien misschien niet zo goed, want volgens mij heeft ze in het ziekenhuis kinkhoest opgelopen, dus daar zaten we vervolgens erg over in.

René en Piri vonden het geweldig om tante te zijn. Ook nu nog weet de dochter van René nog goed hoe blij mijn zus werd als er weer een kleintje in de familie werd geboren. Je kon het beste wraak nemen op Hitler door kinderen te baren, zei René altijd. Zowel zij als Piri kwam zo vaak mogelijk langs om me met Esti te helpen. In die dagen wasten we alle luiers nog met de hand, en die moesten worden uitgekookt, dus dat was een heel werk. En René, typisch voor haar, hielp me met alles. Ze had altijd alles voor iedereen over. Mijn zussen kwamen ook langs om me gezelschap te houden. Shmuel verdiende zoveel geld met de verschillende bedrijven die hij runde dat ik niet hoefde te werken. Maar het viel me zwaar om helemaal alleen thuis te moeten zitten met een klein kind. Ik vind het heerlijk om eropuit te gaan en mensen te ontmoeten.

Binnen niet al te lange tijd kreeg een van de buren ook een kindje. Ik zag dat de buurvrouw met precies dezelfde problemen kampte als ik, dus liet ik haar zien hoe ze haar kleintje moest wassen. En op die manier bleven onze generatiegenoten elkaar helpen.

Op een dag stond ik op mijn balkon te kletsen met een andere buurvrouw. We hadden elkaar net leren kennen. Ze was een Hongaarse, en het was altijd fijn om met andere Hongaren te kunnen praten.

'Waar kom je vandaan?' vroeg ze me. Bijna iedereen in Israël kwam ergens anders vandaan.

'O, ergens waarvan je waarschijnlijk nog nooit gehoord hebt. Een klein plaatsje.'

'Hoe heet dat plaatsje dan?'

'Bonyhád,' zei ik. Ik verwachtte dat die naam haar niets zou zeggen en dat ze haar hoofd zou schudden.

Maar ze begon te stralen.

'Daar komen wij ook vandaan! Mijn broer Lajos was daar dokter.'

'Toch niet dokter Litzman? Die heeft me ter wereld geholpen! En mijn broers en zussen ook. Dokter Litzman was onze huisarts! Toen we klein waren verstopten we ons altijd in de notenboom als we wisten dat hij zou langskomen, zodat we niet van hem onze tong hoefden uit te steken en hij niet zijn koude stethoscoop op onze borst zou leggen om te luisteren.'

En het was dokter Litzman die de allerlaatste foto van onze familie had genomen. De foto waar Bela niet voor thuis wilde blijven.

Van zijn zus hoorde ik dat hij tegenwoordig in Stockholm woonde. Hun andere zus, Fani, zijn vrouw Aranka en hun kinderen Bella, Gyuorgyi en Marianna waren allen in de Holocaust omgekomen, maar daar hadden we het niet lang over. Mijn buurvrouw en ik werden al snel goede vriendinnen. En toen schreef ik dokter Litzman een brief. Op die manier wist ik een paar van onze gekoesterde familiekiekjes te achterhalen.

Toen Imi naar Bonyhád terugkeerde, vond hij er nog een paar. Niet veel. Nadat alle Joden in 1944 waren weggevoerd, had iemand kennelijk foto's, papieren en belangrijke persoonlijke bezittingen verzameld die vanuit geplunderde Joodse huizen op straat waren gegooid, en die persoon had ze in een kelder opgeslagen om ze veilig te stellen. Imi had deze verzameling doorzocht en een paar van onze familiekiekjes en documenten kunnen redden. Ik weet nog goed uit mijn jeugd dat mijn opa en oma heel veel grote foto's hadden van iedereen van onze familie. Na de oorlog was er maar één foto van mijn moeder en één van mijn vader bewaard gebleven. Ik ben blij dat ik die in elk geval heb.

Maar in een kleine stad, door de verwoestende oorlog afgesneden van de hoofdstad, ging het eigenlijk langs ons heen hoe snel de wereld veranderde. Het drong pas tot Imi door hoe groot de noodzaak was om zichzelf in veiligheid te brengen toen het te laat was.

Eind november 1944 was het Rode Leger Bonyhád binnengetrokken, een krappe maand na de geheime ontmoeting tussen Churchill en Stalin in Moskou, waarin ze bespraken hoe Europa na de oorlog verdeeld moest worden. In oktober 1947 hadden de communisten de Hongaarse regering volledig in hun macht, en in augustus 1949 werd er een eenpartijstelsel ingesteld in ons land, de Volksrepubliek Hongarije. Al snel werden er mijnenvelden en hekken met prikkeldraad op de grens tussen Hongarije en het Westen aangebracht. Hoewel sommige Joden uit Bonyhád in die jaren pogingen deden om te vluchten naar de nieuwe staat Israël, werden de meesten van hen gepakt en achter de tralies gezet. Hongarije was in een gevangenis veranderd. Imi zat in de val, net als miljoenen anderen in het door de Sovjets overheerste Oostblok.

1951 - 1955

Nog geen drie jaar na de geboorte van Esti moest ik weer bevallen en liep ik weer naar het ziekenhuis. Deze keer wist ik maar al te goed wat er aan de hand was. Maar ik werd gewoon weer naar huis gestuurd!

Het kwam de dokter niet goed uit. Volgens mij stond hij op het punt naar een feestje te gaan. Een uur of twee nadat ik weer naar onze flat was teruggekeerd, was ik ervan overtuigd dat ons kind binnen niet al te lange tijd geboren zou worden en ging ik terug naar het ziekenhuis. Ik had gelijk. Net als Esti kwam haar zus Bilha heel snel ter wereld. En al dat heen-en-weergeloop hielp waarschijnlijk ook. En alles ging deze keer veel gemakkelijker. Ik was niet bang. Ik wist wat ik moest doen. Het was niet eens veel moeilijker om twee kinderen te hebben in plaats van één. En het was heerlijk om onze tweede prachtige dochter, die voor zoveel vreugde binnen onze familie zorgde, in deze wereld te mogen verwelkomen.

Bijna een jaar lang deed ik mijn kindjes alleen maar witte kleren aan, ik volgde altijd nauwgezet alle adviezen op en deed steeds wat je het beste kon doen. Dus toen er beweerd werd dat fopspenen slecht waren, onthield ik mijn kinderen ervan, hoewel dat natuurlijk betekende dat Esti op haar vinger ging zuigen, en daar is veel lastiger iets tegen te doen, want een vinger kun je niet afpakken.

Al snel konden mijn dochters met elkaar spelen. Toen ze iets ouder waren, nam ik ze vaak mee naar het strand, waar het water lekker warm en kalm was. Maar toch maakte ik me zorgen. Ik was er zelfs niet gerust op wanneer de meisjes met andere kinderen omgingen wanneer we in het parkje bij ons in de buurt waren.

Het mooie van die beginjaren is dat we in Bnei Brak en Tel Aviv allemaal min of meer even oud waren, tussen de achttien en dertig jaar.

Nu er niemand was die ons vertelde waar we mochten gaan en staan en wanneer we terug moesten zijn, konden we veel gemakkelijker met anderen in contact komen dan thuis in Hongarije het geval zou zijn geweest. We mochten onze eigen vrienden uitkiezen. We mochten omgaan met de mensen die we aardig vonden, mannen en vrouwen. Onze onafhankelijkheid was natuurlijk geen vrije keuze. Maar zo ging het toen.

Bnei Brak was een kleine, godsdienstige gemeente. De taal die je inmiddels het vaakst hoorde op straat en in winkels en in sjoel was Hongaars. Het eerste wat we allemaal deden zo gauw we waren aangekomen, was proberen in contact te komen met familie. Daarna gingen we op zoek naar buren en vrienden uit onze eigen woonplaats. En daarna vrienden van familieleden of familieleden van vrienden die ergens anders woonden. Eigenlijk iedereen met wie we op de een of andere manier verbonden waren. Wanneer er nieuwe overlevenden uit Hongarije aankwamen, verspreidde het nieuws zich altijd als een lopend vuurtje.

Op die manier hoorden René en Piri dat onze nieuwe neef was aangekomen. Hij heette Imi, net als onze broer, en hij was de zoon van een van de zussen van mijn moeder. We hadden elkaar nog nooit ontmoet, omdat hij opgroeide in Tsjecho-Slowakije, in Bratislava – destijds vaak Preßburg genoemd – en in de oorlog was ondergedoken bij niet-Joden. Tussen mijn zussen en Imi ontstond een zeer hechte band, en dat is de rest van hun leven zo gebleven.

Als je geen ouders of tantes en ooms hebt om je van advies te dienen, moet je zelf je beslissingen nemen. Het is dan aan jou wat je doet en hoe je dat dan doet. Maar uiteraard bleven René en Piri me om advies vragen, vooral op het gebied van het huwelijk.

Ik vond het heel fijn toen René door vrienden werd voorgesteld aan Osi, omdat ik het gevoel had dat we zijn familie al bijna kenden. Hij kwam uit een stadje in Hongarije, Makó, dat ongeveer net zo ver van Boedapest ligt als Bonyhád, en de twee plaatsjes leken vroeger wel een beetje op elkaar, allebei met een sterke orthodox-Joodse gemeenschap. We waren er zelfs al eens geweest, omdat er neven en nichten van ons woonden.

Ik wist meteen dat Osi de perfecte partner voor mijn zus was. Ik wist dat hij goed voor haar zou zorgen. Hij was een zeer bescheiden man, heel prettig in de omgang en uitermate vriendelijk voor iedereen. Hij werkte als administrateur bij een bedrijf, maar in zijn vrije tijd bezocht hij altijd mensen die ziek waren en ging hij naar het ziekenhuis om anderen te helpen. Hij was een van de onbaatzuchtigste mensen die ik ooit ontmoet heb. Hij was geen doetje, maar hij was evenwichtig, vrijgevig en begaan met anderen. Zo'n man op wie je altijd kunt bouwen. Na hun trouwen leidden ze een buitengewoon sober bestaan. Ze waren altijd zeer tevreden met hun leven en joegen nooit onbereikbare dromen na.

En de trouwjurk van René? Dat was de jurk die ik een paar jaar eerder had gedragen. De huwelijksceremonie werd voltrokken in de zaal waar Shmuel en ik waren getrouwd. Ik leidde René naar de choepa. En een paar jaar later droeg Piri dezelfde jurk in dezelfde zaal, en leidde ik ook mijn jongere zus naar haar nieuwe man, Volví. Met elke trouwerij was er iets meer te eten en er waren weer wat meer verre familieleden bij, maar niet veel meer luxe.

Het was Shmuel die Volví voor het eerst opmerkte. Ze werkten bij elkaar in de buurt, en Shmuel zag in een textielfabriek regelmatig dat Volví met zware rollen stof in de weer was. Wat hem opviel, was hoe sterk hij was en hoe hard hij werkte. Al snel raakten ze met elkaar aan de praat. Vergeet niet dat Shmuel met iedereen makkelijk contact maakte. Volví kwam uit de stad Eger, ten opzichte van Bonyhád aan de andere kant van Boedapest gelegen, maar minder ver ervandaan. Zijn ouders leefden niet meer. Slechts één van zijn broers had de oorlog overleefd.

Het leek Shmuel een goede match, dus stelde hij Volví voor aan Piri. En ik was blij dat Piri en Volví gingen trouwen, net zo blij als ik was geweest toen ik hoorde dat René en Osi gingen trouwen. Ik vond het een zeer troostrijke gedachte dat mijn beide zussen zulke vriendelijke mannen hadden getroffen, wier enige ambitie erin bestond dat ze het hun kinderen naar de zin wilden maken. Ik had er alle vertrouwen in dat beide echtgenoten uitstekend voor hun vrouw en kinderen zouden zorgen en hun veiligheid en geborgenheid zouden bieden, en daar kreeg ik gelijk in.

Er was toen weinig tijd om bij elkaar over de vloer te komen. We hadden onze handen vol aan het werk en de zorg voor ons jonge gezin. Rond die tijd kreeg Margot, de vriendin met wie we zulke ellendige tijden hadden doorstaan, helaas kennis aan een man over wie ik zo mijn twijfels had. Ik was bang dat hij niet goed genoeg voor haar was. Jammer genoeg is ze toen van ons vervreemd, en uiteindelijk zijn we elkaar geheel uit het oog verloren. Maar wel hielden we contact met onze andere vrienden uit Zwitserland, voor zover onze hectische levens dat toestonden, en sommigen van hen, zoals Henchi, zie ik nog steeds zeer regelmatig.

Volví en Piri gingen ook in Bnei Brak wonen. Eerst begonnen ze een stoffenwinkel in Tel Aviv, zoals onze vader die in Bonyhád had gehad. Daarna stopten ze daarmee en begonnen ze een winkel in Bnei Brak zelf, zodat Volví niet zo ver hoefde te reizen om naar zijn werk te gaan. De nieuwe onderneming was een Hongaarse bakkerij, een eenvoudig bedrijf, met grijze tegels op de vloer en metalen schappen met taarten, broodjes en broden. Het rook er heerlijk in de winkel, en het deed ons allen aan thuis denken. De gistbroodjes werden zo populair dat er zelfs vanuit Tel Aviv mensen kwamen om ze te kopen. Mijn kinderen waren dol op de gistbroodjes met maanzaad, die inderdaad erg lekker waren, maar ook de apfelstrudel was verrukkelijk.

Naast haar werk in de bakkerij had Volví ook een bijzondere en moeilijke taak als vrijwilliger op zich genomen: als er een ongeluk of een aanslag of een militair incident plaatsvond, ging hij naar de plek des onheils om de omgekomen slachtoffers en uiteengereten lichamen op te halen om ervoor te zorgen dat ze op de juiste manier begraven konden worden. (Tegenwoordig bestaat er een humanitaire organisatie, ZAKA, die dat ook doet.) De Joodse wet gebiedt dat mensen begraven moeten worden zoals ze ter wereld gekomen zijn, dus met alle ledematen en organen.

We konden het alle zes uitzonderlijk goed met elkaar vinden. Osi en Volví toonden zich goede zwagers en echtgenoten, zodat we altijd een hecht clubje vormden en het fijn vonden om in elkaars gezelschap te vertoeven. Shmuel moest voor zijn werk veel op reis, en de weinige keren dat hij op sjabbat weg was ging ik met de kinderen naar Piri in Bnei Brak om elkaar gezelschap te houden. Voor ons als zussen was het ontzettend belangrijk om eenzelfde soort veilige en belijdende omgeving voor onze kinderen te creëren als die waarin we zelf dankzij onze ouders waren opgegroeid. We wilden dat iedereen binnen onze gezinnen de mitswot eerbiedigde, dat iedereen zich hield aan de geboden en zich verdiepte in ons geloof, zoals we dat zelf ook altijd gedaan hadden. Ook Shmuel was het hier roerend mee eens.

Wat het werk betrof: Mijn man was een ondernemer in hart en nieren, die verschillende bedrijven exploiteerde. Later werkte hij op de effectenbeurs, en bij een bank. Maar toen onze dochters klein waren, begon hij op een steenworp afstand van onze flat ook een winkel, met in de etalage tafellinnen, herenshirts en mooie strooien panamahoeden en borsalino's. Ik werkte er regelmatig en vond het altijd leuk om met de klanten te kletsen. Esti en Bilha vonden het leuk om daar na schooltijd naartoe te komen. Ze waren dol op de snoepwinkel ernaast, en zaten vaak urenlang te kijken naar de schoenmaker die verderop in de straat een werkplaats had.

In de jaren dat de kinderen opgroeiden hadden Shmuel en ik het nooit over de Shoah, niet met anderen en niet met elkaar. Hoe zou dat ook gekund hebben? Shmuel had het zelf niet meegemaakt, en ik wel. Voor mijn gevoel zou hij nooit kunnen snappen hoe het geweest was. Ik weet niet goed of ik het zelf wel begreep. Bovendien had hij natuurlijk mijn geluk voor ogen. Hij wilde me niet van streek maken. Hij was een warme, vrijgevige man die bang was dat het alleen maar pijnlijk voor me zou zijn als ik erover begon en alles weer bij me bovenkwam. Zo dachten de meeste mensen er in die tijd over.

En in zekere zin denk ik dat ze gelijk hadden. Het was niet de goede tijd om het erover te hebben. Het was te vers, te rauw. Het deed nog te veel pijn. Als we hadden geprobeerd om die pijn op dat moment bespreekbaar te maken, zouden we het leven niet meer hebben aangekund.

En een aantal jaren bleef dat verreweg het belangrijkste: doorgaan en een bestaan opbouwen. We moesten onze nieuwe levens vanuit het niets vormgeven: een nieuw thuis, een nieuwe familie, nieuwe dromen. We moesten vooruitkijken. Je kunt zoiets niet vergeten, hoezeer je het ook zou willen, maar aan de andere kant kun je het ook niet steeds herbeleven, anders kun je niets meer opbouwen. Dat vind ik een van de interessantste dingen van de menselijke natuur: je kunt door een hel gaan, maar niets is zo sterk in het leven als het leven zelf. Ondanks alles moeten we hier steeds in geloofd hebben. Als we ons hier niet aan vast hadden kunnen houden, zouden we nooit in staat zijn geweest kinderen op deze wereld te zetten.

Het enige wat we voor Esti en Bilha voor ogen hadden, was dat ze een normaal leven konden leiden. Ik wilde niet dat ze er ooit achter zouden komen wat er gebeurd was. We wilden dat ze gelukkig werden en zorgeloos en volslagen normaal, niet geplaagd door verschrikkingen en angst. We vonden dat we de volgende generatie het beste konden beschermen door haar zo lang mogelijk in alle onschuld te laten opgroeien.

Nu zie ik in dat je een kind in zekere zin ook te sterk kunt beschermen. En dat eist zijn tol. Nu zie ik dat ze altijd meer begrijpen dan je denkt.

1956

In 1956 veranderde alles in Hongarije. Eerst was er de grote demonstratie op 23 oktober, die het startsein vormde voor een landelijke revolutie. Binnen een paar weken kwamen de Sovjets met een strafcampagne. Tanks rolden Boedapest binnen, en het verzet werd gebroken. In Tel Aviv zaten we aan de radio gekluisterd en volgden we het nieuws op de voet, maar we wisten op geen enkele manier hoe het met individuele vrienden en familie ging die nog steeds in Hongarije zaten.

En ons leven in Israël werd precies op dat moment ook overschaduwd door een andere wereldgebeurtenis: de Suezcrisis. Egypte nationaliseerde het Suezkanaal, en het Israëlische leger bundelde zijn krachten met de Fransen en de Britten om Egypte binnen te vallen.

Tien jaar lang hadden mijn broer Imi en ik elkaar brieven geschreven. Hij zat nog steeds vast achter het IJzeren Gordijn. Ik kon niet bij hem op bezoek gaan, want stel dat ik daar dan ook niet meer weg zou kunnen komen? Tegenwoordig kunnen mensen zich maar moeilijk voorstellen hoe weinig communicatie er mogelijk was. De post was buitengewoon onbetrouwbaar, en regelmatig hoorden we lange tijd niets van elkaar. Telefoneren ging niet. Soms stuurde Imi kranten uit Hongarije op. Die lazen we gretig, en we zogen elk berichtje op dat over ons oude vaderland ging, al was het natuurlijk oud nieuws tegen de tijd dat het ons bereikte.

Toen Imi naar Bonyhád was teruggekeerd, vond hij niet alleen de foto's en een paar andere dingetjes terug, maar ook onze zwart gemaakte sjabbatkaarsen. Eén zag hij op straat liggen, een andere lag nog steeds verborgen in onze oude kelder. In Bonyhád ontmoette hij een andere overlevende, Edit, met wie hij trouwde. Ze had het in de oorlog ontzettend moeilijk gehad, en ook daarna, in een werkkamp van de

Sovjets in Siberië. De rest van hun leven repten ze met geen woord over hun oorlogservaringen tegen hun kinderen Fruma, Nechama en Aaron, en Hillel, hun jongste zoon, die na de revolutie werd geboren. Imi werd tandarts in Bonyhád, maar een paar jaar later verliet hij met zijn gezin onze geboorteplaats om tweehonderdvijftig kilometer verderop een nieuwe start te maken, in Sopron, tegen de grens met Oostenrijk aan. Ik wist dat hij van het Sovjetregime ander werk moest zoeken. Hij begon toen metalen gereedschappen en klokken te maken, en kon alleen maar in het geheim als tandarts werken, vanuit de slaapkamer van zijn kinderen.

Maar in 1956, toen de revolutie uitbrak, wist ik niet wat hij zou gaan doen. Maandenlang hoorde ik niets van hem.

Sommige Joden in Hongarije schaarden zich achter de communistische regering, maar andere werden gevangengenomen, of zelfs vermoord, omdat ze de opstand hadden gesteund. In heel Hongarije werden Joden aangevallen, als het niet was omdat ze communist waren, dan wel gewoon omdat ze Jood waren. Naar schatting tweehonderdduizend Hongaren ontvluchtten het land, onder wie twintigduizend Joden, een vijfde van de overgebleven Joodse bevolking van het land.

Het valt niet mee om te achterhalen wat er met Imi gebeurde. Hij vertelde me nooit veel. Maar toen de revolutie op 4 november op brute wijze door Moskou werd gebroken, grepen Imi en zijn gezin de kans om te vluchten. Edits broer wist de kaarsen veilig te stellen, plus een paar jeugdfoto's, zilver, linnen en beddengoed uit het huis in Bonyhád, en voegde zich toen bij Imi, Edit en de kinderen in Sopron. En toen lieten ze al hun andere bezittingen achter om zich bij de massale exodus te voegen.

De Sovjets hadden de belangrijkste routes naar Oostenrijk en Joegoslavië afgesloten. Toch gingen duizenden vluchtelingen op pad, te voet, met karren of op de fiets, en weer namen ze alleen mee wat ze konden dragen. Het was bitterkoud. Hun route voerde door bevroren moerassen, en hoewel ze kleine kinderen bij zich hadden, hadden ze eigenlijk geen keuze en moesten ze proberen de grensrivier over te steken met behulp van geïmproviseerde bruggen van planken en boomstammen.

Imi en zijn gezin gingen op weg naar de grens met Oostenrijk. Daar stonden vluchtelingenorganisaties klaar om hen op te vangen en hen in vrachtwagens over te brengen naar vluchtelingenkampen. Verschillende landen stelden hun grenzen open voor Hongaarse bannelingen, maar natuurlijk wilde Imi per se naar Israël. Hij was vastbesloten zich met ons te herenigen na al die jaren gescheiden van elkaar te hebben geleefd. In Wenen meldde de familie zich aan voor emigratiehulp bij de organisatie AJDC, het American Jewish Joint Distribution Committee, beter bekend als de 'Joint'. De AJDC had in het geheim duizenden Joden helpen emigreren uit de door de nazi's bezette landen in Europa. Toen de Britten begonnen met het interneren van Joden die zonder legale immigratiepapieren in Israël aankwamen, ondersteunde de AJDC de geïnterneerden in de kampen op Cyprus.

Hun namen werden op de registratiekaarten van de AJDC genoteerd in een mengeling van Engels en Hongaars: Imre en Edith, en hun kinderen Agnes, Sûsi en Peter – namen die ik hem nog nooit had horen gebruiken. Fruma, oftewel Agnes, de oudste, die net zeven was geworden, was net zo oud als Esti. Edit was achtentwintig, net iets ouder dan Piri.

Het gezin kwam berooid in Israël aan. Ze konden niet eens rechtstreeks komen en moesten een tijdje in een kamp op Cyprus blijven, waardoor we niet van hun komst op de hoogte konden worden gesteld. Op de een of andere manier kreeg René een berichtje, en volgens mij kon ze nog net op tijd naar Haifa komen om het gezin van de boot af te halen. Ik stel me zo voor dat ze daar in de haven stond te wachten en ingespannen naar de passagiers keek die over de reling gebogen stonden. Ze herkende hem ogenblikkelijk. We leken nog steeds erg op elkaar.

René en Piri brachten Imi en zijn gezin zo snel mogelijk naar onze flat in Tel Aviv. Het was een onvergetelijk moment toen ik de deur opendeed. We waren allemaal zó opgewonden om elkaar weer te zien. We hadden Imi voor het laatst gezien toen hij een jonge jongen was, en hier stond een volwassen man, met drie kinderen. Ik kende Edit alleen maar van naam uit onze brieven, maar vanaf het allereerste begin was het alsof ze een zus van me was. We hadden vergelijkbare oorlogservaringen, en dat vormde een stilzwijgende band. Ze was heel open en zorgzaam, en al snel ontstond er een hechte band tussen ons. Ze was een perfecte schoonzus, en een fantastische echtgenote en moeder.

Toen Imi zo plotseling bij ons voor de deur stond, droeg ik zoals altijd de ketting die hij had veiliggesteld. In de kampen had ik het sieraad stiekem bewaard, en nu deed ik het nooit af. We waren bij ons eerste weerzien ontzettend blij, maar ook een beetje verdoofd; het was verbijsterend om aan al die verloren jaren te denken, al die tijd dat we gescheiden van elkaar waren geweest en nooit elkaars partner of kinderen hadden ontmoet. We werden overspoeld door gemengde gevoelens. We waren allemaal druk bezig met alle neefjes en nichtjes aan elkaar voorstellen, te overdonderd door alle nieuwe mensen die er twaalf jaar geleden nog niet waren, toen we in het getto van Bonyhád afscheid van elkaar namen. Ik vergat het hem te laten zien. En het viel Imi niet op wat voor kettinkje ik droeg.

De volgende keer dat we elkaar troffen, waren we allebei een stuk rustiger.

'Lily!' riep hij op een gegeven moment uit, en zijn ogen begonnen te schitteren. 'Je hebt je prachtige kettinkje nog steeds. Niet te geloven!'

'Allemaal dankzij jou,' zei ik.

'Ik durfde al bijna niet te hopen dat je zelf in leven was gebleven! Hoe is het in hemelsnaam mogelijk dat je kettinkje de oorlog ook heeft overleefd?'

En toen lieten René en Piri hem hun handen zien.

'En de ringen ook! Dat is niet te geloven, zeg!' zei Imi.

'Weet je nog die geheime bergplaats die je in de hak van Anyuka's schoen had gemaakt?' zei ik.

'Natuurlijk weet ik dat nog! Maar ik had nooit gedacht dat die zo lang mee zou gaan. Niet te geloven dat jullie je schoenen mochten houden.'

'Dat snapten wij ook niet. Het was heel ongebruikelijk.'

Ik vertelde hem dat de hak uiteindelijk was afgesleten en dat ik de sieraden steeds in hompjes brood had verstopt en ze op die manier had weten veilig te stellen. Ik liet hem ook het zakje zien waarin ik nog steeds moeders oorbellen bewaarde.

Imi glom van trots om zijn eigen vooruitziende blik van destijds. Edit gaf hem een duwtje.

'Ik moet jullie ook iets laten zien,' zei hij. 'Je raadt nooit wat ik heb gevonden toen ik weer naar Bonyhád was gegaan.'

'Onze sjabbatkaarsen!' riepen mijn zussen uit. Ze wisten het al. 'Hij heeft ze bij zich!'

Imi sloeg een arm om zijn vrouw, die net zo verheugd was als hij door onze reactie.

'Edit heeft er maanden op zitten poetsen. Dankzij haar zijn ze weer in hun oorspronkelijke pracht hersteld. Ik was bang dat ze onherstelbaar beschadigd waren door het chemische goedje dat ik gebruikt had om ze zwart te maken.'

'Dus het is helemaal aan jou te danken, Imi, dat we allemaal één schat van vroeger hebben,' zei ik tegen hem. 'Je weet niet hoeveel het al die jaren voor ons heeft betekend. Een aandenken hebben aan onze jeugd, en aan moeder. En ook aan jou, toen we bang waren dat we je voor altijd waren kwijtgeraakt. Al die jaren waarin we niet wisten of we je ooit nog terug zouden zien.'

Ik draag dat hangertje nog steeds elke dag, vaste prik, ter nagedachtenis aan mijn familie. Het is een constante herinnering aan wat er verloren is gegaan en aan wat de oorlog heeft overleefd.

We woonden inmiddels in een grotere flat, dus Imi en Edit en de kinderen konden een tijdje bij Shmuel en mij komen wonen. Ze vonden het niet gemakkelijk om helemaal opnieuw te moeten beginnen, zonder geld, en zonder contacten, afgezien van ons. Het waren nog steeds moeilijke tijden voor iedereen in Israël. En er waren nu zoveel mensen bij gekomen in Tel Aviv... De stad was in tien jaar tijd, sinds onze komst, twee keer zo groot geworden.

Imi was heel onafhankelijk. We hielpen hem met het vinden van een baan in Tel Aviv, maar hij wilde liever naar Jeruzalem. Onze nieuw neef Imi hielp hem de eerste tijd om alles op poten te zetten, en die twee werden al snel zeer goede vrienden. Hij vond een klein huurflatje en regelde alles in een mum van tijd. Al snel had onze broer Imi een eigen tandartsenpraktijk, met veel patiënten, aangezien hij buitengewoon goed was in zijn vak. Hoe hij zijn geld verdiende is mij een raadsel, omdat hij altijd zo vrijgevig was. Sommigen van de oude jisjoev, die al tientallen jaren eerder naar Jeruzalem waren gekomen, of zelfs eeuwen geleden, of wier voorvaderen altijd in de zuidelijke Levant hadden gewoond, waren straatarm. Toch verzorgde hij met alle liefde hun gebit en bracht dan niets in rekening. Hij was echt een van de aardigste mensen die ik ooit ben tegengekomen.

Nu de hele familie eindelijk weer bij elkaar was, nu een heel nieuwe generatie bij elkaar opgroeide, en neven en nichten tijd met elkaar doorbrachten, waren we heel gelukkig. Tegen het eind van 1957 diende zich bij Shmuel en mij nog een kindje aan: onze zoon Ahron, die naar mijn vader werd vernoemd, net als de zoon van René. We noemden hem Roni. Terwijl ik van de bevalling herstelde, zorgde René voor Esti en Bilha, die allebei door het dolle heen waren nu ze een broertje hadden gekregen. Iedereen had deze keer gehoopt op een jongetje en hij was de prins van de familie, zoals je je kunt voorstellen. Weer een heel gemakkelijk kind, dat door iedereen ontzettend verwend werd.

1960

Toen Adolf Eichmann onze deportatie naar Auschwitz-Birkenau organiseerde, veranderde hij mijn leven. Hij was het meesterbrein achter de moord op de Hongaarse Joden. Eichmanns proces in Jeruzalem in 1961 veranderde alles ten tweeden male.

Dit was niet het eerste openbare proces in de jaren na de oorlog. Het proces van Neurenberg had al plaatsgevonden, waarin was aangetoond dat de nazi's misdadigers waren, maar niemand sprak toen van de Holocaust, niet op de manier waarop dat tegenwoordig gebeurt. De slachtoffers werden nauwelijks gehoord. In Israël waren al kapo's berecht; overlevenden die verdacht werden van collaboratie werden nagetrokken en in het beklaagdenbankje gezet. Dit betrof de Joodse functionarissen in de getto's en de kampen. Maar vreemd genoeg besteedden de kranten er geen of nauwelijks aandacht aan.

En dan had je ook nog het proces-Kasztner. Dat ging eigenlijk niet om iets soortgelijks, maar draaide om smaad: de man die de treinreis had georganiseerd waardoor mijn oom en tante Hongarije konden verlaten, en die nu als ambtenaar in Israël werkte, werd ervan beschuldigd met de nazi's te hebben samengewerkt. Ik vond ze allemaal totaal geschift, iedereen die erbij betrokken was en bekvechtte over wat er precies gebeurd was, en dat allemaal om politieke redenen.

Sommigen vonden Kasztner een held, anderen beschouwden hem als een verrader. En de waarheid is volgens mij dat de arme man geen van beide was. Hij was een normaal mens dat probeerde te doen wat hij kon in onmogelijke tijden. De rechter achtte hem schuldig en oordeelde dat hij zijn ziel aan de duivel had verkocht. Nog geen twee jaar later werd de ongelukkige Kasztner op straat vermoord, voor zijn huis in Tel Aviv, op sjabbat, maart 1957. Het hele land reageerde geschokt. Het was afschuwelijk, en dat werd nog erger door het feit dat het hooggerechtshof niet lang na zijn dood het oorspronkelijke vonnis grotendeels herriep.

Het was dus gewoon onmogelijk om de Shoah te vergeten. Hoe we ons best ook deden, altijd gebeurde er wel iets waardoor we er weer aan herinnerd werden.

Ondertussen bestond een kwart van de bevolking van Israël uit overlevenden. Toch werd er nog niet over de oorlog gepraat. Toen we dat vlak na de oorlog hadden geprobeerd, bleek dat niemand ons echt geloofde. Men kon eenvoudigweg niet bevatten wat we allemaal hadden moeten doorstaan. Zoals ik al zei, deden wij allemaal precies hetzelfde, en ik besprak het niet eens met mijn zussen of mijn vrienden. We hielden alles voor ons en verdrongen onze herinneringen. Op de een of andere manier dachten we dat het niet weer zou kunnen gebeuren zolang we er maar over zwegen. We dachten, en we hoopten, dat we alles achter ons konden laten.

Dat deden we vooral voor de kinderen. Ik wilde niet dat ze ooit iets over de Holocaust te weten zouden komen. Wat voor zin zou dat namelijk hebben? Zo dacht ik er toen over. Wat hadden zij eraan als ze hoorden wat mij en de rest van de familie allemaal was overkomen? Wat had ik eraan als ik erover begon? We hadden ervaren hoe het was om van je menselijkheid beroofd te worden. Misschien, op de een of andere rare manier, schaamden we ons er ook voor. Misschien speelde er ook wel een zeker schuldgevoel mee. Wij hadden de oorlog overleefd, terwijl er zovelen waren doodgegaan. In de processen werd gepoogd iedereen af te schilderen als held dan wel als schurk. Men deed het voorkomen alsof alleen slechte mensen de oorlog hadden overleefd. En alsof alle rechtschapen mensen in het verzet hadden gezeten.

En toen, in mei 1960, werd Adolf Eichmann in Buenos Aires opgepakt door de Mossad, de Israëlische geheime dienst. Eichmann, de grootste moordenaar van Joden in Europa. De man die het had geregeld dat we op uiterst efficiënte wijze om het leven werden gebracht. De ambtenaar die beweerde dat hij alleen maar deed wat hem werd opgedragen. In april van het daaropvolgende jaar, dezelfde maand als die waarin Joeri Gagarin als eerste mens om de aarde cirkelde, stond Eichmann in Jeruzalem terecht.

Dit proces verliep heel anders dan dat in Neurenberg. De ene na de andere overlevende werd als getuige opgeroepen, en voor het eerst vertelden ze hun verhalen in het openbaar. In zekere zin werden ze zelf beoordeeld. Ik kan me nauwelijks voorstellen hoe dat geweest moet zijn. Een van hen zakte in elkaar en raakte door alle stress in coma. Over de hele wereld werd verslag gedaan van de lange en schokkende verhalen. Dit ging niet over documenten, dit ging over mensen. De aanklagers wilden niet slechts één man berechten, maar waren erop uit om de kijk van de hele wereld op de Holocaust te veranderen, om de genocide in haar totaliteit aan het licht te brengen. Ze wilden dat de volgende generatie in Israël te horen kreeg wat er werkelijk gebeurd was.

En dat was precies hoe het ging. De poorten werden geopend. De kennis werd verspreid. Ogen werden geopend.

Week na week, avond na avond werd er op de radio en in alle kranten over bericht. Plotseling werd iedereen in Israël die die tijden niet had meegemaakt in Europa geconfronteerd met de verschrikkelijke details van de genocide.

Daarna konden we niets meer verborgen houden.

Mijn kinderen waren nog heel jong. Op 1 juni 1962, toen Eichmann werd opgehangen in een gevangenis in Ramla, was Esti dertien, Bilha was tien en Roni nog maar vier. Nog steeds had ik het er met hen niet over gehad. Ik kon gewoon geen woorden vinden om het uit te leggen, ook al had ik het gewild. Zelfs nu nog is dat deels het probleem.

Om elkaar binnen het gezin te beschermen (althans, zo dachten we erover) bleven we zwijgen over de Holocaust, zowel kinderen als ouders. Ze vroegen me er nooit naar. En uit mezelf begon ik er niet over. Maar we konden de waarheid natuurlijk niet verborgen houden. Kinderen gaan naar school. Ze praten met elkaar. Ze ontdekken bepaalde dingen, dingen die ze niet van jou horen. En ik droeg het bewijs met me mee, overal heen, net als hun tantes. Die blauwe nummers zeiden zoveel, ook al deden we er zelf het zwijgen toe.

Zo kwam het, ondanks de moeite die ik me getroost had, dat mijn kinderen opgroeiden met de last van het verlies, waarvan ik gehoopt had dat ze die nooit hoefden mee te torsen. We probeerden de gemankeerde familiegeschiedenis te compenseren door onze kinderen met van alles te overladen, zowel emotioneel als materieel: meer geborgenheid, meer liefde, meer geld en aardse goederen dan we zelf hadden gehad. We hielden ze ook angstvallig in de gaten en wilden voortdurend weten waar ze waren. We vonden het verschrikkelijk als ze uitgingen en het laat maakten – binnen de kortste keren was een van ons dan al gaan kijken waar ze bleven.

Ik ben voortdurend ontzettend voorzichtig met alles. Het is mijn tweede natuur geworden.

'Je weet maar nooit wat er morgen gebeurt,' waarschuwde ik de kinderen als ze iets weg wilden gooien. 'Hou het maar, voor de zekerheid...'

Esti en Bilha en Roni deden soms net alsof ze geen honger hadden, voor het geval ze meer eten voorgezet kregen dan ze op konden, want ze wisten maar al te goed dat ze hoe dan ook hun bord moesten leegeten, tot op de laatste kruimel. Alle neven en nichten groeiden op met het besef dat eten iets kostbaars was, en brood al helemaal. Mijn zus René hamsterde altijd dwangmatig suiker. Niet te geloven hoeveel pakken ze altijd in huis had. Voor het geval er met Pesach een ramp zou gebeuren, bewaarde ze zelfs pakken koosjere suiker voor dat feest in een speciaal laatje, voor zolang als dat goed bleef.

'Zal ik dit weggooien?' vroeg haar zoon Aaron op een keer.

'Nee! Alsjeblieft niet, zeg!'

'Maar die suiker is zo hard als steen! Die is toch niet meer te gebruiken?' wierp hij tegen.

'Zolang we suiker en water hebben, gaan we niet dood,' zei ze tegen haar kinderen. 'Beter mee verlegen dan om verlegen. Je weet nooit wat er kan gebeuren. Dat weet je gewoon niet.'

Als ze ooit zag dat iemand eten weggooide, barstte ze in tranen uit.

Na het proces bleef het gevoel van opluchting uit. Het was een schrale troost dat iedereen nu in elk geval wist van die afschuwelijke tijden, vooral van wat er in 1944 in Hongarije was gebeurd. De verontrustende snelheid van de hele operatie. De onschuld en onwetendheid van de slachtoffers. Als ik iets voelde toen Eichmann werd veroordeeld, was het wel woede. Want het was niet slechts één man die verantwoordelijk was. Het waren er zoveel. Men zou Eichmann tegengehouden kunnen hebben als de wereld het zich iets meer had aangetrokken. Als men had geluisterd toen het nog niet te laat was. Ik was woedend op de hele wereld omdat niemand ook maar een vinger had uitgestoken om de Holocaust tegen te gaan. Overal – in Hongarije, in Europa, in Amerika – hadden mensen beschamend weinig gedaan om de genocide te voorkomen. Wanneer mensen destijds hun nek uitstaken en vertelden wat er gaande was, wilde niemand luisteren. De wereld deed er het zwijgen toe.

1967

Shmuel was een echte familyman, die ook heel warm en meelevend kon zijn. Maar als vader was hij streng, en nogal overheersend, wat thuis weleens spanningen opleverde. Stress op het werk had daar veel mee te maken. Er waren verschillende bedrijven die hij runde, en hij had het altijd druk – niet het type dat hobby's had of eens los van het werk wilde komen. Hoewel hij erg van muziek kon genieten en het heerlijk vond om te zingen, vond hij het steeds moeilijker om zich te ontspannen naarmate hij ouder werd. Hij had nooit meer tijd om een potje te schaken. Met een opgroeiend gezin om voor te zorgen, voelde hij zich steeds verantwoordelijker en wierp hij zich nog meer op zijn werk. Ondertussen waren uitbraken van geweld aan de grenzen van Israël een constante bron van zorg.

Misschien was het dan ook niet verwonderlijk dat hij rond zijn veertigste, toen de meisjes naar de middelbare school gingen, problemen met zijn gezondheid begon te krijgen.

Niets ernstigs, zo leek het in het begin althans. Ik merkte dat hij steeds vaker gespannen en geïrriteerd was, en dat zijn humeur steeds onvoorspelbaarder werd. De kinderen liepen op eieren als hij thuis was. Geleidelijk raakte hij steeds vaker buiten adem, en toen begon hij pijn op de borst te krijgen, en in zijn linkerarm. Ik stuurde hem naar de huisarts. We vertelden de kinderen natuurlijk niet wat er aan de hand was. We wilden ze niet bang maken. Maar we wisten dat het zijn hart was.

Op een dag, eind mei, kreeg hij een ernstige hartaanval. Het was allemaal zo beangstigend dat ik niet eens meer weet wat het eerst en wat het laatst gebeurde. Ik weet alleen nog goed dat we allemaal ontzettend bang waren. Het was zo'n enorme schok. Een man als Shmuel, zo'n rots in de branding voor mij, altijd alles onder controle, lag zomaar in het ziekenhuis met allerlei buisjes in zijn lijf en was niet eens in staat om zonder hulp een slokje water te nemen.

Ondertussen verslechterden de banden met onze Arabische buren steeds meer. Eigenlijk was het sinds de conflicten in 1947 tot 1949 niet meer goed gekomen. De impact van de Suezcrisis in 1956 was nog jaren na dato voelbaar en leidde regelmatig tot botsingen aan de grens. In 1967 stonden we weer op de rand van oorlog. De spanningen liepen op over de toegang tot water- en transportroutes. Nadat de aangrenzende Arabische landen een militair pact hadden gesloten, verdreef de president van Egypte, Nasser, het noodleger van de Verenigde Naties uit de Sinaï, onze grens met dat land. In reactie daarop mobiliseerde Israël het reservistenleger. Het was zeer beangstigend.

Shmuel was toen natuurlijk veel te oud om opgeroepen te worden, en bovendien liet zijn gezondheid te wensen over, maar de spanning vanwege de politieke situatie was er bij ons niet minder om. Israël leek in het Midden-Oosten in een geïsoleerde positie te zijn geraakt. Pogingen om internationale diplomatieke steun te vragen waren op niets uitgelopen. Weer leek de kans niet denkbeeldig dat we als land letterlijk van de kaart geveegd zouden worden.

Maar ik maakte me nog het meest zorgen om de gezondheid van mijn man. En daarom dacht ik weer aan Zwitserland. Het heerlijke klimaat in de bergen stond me nog helder voor de geest, een sterk contrast met de hitte van de woestijn. Ik wist dat Zwitserse artsen een uitstekende reputatie hadden. Ik besloot dat Shmuel het beste uit Israël weg kon gaan, zodat hij de zorgen om zijn werk achter zich kon laten en in Zwitserland behandeld kon worden en daar kon herstellen.

Het plan was om een korte tijd weg te blijven. Een rustpauze. Frisse lucht. En Shmuel zou dan als herboren terugkomen. Daar was onze hoop op gevestigd. We hadden een geweldige hulp, Ilonka, die zo bij de familie hoorde dat we haar Ilonkanéni noemden, tante Ilonka. Ze woonde in Bnei Brak en kwam elke ochtend langs om me te helpen met het huishouden. We spraken af dat zij in de flat zou blijven om voor de kinderen te zorgen, zodat ik met Shmuel naar Zwitserland kon gaan.

Alle ellende en ontzetting die we meer dan twintig jaar daarvoor hadden ervaren, toen we als kwetsbare weeskinderen naar Zwitserland waren gebracht, had ik in mijn hoofd verdrongen door de gelukkige herinneringen aan de tijd die daarop volgde. Zwitserland was de plek waar ik weer mens was geworden, en het leek me fantastisch om Berta en Rosalin na zo'n lange tijd weer te zien en ze aan mijn man voor te stellen. Ze hadden me verzorgd toen ik gebroken was, en sindsdien hadden we steeds contact gehouden.

En de eerste dagen vonden we het heerlijk om alle plekken te bezoeken die ik me zo goed kon herinneren.

'Kijk! Zie je dat?' zei ik steeds tegen Shmuel. 'Bij dat balkonnetje daar was mijn kamer.'

'Zie je dat daar? Dat is waar we op de foto gingen, je weet wel, toen we ons hadden opgedoft.'

'En die tafel daar... Daar spraken we altijd af met de jongens. O, moet je nou eens kijken, dat gebouw waar ze toen zaten is weer een gewoon hotel geworden.'

Wanneer we gingen wandelen en dorpjes in de omgeving bezochten, kwamen de herinneringen weer snel boven aan de uitjes die we met z'n allen hadden ondernomen.

Maar al snel werd onze rust verstoord. Op 5 juni bereikte ons afschuwelijk nieuws: Israël had 's morgens bij zonsopgang luchtaanvallen op Egypte uitgevoerd. In de Gazastrook en de Sinaï vonden grondaanvallen plaats. In het Midden-Oosten was een grootscheeps conflict uitgebroken, dat bekend zou komen te staan als de Zesdaagse Oorlog.

Ik vond het afschuwelijk dat ik in deze gevaarlijke en onzekere tijd niet bij mijn kinderen kon zijn. Maar ik kon Shmuel niet achterlaten, en hij was in elk geval niet fit genoeg om de vliegreis naar huis aan te kunnen. Sterker nog: het werd zo langzamerhand duidelijk dat zijn herstel langer zou duren dan we hadden verwacht en dat hij meer medische zorg nodig had.

Het was een enorm dilemma voor me. In zo'n moeilijke tijd wilde ik mijn kinderen uiteraard dicht bij me hebben. We hadden in ons gezamenlijk bestaan nog nooit zo ver van elkaar af gezeten. Bilha en Roni waren toen vijftien en negen, maar Esti was achttien en zat in haar laatste schooljaar, midden in de tentamens, de *Bagrut*. Bij ons in de familie was onderwijs heel belangrijk, en we vonden dat er veel van de eindexamenresultaten afhing. Die wilden we niet in gevaar brengen, maar omdat we niet wisten wanneer Shmuel veilig terug kon keren naar Israël, en omdat we niet langer van onze kinderen gescheiden wilden zijn, leek het ons het beste dat Bilha en Roni naar Zwitserland kwamen. Esti bleef thuis om haar school af te maken.

Er moest heel wat geregeld worden. Volgens mij had ik nog nooit eerder zoveel internationale telefoontjes gepleegd als toen.

Ik kon nauwelijks geloven wat ik deed. Ik had de kinderen altijd ontzettend gekoesterd. Elke stap die ze deden had ik in de gaten gehouden. Ik had ze praktisch nooit alleen de straat over laten steken. Ik heb zelfs nooit aan Bilha gevraagd of ze op Roni wilde passen. Maar moest je nu eens zien: ik liet die twee in hun eentje een complete intercontinentale vliegreis maken! Shmuels broer Tzvi hielp een handje door de vliegtickets te regelen en zijn twee nichtjes veilig naar het vliegveld te brengen. Bilha was altijd al een onafhankelijk tiepje geweest, die redde zich prima. Het moet moeilijk voor haar zijn geweest om zonder Esti op pad te gaan, en ook voor Esti moet het moeilijk zijn geweest, nu we zo ver weg waren, in zo'n beslissende periode in haar leven, maar we hadden geen keuze. Ik wist dat ze goed verzorgd werd door Ilonkanéni en mijn zussen en Shmuels familie. Ze was omringd door neven en nichten.

De Zwitserse artsen maakten zich nog steeds zorgen om Shmuels hart. Wat konden we doen?

Heel wat jaren voor het begin van de Tweede Wereldoorlog trouwde de dochter van een van de volle neven van mijn vader, Klári Sternberg, met een Hongaar die in Londen woonde. Zij was daar toen ook gaan wonen, maar kwam nog heel regelmatig in Bonyhád om haar oma te bezoeken. Zij en haar man woonden met hun twee zonen in Golders Green. Ze was de aardigste persoon die we kenden.

'Kom hierheen, dan kunnen jullie Sjavoeot bij ons in Londen vieren,' stelde ze voor. 'Ik zoek wel een goede hartspecialist voor je, zodat Shmuel een second opinion kan aanvragen.'

Half juni heetten de Sternbergs ons vieren van harte welkom in hun huis. De ontvangst was uitermate warm en gastvrij. Klári maakte ons wegwijs, stelde ons voor aan haar vriendenkring en nam ons mee naar balletvoorstellingen.

Alleen Bilha sprak een beetje Engels, dat ze op school had geleerd. De rest van ons was tamelijk hulpeloos. Bilha vond al snel haar draai en was zo goed in het sluiten van nieuwe vriendschappen dat ze zich al snel aansloot bij een jongerengroep in de plaatselijke synagoge. Ik was bang dat ze zou verdwalen, maar het was niet ver. Nadat Klári had uitgelegd hoe ze moest lopen, ging ze enthousiast op pad. Ik was heel benieuwd hoe het zou gaan en ik maakte me een beetje zorgen, zoals altijd wanneer de kinderen uit het zicht waren.

De uren gingen voorbij, zonder dat we iets van haar hoorden.

Ik keek steeds uit het raam. Niets.

'Wat moeten we doen?' zei ik. 'Het is al bijna donker!'

'Misschien is ze met een van de andere meisjes naar huis gegaan,' opperde Klári. 'Ik weet zeker dat ze elk moment terug kan zijn.'

Na een tijdje begonnen we in de buurt naar haar te zoeken. Shmuel lag boven te rusten. Ik wilde hem niet ongerust maken.

'Zou ze het adres zijn vergeten?'

Ik zag al voor me hoe ze probeerde de Engelse straatnaambordjes te ontcijferen, en ik vreesde dat ze steeds meer in paniek zou raken en bang zou zijn dat ik me zoveel zorgen zou maken.

Toen ik terugging naar het huis, stelde ik me voor dat ze daar al op me zat te wachten. Bij dat idee raakte ik zelfs een beetje ontstemd. Hoe haalde ze het in haar hoofd om ons zo in de piepzak te laten zitten?

Maar ze bleek nog steeds niet thuis te zijn.

Ik begon me steeds meer zorgen te maken. Het werd nu echt donker. Moesten we de politie bellen? Moesten we weer naar buiten om haar te gaan zoeken? Er kon wel van alles gebeurd zijn. Klári probeerde me tot bedaren te brengen. We mogen Shmuel niet ongerust maken, hield ze me voor. Omdat ik niet wilde dat hij in de stress zou schieten, maakten we ons klaar voor de nacht en hoopten er maar het beste van.

Eindelijk, ontzettend laat, werd er op de deur geklopt. Het was een van de buren.

'Heb je het al gehoord? Er is een Israëlisch meisje aangereden. Volgens mij is het jullie nichtje.'

Klári vertaalde het snel voor ons.

'Bilha!' riep ik uit. 'Wat is er gebeurd? Waar is ze?'

'Het ambulancepersoneel dat haar hielp wist niet wie ze was of waar ze vandaan kwam. Maar in haar zakken vonden ze een papiertje waar een Hebreeuws lied op stond. Ze zijn de deuren langsgegaan om te vragen of iemand haar kende,' legde mijn nicht uit. 'Ze hebben haar naar New End Hospital gebracht.'

Dat was afschuwelijk om te horen. Ik kon nauwelijks op mijn benen blijven staan.

'Snel! We moeten er meteen heen!'

Terwijl Shmuel en Roni nog sliepen, stormden we naar buiten en stapten we in Klári's auto. We raceten naar het ziekenhuis in Hampstead, met onze nachtkleding nog aan. We hadden geen idee hoe slecht Bilha eraan toe was. We wisten niet eens of ze het überhaupt zou overleven.

Toen we daar aankwamen, zagen we dat haar hele hoofd in het verband zat en dat ze nog niet bij bewustzijn was. Haar gezicht zat onder de kneuzingen en was op verschillende plaatsen verbonden. Ze zag er ontzettend vreemd en bleek uit en lag roerloos in het ziekenhuisbed, terwijl verpleegsters en artsen de hele tijd langskwamen om te kijken hoe het met haar ging. Het was overduidelijk zeer ernstig.

Ik dwong mezelf kalm te blijven, maar paniek lag op de loer. We bleven de hele nacht bij haar bed zitten. Steeds wanneer de artsen met Klári praatten, laaide mijn angst op, omdat ik niet begreep wat ze zeiden.

Stel dat ze nooit meer bij kennis zou komen? Stel dat ik haar nooit meer zou zien glimlachen? Zou ik dat ooit aankunnen? Ik zag mezelf al Shmuel vertellen dat onze dochter dood was, God verhoede. Nadat ik haar mijn hele leven altijd zo goed beschermd had... Hoe had ik dit kunnen laten gebeuren?

De volgende ochtend kwam Bilha eindelijk bij kennis. Klári en ik waren steeds bij haar gebleven. Ik zal nooit het moment vergeten dat ze haar ogen opsloeg. Ik zal nooit vergeten hoe vriendelijk en zorgzaam iedereen was. We waren volslagen vreemdelingen in dat land, maar ze behandelden ons gewoon als mensen die hulp nodig hadden. Over geld werd niet gesproken. De prioriteit lag bij het redden van Bilha's leven, ongeacht wie we waren of waar we vandaan kwamen.

Klári nam contact op met de arts die Shmuel had behandeld, om te vragen of die hem een kalmeringsmiddel kon geven. En toen vertelden we hem van het ongeluk.

Hoewel ze nog weken in het ziekenhuis moest blijven, en ze zulk ernstig letsel had opgelopen dat ze aan haar gezicht geopereerd moest worden, was het belangrijkste dat ze nog leefde. Maar haar prachtige gezicht... Ik wilde niet dat Bilha zichzelf in een spiegel zou zien.

Nu hadden we dus twee patiënten om voor te zorgen. Het was duidelijk dat we voorlopig niet naar Israël zouden terugkeren. We probeerden er het beste van te maken, en Klári bleef voor ons zorgen. Na verschillende operaties en andere behandelingen mocht Bilha uiteindelijk het ziekenhuis verlaten en begon haar herstelperiode.

We konden het niet opbrengen om René en Piri het afschuwelijke nieuws te vertellen. Wat zou dat voor zin hebben, wanneer ze er alleen maar door van streek zouden raken? Ik wilde hen tegen pijn beschermen, en het lukte me niet om die oude gewoonte los te laten. En ik wilde ook Esti, die nog steeds alleen in Israël zat en haar eindexamen deed, hier niet mee opzadelen. Iedereen zou het uiteindelijk moeten horen, omdat Bilha op een gegeven moment een gebitsreparatie zou moeten hebben en ik niet wilde dat iemand anders dat zou doen dan mijn broer Imi. Maar dat moest wachten tot ze genoeg hersteld was om weer naar Israël te vliegen.

Bilha was nog niet zo lang thuis toen we in allerijl de telefoon grepen om het alarmnummer te bellen. Ondanks onze pogingen om Shmuels leven zo rustig mogelijk te laten verlopen, had hij door de stress weer een hartaanval gekregen.

Te midden van dit drama, toen mijn echtgenoot achter in de ambulance werd geschoven, ving een van de broeders een glimp op van Bilha, en hij zei meelevend: 'Ach, wat ziet ze eruit! Wat is er gebeurd?'

Ik sprak nog steeds maar een paar woorden Engels, maar Bilha kon zich al in die taal verstaanbaar maken. Doordat ze wekenlang in het ziekenhuis had gelegen, was haar spreekvaardigheid in het Engels met sprongen vooruitgegaan.

'Ik heb een verkeersongeluk gehad,' zei ze tegen hem. 'Ik stak de North Circular over, en ik denk dat ik onwillekeurig naar links keek in plaats van naar rechts, zoals we in Israël gewoon zijn. Ik ben aangereden door een vrachtwagen met aanhanger.'

'O, hemeltje, dan heb je nog geluk gehad!' zei hij. 'Niet te geloven dat je nu alweer rondloopt. Ik was namelijk degene die als eerste bij je was. Het zag er toen heel akelig uit. Het is een wonder dat je hier gewoon met me staat te praten.'

Wat was het een wonder dat Bilha dit had overleefd. Het zoveelste wonder.

Er moesten nog een paar moeilijke beslissingen worden genomen. De artsen hadden ons afgeraden om met Shmuel te gaan vliegen, en we waren ook bang dat de zomerse hitte in Israël hem weinig goed zou doen.

'Maak je niet ongerust... Jullie kunnen net zo lang bij me blijven als nodig is,' zei Klári. 'Dan kan ik je nog wat meer van Londen laten zien.'

'Maar de kinderen dan? Hoe moet dat met hun school?'

'Er zijn ook scholen in Londen, hoor! Daar wil ik je wel mee helpen. Ik weet wat de beste scholen zijn. Denk je eens in hoe goed ze in Engels zullen zijn als ze daar een tijdje naartoe zijn geweest!'

Het was allemaal tamelijk overweldigend. Weer helemaal opnieuw moeten beginnen, een heel nieuw leven opbouwen in een compleet onbekend land, met een volslagen andere taal en cultuur, op drieënveertigjarige leeftijd? En dat zonder mijn zussen. En ik zou weer niet bij mijn broer kunnen zijn. Dat de familie weer uit elkaar zou vallen, vond ik heel moeilijk. Ik had geen moment gedacht dat we ooit uit Israël zouden hoeven weggaan na de moeite die het had gekost om er binnen te komen.

Daarom nam ik me voor dat ons nieuwe leven in Engeland slechts van tijdelijke aard zou zijn. Hooguit een jaar. Zo gauw Shmuel genoeg hersteld zou zijn, zouden we het vliegtuig terug nemen. Zo snel mogelijk zouden we dan weer in ons oude flatje in Tel Aviv zijn. Ik wilde absoluut niet meer in Europa blijven wonen. Als Jood voelde ik me daar gewoon niet langer veilig.

Door de hele situatie voelde ik me weer een vluchteling. Maar ik hield mezelf voor dat ik me geen zorgen hoefde te maken. Het was niet zo dat we op het punt stonden opgepakt en gedood te worden. Het zou goed zijn. Het móést wel goed zijn. En ik wist precies waar mijn zussen en broer waren. We konden met elkaar in contact blijven door elkaar te schrijven en zo nu en dan te bellen, hoewel een internationaal telefoongesprek destijds nog een hele toer was.

Met behulp van Klári vonden we een goede school voor Roni en Bilha, wat heel belangrijk was voor Shmuel en mij. We vonden een huurhuis in de buurt van Golders Green. Na de zomervakantie bleken Bilha en Roni gemakkelijk vrienden te maken op hun nieuwe school en zich zonder morren aan hun huiswerk te zetten. Shmuel en ik stonden er allebei van te kijken hoe snel ze hun nieuwe taal oppikten. Zelf vonden we dat natuurlijk veel moeilijker, omdat we ook al Hebreeuws hadden moeten leren en een stuk ouder waren.

'Hoe zeg je dit? Hoe zeg je dat?' Shmuel vroeg de kinderen constant dingen. Ze hielpen hem zo goed mogelijk, zodat hij uiteindelijk genoeg Engels kende om zich te kunnen redden. Of ze dat deden uit liefde of uit zelfbescherming? Dat weet ik niet goed. Door de verhuizing en zijn gezondheidsproblemen was hij er als vader niet minder streng op geworden. Hij was iemand wie je niet snel iets kon weigeren. En het ging nog steeds niet goed met hem.

Eind 1967 was het duidelijk dat het vanwege Shmuels gezondheid niet mogelijk was om terug te gaan naar Israël. Daarom zagen we onze verhuizing als een nieuwe kans voor onze kinderen.

Volví hielp Esti mee met het leeghalen van onze flat in Tel Aviv, en Esti vloog naar ons toe. Al snel meldde ze zich aan voor Engelse universiteiten. Eén ding wisten we zeker: het belangrijkste wat je je kinderen kunt meegeven, is een goede opleiding. Dat kan niemand ze meer afnemen. Geld, bezittingen... dat soort dingen kun je allemaal kwijtraken. Maar een opleiding, datgene wat je je eigen hebt gemaakt... dat raak je nooit kwijt.

De kinderen werkten hard en deden het erg goed, eerst op school, daarna op de universiteit. Ze kregen alle drie een interessante en bevredigende carrière. Esti deed de lerarenopleiding en werd uiteindelijk universitair docent met als specialisatie Joodse Studies. Bilha werd psycholoog en gezinstherapeut. En een paar jaar later, nadat hij economie had gestudeerd, werd Roni accountant.

We gingen in de vakanties terug naar Israël, wanneer Shmuel dat qua gezondheid kon hebben, en meestal gingen we dan bij onze families langs, maar we zijn nooit meer in Tel Aviv komen wonen.

We hielden op andere manieren contact met Israël. Op Joodse feestdagen organiseerde Shmuel diensten in een buurthuis aan de overkant van de straat, voor Israëli's in Londen, en vaak ging hij voor in gebed. Dat raakte me erg, vooral op Jom Kipoer, niet alleen omdat hij mijn man was, en de vader van mijn kinderen, maar omdat hij tijdens zijn preken zelf zo emotioneel werd. Hij zong en wiegde met hart en ziel heen en weer. Shmuel had een fantastische stem, krachtig, kleurrijk en intens. Elk jaar begon hij een paar weken van tevoren al te oefenen op de melodieën die we in onze jonge jaren in Hongarije hadden meegekregen, en op de nieuwe liederen die hij in Israël had geleerd. Als ik hem op de Grote Verzoendag het laatste gebed om vergeving hoorde uitspreken, de Ne'ila, dat voorafgaat aan het blazen op de ramshoorn, sprongen de tranen me altijd in de ogen. Ik wist dat ik absoluut niet de enige was.

1973 - 1984

We kregen weer familie-uitbreiding. Beide meisjes trouwden al snel nadat ze hun studie hadden afgerond. Wat bijzonder en vreugdevol was het om Bilha's Julian in de familie te mogen verwelkomen. Deze jongeman was zo op-en-top Engels dat het bijna niet te geloven was. Zijn grootouders kwamen oorspronkelijk uit Roemenië en Polen, maar zijn ouders waren in Engeland geboren. Als tiener ging Julian naar Shmuels favoriete synagoge, Hager's Shul. Hij liep dan in z'n eentje het hele eind vanuit Edgware. Hij had Bilha ontmoet tijdens een jongerenfeest in de Sassover sjoel in Finchley Road tijdens Simchat Thora, de feestdag die het einde en het begin van de jaarlijkse cyclus van openbare Thoralezingen inluidt.

Wat verschilde hun trouwerij van die van ons. En hoeveel rustiger verliepen de beginjaren van hun huwelijk. Gelukkig voor ons allemaal diende ons eerste kleinkind zich al snel aan.

Er was een tijd waarin ik me niet kon voorstellen dat ik ooit moeder zou worden. En in 1974 werd ik oma. Het voelde als een plotselinge transformatie, omdat Bilha me steeds maar niet wilde vertellen wanneer ze was uitgerekend, en ik wist ook niet dat ze op een gegeven moment in het ziekenhuis lag voor een keizersnee. Ze wilde niet dat ik me zorgen zou maken, en Julian mocht het van haar pas vertellen nadat de baby geboren was.

Hij bracht Shmuel en mij met de auto naar het Middlesex Hospital in het hartje van Londen, waar ik baby Nina voor het eerst vasthield, een moment waarop ik zoals alle grootouders met blijdschap en verwondering werd vervuld. Het komt altijd over als een compleet wonder. Maar wanneer je weet wat het heeft gekost om zover te komen, wanneer je erbij stilstaat wat er allemaal verloren is gegaan tijdens de reis naar dit punt, dan heeft het begin van een nieuwe generatie, de derde generatie, echt een bijzondere betekenis. Haar Hebreeuwse naam was de naam van mijn moeder, Nechama. Maar Bilha wist niet eens dat Anyuka meestal Nina werd genoemd. Haar keuze om haar kind zo te noemen was buitengewoon bijzonder.

Traditioneel vernoemen Joden uit Midden- en Oost-Europa hun kinderen naar een familielid dat recent is overleden, een grootouder of overgrootouder. Hun herinnering wordt via het kind levend gehouden, en het ligt voor de hand dat de nieuwe wereldburgers later nieuwsgierig zullen worden naar degene naar wie ze vernoemd zijn, dat ze zich dat familielid zullen herinneren, dat ze die persoon in ere zullen houden, en hun best zullen doen om naar de goede eigenschappen van die persoon te leven. Op die manier kunnen namen generaties lang meegaan. Meestal vernoemen we kinderen niet naar iemand die onder tragische omstandigheden om het leven is gekomen. De Holocaust vormt daarop een uitzondering. Veel overlevenden vernoemden hun kinderen naar familieleden die de oorlog niet hadden overleefd. Het leek anders een dubbele straf, als hun namen met hen zouden verdwijnen. Imi, René en Piri hebben allen een dochter die Nechama heet, Hebreeuws voor 'troost'.

Esti was ondertussen verliefd geworden op een zoon van een andere overlevende, een jongeman die Mordechai heette en in Duitsland was geboren. Zijn ouders vluchtten destijds naar het buitenland, waren na de oorlog teruggekomen, maar wilden niet dat hun jongens in Duitsland zouden opgroeien, dus daarom stuurden ze hen naar een zeer orthodoxe jesjiva in Gateshead. Misschien is het niet verwonderlijk dat de kinderen van overlevenden naar elkaar toe trokken, omdat ze op een vergelijkbare manier waren grootgebracht. Ze wisten op welke wijze de littekens konden worden doorgegeven. Ik ben ervan overtuigd dat mijn eigen ervaringen in het verleden onze kinderen meer hebben beïnvloed dan we denken, op manieren die moeilijk te begrijpen of te verklaren zijn. Mordechai was waarschijnlijk op dezelfde wijze gevormd.

Door de Holocaust zijn er niet alleen veel mensen omgekomen, meer dan de menselijke geest kan bevatten, maar was er ook iets doodgegaan in degenen die de oorlog overleefden. Het betekende dat overlevenden nooit meer een normaal leven konden leiden, en hun kinderen ook niet, iets wat ik me pas later realiseerde. Misschien ondervond zelfs de generatie daarna nog de gevolgen ervan.

Mijn nicht vertelde laatst dat ze vroeger bij haar thuis altijd de sterfdag van mensen gedachten, niet hun geboortedag. Mensen van haar generatie gingen gebukt onder de afwezigheid van grootouders, oudtantes en -ooms, en de tantes en ooms die in de oorlog waren omgekomen. De kinderen van overlevenden groeiden op met tal van onuitgesproken angsten en probeerden hun ouders te ontzien, terwijl wij juist dachten dat we onze kinderen ontzagen. Mijn kinderen waren slim en intelligent en deden altijd erg hun best op school en op de universiteit. Ze hadden zich voorgenomen te slagen in het leven, alsof succes een soort vangnet kon zijn. En misschien moedigden we dat wel aan. We waren in elk geval ontzettend trots op hun talloze prestaties.

Maar ik wist niet altijd hoe ik hen het beste kon helpen. Zoals de meesten van mijn generatie was het me lang gelukt om dit onderwerp te mijden. Daardoor had ik mijn belofte verdrongen, net als mijn herinneringen.

Ik vond het heerlijk om mijn steentje bij te dragen aan de zorg voor mijn kleinkinderen. Een tijdje leek het wel alsof er elk jaar een bij kwam. Een jaar na Nina werd Esti's eerste kind geboren, Tali. Daarna kwam Nina's zus Daphna, toen kreeg Esti Sharon, en al snel werd Bilha's jongste geboren, Shuli. In 1981 beviel Esti van Danny, en tegen die tijd trouwde Roni met Linda. Die twee hadden elkaar in Londen leren kennen bij een Joodse jeugdgroep, Sinai Youth, en hun eerste dochter, Dalia, werd in 1983 geboren. Wat een kinderen van de volgende generatie. Ik was dolgelukkig en trots.

In de familie en ook daarbuiten bleef de Shoah op de achtergrond meespelen, dat grote onuitgesproken aspect van mijn verleden. Niemand durfde er met mij over te beginnen. Ik kon me nog steeds niet voorstellen dat iemand iets over de Holocaust zou willen horen. In elk geval was ik er zelf nog niet aan toe om de verschrikkingen te beschrijven die ik had moeten verduren. Op een avond, eind jaren zeventig, was ik bij Bilha op bezoek om de kleinkinderen te zien. Het was baddertijd, en zoals gewoonlijk hielp ik mee, met mijn mouwen opgerold tot aan mijn ellebogen, toen de kleine Nina plotseling naar mijn Auschwitz-tatoeage wees.

'Safta, wat is dat? Waarom staan er blauwe cijfertjes op je arm?'

Bilha hield haar adem in. Jaren later vertelde ze Nina hoe overdonderd en aangeslagen ze was geweest door die vraag. Bilha, Esti en Roni waren altijd ontzettend bang geweest dat ze me daardoor van mijn stuk zouden brengen. Het noemen van mijn tatoeage was volstrekt taboe. Niemand in de familie had het er ooit over, al wisten ze er natuurlijk wel van. Hoe kun je zoiets verborgen houden, vooral in een warm land? Maar iedereen deed net alsof het er niet was.

Ik weet niet goed wat ik geantwoord heb. Waarschijnlijk praatte ik eroverheen... Hoe had ik een meisje van vijf in hemelsnaam moeten uitleggen wat Auschwitz was?

1984 - 1985

Shmuel was allang weer aan het werk. Ik probeerde ervoor te zorgen dat hij zich in acht nam en dat hij voldoende rust kreeg, al was het niet altijd makkelijk om hem ervan te overtuigen dat hij eens een dagje vrij moest nemen. Het probleem was dat hij een kettingroker was geweest, net als zoveel mannen van zijn generatie, en toen hij stopte, kwam hij aan. We gingen vaak een paar dagen naar een kuuroord – dat was destijds helemaal in – om een paar pondjes kwijt te raken.

Desondanks kreeg hij in 1984 weer een ernstige hartaanval en belandde hij in het ziekenhuis. Eerst wilde de arts niet opereren, maar toen hij zijn ronde deed, begon Shmuels hart weer te haperen. Een openhartoperatie was de enige manier waarop hij nog enige kans maakte om verder te leven. Toch weigerde Shmuel pertinent om zijn werk los te laten, en hij kon nauwelijks een moment zonder een telefoon naast zijn bed. Ik moest de hoorn uit zijn hand grissen toen hij naar de operatiekamer zou worden gereden.

Ik maakte me vreselijk veel zorgen. In Engeland voelde ik me ontzettend afhankelijk van hem, veel meer dan toen we samen in Israël woonden. Ik sprak nog steeds niet vloeiend Engels. Ik had nog steeds het gevoel een buitenlander te zijn. Nu mijn kinderen het huis uit waren en zelf een partner en kinderen hadden, werd ik helemaal teruggeworpen op mijn man. En altijd was ik bang dat Europa een gevaarlijke plek voor een Jood was.

Ik nam me voor om Shmuel in optimale conditie en gezondheid te houden. Na Chanoeka boekte ik voor ons tweeën een plek in een centrum voor alternatieve geneeskunde in Buckinghamshire. Het was een soort kuuroord, Tyringham Hall. We zouden daar op mijn verjaardag zijn, en met oud en nieuw.

We waren er al eerder geweest, en dat was ons enorm goed bevallen. Het was een zeer schappelijk instituut, en buitengewoon egalitair. Je wist nooit wie je daar ontmoette, rijk of arm, omdat ze er niet in de eerste plaats op uit waren om winst te maken. Nooit werd iemand de toegang ontzegd.

Tyringham was een prachtige plek, een achttiende-eeuws landhuis, met majestueuze trappen en spiegels en een gelambriseerde bibliotheek en prachtige ontvangstruimten die uitkeken op elegante tuinen. Het gebouw lag tussen bossen en akkers. Het regime was streng, maar dat beviel ons goed. Het idee van een holistische benaderingswijze was toen nog tamelijk nieuw. De behandeling was gericht op het stimuleren van het zelfgenezend vermogen, en voeding speelde daarin een grote rol. We kregen alleen zuiverende natuurvoeding, rauwkost en vegetarisch, en alles in zeer bescheiden hoeveelheden.

We hielden ons gewetensvol aan ons programma en deden allerlei gezonde dingen. Als Shmuel van een arts te horen kreeg dat hij drie kilometer moest hardlopen, was hij zo'n type dat dan zes kilometer deed. Een paar weken knabbelden we aan onze minieme porties alfalfakiemen, we klokten weerzinwekkende warme dranken naar binnen die mysterieuze kruiden bevatten waar je slanker en gezonder van zou worden. Vrouwen in witte jassen wogen ons en vertelden ons wat voor oefeningen we moesten doen. We kregen massages en osteopathische behandelingen. Shmuel zwom elke dag in het speciale hydrotherapeutische zwembad, waar je tegen een stroom in kon zwemmen. We waren vastbesloten om pas weg te gaan als we onze targets hadden gehaald. Volgens mij was Shmuel al behoorlijk hersteld.

De avond voordat we naar huis zouden gaan, begon het zeer hevig te sneeuwen. Dikke vlokken dwarrelden in het licht dat door het raam naar buiten viel. Shmuel keek steeds naar buiten.

'Moet je dat eens zien,' zei hij. 'Morgen zijn de wegen onbegaanbaar.'

'Misschien blijft het niet liggen,' zei ik hoopvol. Ik wist hoe vervelend hij het vond om in de sneeuw te moeten rijden. 'Of misschien is het al gesmolten tegen de tijd dat we naar huis gaan. We hebben de hele dag de tijd.'

'We kunnen altijd nog een nachtje extra blijven als het morgen echt te slecht is om de weg op te gaan,' zei hij.

'Goed idee. Als we vrijdag vroeg vertrekken, zijn we nog voor sjabbat thuis.'

De sneeuw lichtte in het donker op. We bekeken onze oefenschema's voor de volgende dag.

'Vergeet niet dat ik morgenvroeg eerst nog even wil gaan zwemmen,' zei hij toen we het licht uitdeden. 'Jij kunt wel blijven liggen tot jouw klasje begint. Dan zie ik je wel bij het ontbijt.'

'Ontbijt!' Ik lachte.

Toen ik de volgende dag wakker werd, had ik het vreemde gevoel dat er iemand bij me in de kamer was. Het was zo'n sterk gevoel dat ik rechtop in bed ging zitten en het licht aandeed. Maar er was niemand te bekennen. Shmuels kant van het bed was leeg. Hij had zich aan zijn plan gehouden. Ik trok een T-shirt en een legging aan en ging naar de fitnessruimte.

De muziek stond keihard, en ik concentreerde me om de instructeur te kunnen volgen en op de maat te blijven bewegen, toen de manager binnenkwam. Hij zocht me. Hij wenkte me en nam me mee naar een kantoortje. Wachtte tot ik was gaan zitten. En toen kwam hij met het afschuwelijke nieuws.

'Mevrouw Ebert, ik ben bang dat uw man in elkaar is gezakt. In het zwembad.'

Ik begreep onmiddellijk wat hij probeerde te zeggen. Het was dus toch gebeurd. Ik had dit moment al zo lang gevreesd. Ik had alles gedaan om het vóór te zijn. Maar nu drong het niet tot me door. Ik was totaal verdoofd, kon mijn lippen niet bewegen.

'We denken met zekerheid te kunnen zeggen dat hij geen pijn heeft geleden. Naar alle waarschijnlijkheid is de dood onmiddellijk ingetreden.'

Ik kon geen woord uitbrengen. Hoe kon Shmuel er nu niet meer zijn? We waren zesendertig jaar getrouwd. Hoe kon het dat ik ineens weduwe was geworden?

Ik dacht dat ik een taaie was. Ik dacht dat ik alles kon overleven. Maar nu, zonder enige waarschuwing, verdampten mijn laatste krachten. Ik voelde me geheel verlaten.

Ik belde mijn zoon Roni, en een paar uur later waren hij en Bilha bij me. Ze regelden alles. Er was zoveel te doen, en ook moesten we zo lang wachten – op de artsen, op de politie, de lijkschouwer, wat al niet. Het duurde zo lang, en ik was niet in staat om ook maar iets te doen. Ik kon het zelfs niet opbrengen onze koffers te pakken.

Hij was zo'n sterke en krachtige man geweest en hij had me al zo lang beschermd. En alle veiligheid en geborgenheid die hij bood waren nu verdwenen, op slag. Veel te vroeg, vond ik. Ik was er niet op voorbereid. Shmuel was drieënzestig toen hij overleed, en ik had net mijn eenenzestigste verjaardag gevierd, hoewel ik officieel nog maar vijfenvijftig was. Sinds ik mijn papieren had gewijzigd om uit Buchenwald weg te komen, had ik niet het goede moment gevonden om de zaken recht te trekken.

Zijn dood was een veel grotere slag voor me dan ik voor mogelijk had gehouden. Het was alsof er eindelijk een dam was gebroken. Alle tranen die ik al die jaren onderdrukt had, kwamen naar buiten. Al het verdriet dat ik binnen had gehouden sinds Auschwitz-Birkenau vond eindelijk een uitweg en mengde zich met de pijn nu ik Shmuel was kwijtgeraakt.

Ik voelde me ontzettend kwetsbaar. Zo ontzettend alleen. Verlies stapelde zich op verlies, alsof alle keren dat ik afscheid van iemand had moeten nemen nog maar net hadden plaatsgevonden. Ik voelde me als een jonge vrouw van wie de moeder net vermoord was. Op brute wijze. Op onvoorstelbare wijze. Een meisje van wie het zusje en broertje net vermoord waren. Iemand die nauwelijks de tijd had gekregen om de dood van haar vader te verwerken. Ik dacht nog steeds aan wat ik hem beloofd had, om na zijn dood voor mijn broertjes en zusjes te zorgen. Ik werd ogenblikkelijk teruggeworpen in het verleden, en dat was ondraaglijk. Ik dacht terug aan mijn nichtjes Hilda en Magda, en onze andere nichten en neven, al mijn tantes, mijn ooms, mijn vrienden uit Bonyhád.

Al het verdriet dat ik had moeten verstouwen kwam met volle kracht terug. Destijds had ik niet kunnen rouwen. Niemand kon het zich veroorloven om verdriet toe te laten. Elk teken van zwakheid leidde onherroepelijk tot de dood. Je moest sterk zijn. Je mocht niet buigen.

We hadden gedacht, mijn zussen en ik, dat onze levens weer 'normaal' zouden worden toen we de oorlog hadden overleefd. Dat we gewoon door konden gaan en het verleden achter ons konden laten.

Maar ondanks het feit dat we ons uiterste best deden om ons te richten op de dagelijkse beslommeringen van het gewone bestaan, konden we door het minste of geringste worden teruggeworpen. En dat zal altijd zo blijven. Soms is het net alsof je twee mensen tegelijk bent.

Nu zie ik in dat ik na de dood van Shmuel eindelijk in staat was om natuurlijker te rouwen dan ooit daarvoor.

Maar destijds had ik het gevoel dat ik er helemaal aan onderdoor ging, zoals dat met verdriet gaat. De wereld rondom me leek in te storten. Het was zeer beangstigend. Er was zoveel onderdrukte pijn, die ik zo diep had weggestopt. Ik wist niet wat er met me aan de hand was. Het was alsof ik niets meer snapte, net als toen in de kampen.

De familie regelde alles. Ik kon niet alleen zijn. Ik logeerde bij Bilha en de kinderen – Nina, Daphna en Shuli – en huilde aan één stuk door. Ik wist niet dat ik zoveel tranen in me had. Zo had ik me nog nooit gevoeld.

Op een ochtend, zo'n drie maanden later, besloot ik dat het genoeg was geweest. Hoe langer ik van huis wegbleef, hoe moeilijker het zou zijn om terug te keren, om op mezelf te gaan wonen. Ik pakte mijn koffer en ging naar beneden om het mijn dochter te vertellen.

'Ik red het nu wel weer,' zei ik.

'Wat bedoel je?' zei Bilha verbaasd.

'Ik wil weer naar huis. Zou je me naar huis kunnen brengen?'

Ik ging terug naar de flat in Londen waar Shmuel en ik hadden gewoond, en daar woon ik nu nog steeds. Ik miste mijn eigen bed, en ik vond het fijn om al mijn spulletjes om me heen te hebben. Maar ik vond het nooit leuk om alleen te zijn op sjabbat, en daarom bracht ik de weekenden om de beurt bij een van de kinderen door. De ene vrijdagavond ging ik naar Esti om daar te blijven slapen, de volgende vrijdag ging ik naar Bilha en de week daarop naar Roni en zijn gezin. Op die manier kon ik ook wat tijd met al mijn kleinkinderen doorbrengen, en uiteindelijk ook met mijn achterkleinkinderen.

1985 - 1988

Ik was niet de enige binnen mijn vriendenkring die iets meer tijd omhanden had dan eerst. Onze uitbreidende families hadden ons niet meer in dezelfde mate nodig als vroeger. Het is anders om oma te zijn – Safta, zoals iedereen me nu noemt. We beschouwden onszelf zeker niet als oud. Maar velen van ons begonnen aan het verleden terug te denken op een manier die we onszelf tot dusverre nooit hadden toegestaan.

Wanneer iemand overlijdt, richt je je blik automatisch op het verleden. Je haalt herinneringen op en denkt veel aan de desbetreffende persoon. Shmuel was de sterke man geweest naast wie ik mijn leven weer vorm kon geven, eerst in Israël en daarna voor de tweede keer in Engeland. Nu zou ik mijn leven een derde keer moeten opbouwen, maar dan zonder hem. Dat viel me heel zwaar. Ik zat ver van mijn zussen en broer af, had geen contact meer met de gemeenschap die we in de begintijd in Bnei Brak vormden en miste de omgang met mensen die dezelfde ervaringen hadden moeten doorstaan als ik.

Ik kon er niet met mijn kinderen over praten. Die hadden het druk genoeg met de zorg voor hun kinderen. Waarom zou ik ze nu lastigvallen met het verleden? Vier jaar later werd Naomi geboren. En na Naomi kwam Shmuel, het eerste kind in onze familie dat werd vernoemd naar mijn overleden man. Ze moesten allemaal verder met hun leven. Ze moesten de blik op de toekomst gericht houden, niet op het verleden. De wereld was langzaam aan het veranderen. Op televisie werden de eerste programma's over de Holocaust uitgezonden, speelfilms en documentaires. Stap voor stap begon de wereld interesse te tonen in de ervaringen van overlevenden. Toch was ik bang dat mijn familie het net zo moeilijk zou vinden om mijn verhaal aan te horen als ik het vond om over de oorlog te vertellen.

Een vriendin, Marsha heet ze, bedacht dat er heel wat van ons waren die met het verleden worstelden, net als zij, en nodigde me bij haar thuis uit om andere overlevenden te ontmoeten. Marsha kwam uit Litouwen, waar volgens sommigen de systematische moorden van de Holocaust echt begonnen. De Joodse bevolking daar had zich al sinds jaar en dag gevestigd, maar praktisch de hele gemeenschap werd binnen drie jaar verwoest, door slachtpartijen, dwangarbeid en vernietigingskampen. Net als in Hongarije waren er veel mensen in Litouwen die zich achter de denkbeelden van de nazi's schaarden en actief aan de genocide deelnamen. Het valt niet mee om dat te verwerken. En in Engeland wisten de meeste mensen er niets van af.

Al snel werd ik de penningmeester van het groepje dat elke week bij elkaar kwam. Die rol lag me wel. Ik vond het al van jongs af aan fijn om anderen te helpen. Het gaf me het idee nuttig bezig te zijn.

Het initiatief kreeg bredere bekendheid, en er kwamen meer mensen die graag mee wilden doen. Al snel waren we met zovelen dat we niet langer in een woonkamer pasten. We moesten onze vleugels uitslaan. Maar hoe?

Marsha had een idee. Van een vriendin in Israël had ze gehoord dat er in Londen een vrouw bij Jewish Care zat die gespecialiseerd was in het behandelen van mensen met een Holocausttrauma. Ze heette Judith Hassan, en haar eigen grootouders hadden in een kamp in Frankrijk gezeten. Haar moeder was vlak voor de oorlog naar Groot-Brittannië gevlucht, maar veel van haar bloedverwanten waren in Auschwitz omgekomen. Judith ontwikkelde nieuwe manieren om overlevenden te helpen die op latere leeftijd last kregen van herinneringen aan de verschrikkingen. Destijds waren er niet veel mensen die daar enige expertise in hadden, en in dat opzicht was ze een pionier. Ze werkte al meer dan tien jaar met mensen die het naziregime ontvlucht waren, en ook met een aantal overlevenden van de Holocaust. Marsha vroeg Judith om hulp.

We wilden onze groep een wat officiëlere status geven, zonder dat dat ten koste zou gaan van het informele karakter ervan. Marsha stelde dat we een plek nodig hadden waar we bij elkaar konden komen. Een neutrale plek, die geen onderdeel vormde van een organisatie of instituut. Een plek waar we met elkaar konden praten, elkaar konden helpen en waar iedereen zich thuis zou voelen. Marsha maakte heel goed duidelijk dat we niet op zoek waren naar therapie of psychische hulp. Ons mankeerde niets! We wilden gewoon ergens heen kunnen waar we de zaken des levens konden bespreken en elkaar konden helpen, zoals daarvóór het geval was. Zo waren we de oorlog ook doorgekomen, door wederzijdse steun.

Judith leek dat helemaal te kunnen begrijpen. Ze vond een subsidiepotje voor een ruimte waar we elke zondagochtend bij elkaar konden komen, achter een groot warenhuis in Swiss Cottage, in het noorden van Londen. Ze zorgde er altijd voor dat er tijdens de bijeenkomsten genoeg te eten was, dat we onszelf konden bedienen en naar believen koffie en thee konden zetten. Voor veel mensen die op de rand van de hongerdood hebben verkeerd is het belangrijk om zelf in de hand te hebben wat er gegeten en gedronken wordt. We noemden de groep SOS – Survivors of Shoah – en begonnen reclame te maken voor de bijeenkomsten.

Ik zal niet zeggen dat het altijd gemakkelijk was. Er waren mensen van zeer uiteenlopende achtergronden en nationaliteiten, mensen met verschillende ervaringen, zowel wat betreft de Holocaustperiode zelf als na de bevrijding. Er werden diverse talen gesproken. We hadden ieder op onze eigen manier geleden en hadden ieder onze individuele problemen. In de eerste sessies bespraken we het verleden en leerden we elkaar een beetje kennen. Daarna ontstond er een patroon waarbij we bridge speelden, spelletjes deden, met elkaar aten, uitjes ondernamen, roddels uitwisselden en ook veel met elkaar lachten.

Er waren ontegenzeglijk aanhoudende spanningen, en dat was begrijpelijk. Het was interessant om te zien hoe snel er een hiërarchie ontstond, afhankelijk van de vraag wie wat had meegemaakt en hoe traumatisch de individuele ervaringen waren geweest – en die behoefte aan een pikorde is eigenlijk nooit verdwenen.

'Wat weet jij daar nou van af, Hongaarse?' zou iemand tegen me kunnen zeggen. 'Hoelang was jij nou helemaal in Auschwitz? Een paar maanden? Wij hebben daar drie jaar gezeten!'

Iemand zei eens tegen me: 'Toen je nog in Hongarije bij je moeder thuis woonde, wist je niet eens dat er een oorlog gaande was. Toen zat ik al in het kamp. Wat weet jij er nou van hoe het is om geen eten te hebben? Wat heb jij nou helemaal geleden? Ik heb twee jaar moeten lijden. Wat weet jij daar nou van af?'

En zal ik je eens wat vertellen? Ik zei daar dan nooit iets op terug. Ik begreep dat ze in zekere zin gelijk hadden. Maar ik wist ook dat het niet mijn schuld was. Het had hun niet moeten overkomen. Het had ons allemaal niet moeten overkomen. Maar ik hield mijn mond, omdat ik ze niet nog meer wilde laten lijden. Het belangrijkste is luisteren, en het probleem is dat de meeste mensen daar niet goed in zijn.

We leerden gaandeweg hoe we elkaar konden helpen. En een van de dingen die we leerden, was dat het niet goed is om de mate waarin ieder van ons heeft geleden met elkaar te vergelijken. Toen ik dat eenmaal begreep, probeerde ik anderen ook te laten inzien dat dat geen zin heeft. En natuurlijk reageren verschillende mensen ieder op hun eigen wijze op dezelfde verschrikkingen.

Het viel voor Judith bepaald niet mee om onze zelfhulpgroep te begeleiden. Ze had veel professionele ervaring en kwalificaties, maar dit was helemaal nieuw. Mensen wantrouwden haar en stelden zich zelfs vijandig op. Veel overlevenden namen het de Engelse Joden kwalijk dat ze in de oorlog weinig hadden ondernomen om de Joden op het Europese continent te ondersteunen, of ze te helpen toen ze in Engeland aankwamen. Omdat Judith zelf niet in een kamp had gezeten, werd ze beschouwd als 'een van hunnie'.

'Wat weet ze er nou helemaal van af?' zeiden ze. 'Ze was er niet bij. Hoe kan ze ons dan begrijpen? We moeten haar niet de regie geven. Ze kan ons niet vertellen wat we moeten doen.'

In deze periode leerde ik Judith heel goed kennen, en vaak nam ik de rol van mediator op me, iemand die bemiddelde tussen haar en de rest van de groep. Ik vond haar buitengewoon tactvol in haar benadering. Ze zei nooit: 'Ik weet het het beste.' Ze zei altijd: 'Leren jullie het mij maar.' Het is waar dat ze 'aan de andere kant' stond, zoals sommigen vonden, maar dat onderkende ze ook. Ze wist dat ze ons enerzijds kon helpen, maar dat ze ons anderzijds nooit helemaal zou kunnen begrijpen.

En dankzij haar geweldige gevoeligheid voor dit soort dingen accepteerde de groep haar uiteindelijk, zeer geleidelijk.

Volgens mij was het Judith die met het idee kwam mijn herinneringen op papier te zetten. Maar zij beweert dat het mijn eigen idee was. Ik weet niet meer precies hoe we begonnen. Ik vond het weliswaar nog steeds moeilijk om het tegenover familie over mijn verleden te hebben, maar ik realiseerde me dat ik wilde vastleggen wat ik in Auschwitz-Birkenau had meegemaakt. Ik wilde dat mijn kinderen het uiteindelijk te weten zouden komen, en hun kinderen, en hun kindskinderen.

Maar hoe kon ik mijn verhaal doen op een manier die zowel voor mij als voor hen te doen was? Ik had geen idee waar ik moest beginnen. Ik was bang dat mijn Engels te slecht was en dat niemand me zou begrijpen. En de herinneringen waren ook zo ontzettend naar en pijnlijk.

Ik vertrouwde Judith, en ze bood aan me te helpen. Er ging erg veel tijd mee heen. We praatten en praatten, en zij luisterde, en na elke sessie schreef ze op wat ik had gezegd, alsof ik het zelf had geschreven. De volgende week las ze dan voor wat ze had genoteerd, om te verifiëren of het allemaal klopte. Later, toen ze een boek schreef waarmee ik haar hielp, zei Judith dat ze mijn notulist was, en ik haar docent. Soms noteerde ik dingen die bij me bovenkwamen, half in het Engels, half in het Hongaars. Het waren herinneringen – flarden – die ik al die tijd had weggestopt. Het viel niet mee om ze uit mijn geheugen op te diepen. Het was voor het eerst dat ik probeerde om ze in een bepaalde volgorde te zetten, om een verhaal van mijn leven te maken. Het was voor het eerst dat ik het opbracht te vertellen wat ik had meegemaakt.

Ik vertelde Judith over mijn jeugd, de gelukkige tijd met mijn ouders, en hoe belangrijk dat in Auschwitz voor me was geweest. Ik vertelde haar dat ik het alleen maar had kunnen volhouden vanwege de noodzaak om me over mijn zussen te ontfermen en voor ze te zorgen na de dood van mijn ouders en broer en zus. Ik vertelde haar hoe mijn geloof me had geholpen om te overleven. Ik vertelde haar over het wonder dat ik mijn broer Imi weer zag, en hoe ik in Zwitserland langzaam weer op krachten was gekomen, hoe ik in Israël een nieuw bestaan had opgebouwd met mijn echtgenoot en mijn nieuwe familie, en daarna opnieuw, in Londen. Ik vertelde haar alles wat ik me kon herinneren. Het was geen historisch document. In die tijd kon ik geen data of plaatsnamen of andere details natrekken. Ik kon het er niet met mijn zussen over hebben, omdat ze ver weg waren en er niet over wilden praten. Maar geleidelijk aan lukte het me de herinneringen naar boven te halen die ik tientallen jaren zo diep had weggestopt.

Uiteindelijk ontstond er op die manier een tekst waarin ik me kon vinden. Twaalf pagina's lang. Er ging veel tijd mee heen – alles bij elkaar meer dan een jaar. Kennelijk moest ik het verhaal aan mezelf vertellen om er grip op te krijgen. Door het op te schrijven zag ik het enorme belang ervan in, en hoe het mijn hele leven had bepaald. En in dat proces vond ik de kracht om een belangrijke beslissing te nemen.

Ik zou teruggaan naar Auschwitz-Birkenau. En dat zou ik doen met mijn dochter, Esti.

1988

We vlogen naar Warschau en kwamen daar op 5 mei 1988 aan. De bus bracht ons rechtstreeks naar Lublin, ooit zo'n welvarend centrum van Joodse cultuur dat de stad bekendstond als het Jeruzalem van het Koninkrijk Polen. Na de Wannseeconferentie in 1942 werd Lublin het hoofdkwartier van Aktion Reinhard, het plan om de Poolse Joden uit te roeien. Hier werden vernietigingskampen ontworpen die zo efficiënt waren dat er tegenwoordig nog maar weinig overlevenden zijn die kunnen navertellen hoe ze heetten. In Bełżec werden bijna een half miljoen Joden vermoord. In Sobibór een kwart miljoen.

Onze toer werd georganiseerd door de Mizrachi, het centrum voor religieus zionisme in het Verenigd Koninkrijk. De meesten van de groep kwamen uit Londen en omstreken, en er waren ook een paar mensen uit Leeds, Manchester, Salford en zelfs Israël. Slechts weinigen van hen wisten veel over de Holocaust. In die tijd was dat heel normaal. Sommigen hadden er een aantal boeken over gelezen of een paar films gezien. Anderen waren eerder van Esti's leeftijd dan zo oud als ik. Zij liep tegen de veertig en haar jongste kind, Danny, zat op school, dus vond ze dat ze hem wel een week alleen kon laten. Ik was de enige overlevende.

Waarom wilde ik weer naar Auschwitz? Dat is een lastige vraag om te beantwoorden. De meeste overlevenden, onder wie mijn eigen zussen, wilden er nooit meer heen. Steeds wanneer je eraan terugdenkt, steeds wanneer je het erover hebt, herleef je het in zekere zin. Maar ik had het gevoel dat ik deze reis moest maken, deels om mezelf te bewijzen dat ik dat kon. Ook wilde ik mijn dochter het kamp laten zien, en samen met haar op de plek zijn waar alleen al het dromen over het krijgen van een dochter een onmogelijkheid had geleken. Ik wilde haar niet alleen laten zien wat er in de Holocaust was gebeurd, maar ook wat er als gevolg daarvan verloren was gegaan: de rijke cultuur van Joden in heel Europa, ons prachtige erfgoed. Ik heb heel sterk het gevoel dat een van de moeilijkheden voor de kinderen van overlevenden is dat ze geen roots hebben.

Er was nog iets wat zwaar op me drukte.

Wanneer je ouders doodgaan, weet je over het algemeen waar ze zijn. Je kunt naar hun graf toe. Je weet dat ze begraven zijn in overeenstemming met hun wensen en de wetten van het Jodendom. Maar mijn moeder heeft geen graf. Haar as is ergens, neem ik aan, vermengd met de as van miljoenen anderen, onder wie mijn broer en zus. Er is geen plek op aarde waarvan ik kan zeggen: daar ligt mijn moeder begraven. Maar ik kon wel terug naar de plek waar ik haar het laatst heb gezien, en ik kon mijn dochter die plek laten zien.

Die eerste avond in Lublin nam ik een hap brood, en het lukte me niet om die door mijn keel te krijgen. De smaak was zo sterk en zo zuur, vol afschuwelijke herinneringen. Ik realiseerde me dat ik nooit meer Pools brood zou kunnen eten. Als je koosjer wilt eten, weet je gelukkig dat je soms spijzen voorgezet krijgt die je niet mag eten. Je reist nooit zonder wat eten op zak. Ik was erop voorbereid. Maar niet op de gevoelens die dat hapje brood bij me teweegbracht.

Ooit stond een van de beroemdste jesjiva's ter wereld in Lublin. Vanaf de synagoge is het slechts een kilometer of vijf, zes naar Majdanek, het vernietigingskamp waar vele duizenden Joden uit Lublin zijn vermoord. Ooit zijn er op één dag 18.000 mensen doodgeschoten. Het ligt zo dicht bij de stad dat je ernaartoe kunt lopen.

Toch zijn er mensen die beweren dat ze niet wisten wat daar gebeurde. In Majdanek, een kamp dat verder nauwelijks veranderd is sinds het door het Rode Leger werd bevrijd, zagen we het mausoleum dat na de oorlog is gebouwd, een monument in de vorm van een gigantische ronde koepel die boven een grote heuvel lijkt te zweven. De heuvel bestaat uit de gemengde as van de hopen gecremeerde slachtoffers die door het hele kamp lagen verspreid. Op de fries op de rand van de koepel staat LAAT ONS LOT U EEN WAARSCHUWING ZIJN.

We beklommen de trap en stonden voor een complete heuvel van menselijke asresten, naar schatting zo'n twintig meter in doorsnee. Je kon zelfs nog een paar stukken bot zien. Voor mijn groepsgenoten was dit heel moeilijk te bevatten. Zoveel mensen. Zoveel as. Hoe kon dat? Hoe was dat mogelijk?

Wanneer je erover nadenkt, is Polen één grote begraafplaats.

Van Majdanek gingen we naar Krakau. De meeste oude Joodse begraafplaatsen op het platteland waren ontheiligd en vernietigd. De grafzerken waren gebruikt om muren, wegen en trottoirs van te maken. Een paar stonden nog ten dele rechtop. Sommige waren opgegraven en opnieuw geplaatst. Op wat er van de oude begraafplaats over is, vond ik het graf van een zeer beroemde zestiende-eeuwse rabbijn en Talmoedgeleerde uit Praag, Yom-Tov Lipmann Heller. Van moederskant stam ik in een rechte lijn van hem af, via zijn dochter Nissel. Ik kan zoveel generaties teruggaan dat ik de tel kwijtraak. Mijn moeder was altijd heel trots op dit feit, en op alle andere vooraanstaande rabbijnen in haar stamboom.

'Dat is jouw bet-bet-bet... ik weet niet hoeveel keer bet... overgrootvader,' zei ik tegen Esti. 'Je stamt uit een heel beroemde Joodse familie.'

Op de derde dag van onze reis zouden we naar Auschwitz-Birkenau gaan. Toen het bijna zover was, kreeg ik bijna spijt van mijn besluit om het kamp te bezoeken. Op de avond ervoor kwam mijn dochter naar me toe met een vraag.

'Ima, van de anderen moet ik jou iets vragen. Je hoeft er niet mee akkoord te gaan.'

'Wat is er dan?'

'Morgen, in het kamp... zou je dan een paar woorden tot de groep willen richten? Over wat jou toen is overkomen? Alleen als je het zelf wilt.'

Weifelde ik?

Misschien heel even.

Esti was met me mee omdat ze meer over mijn verleden wilde weten. Eerst aarzelend, en daarna wat zelfverzekerder hadden we het er voor het eerst in ons leven over. Ik wist hoe belangrijk het voor me was om te proberen uit te leggen wat er gebeurd was. Om het haar te laten zien. Ik wilde dat ze mijn verhaal aanhoorde, het uit mijn mond vernam. Maar ik begon in te zien dat die verantwoordelijkheid niet tot mijn eigen familie beperkt mocht blijven. Iedereen die mee was wilde hier meer over weten, en ik had gezien hoe aandachtig ze hadden geluisterd naar de lezingen en praatjes die we al hadden gehad. Als er mensen bereid waren te luisteren, hoe kon ik dan weigeren om ze toe te spreken?

Het museum in Auschwitz-Birkenau was al snel na het einde van de oorlog opgericht, en in 1979 werd het hele complex uitgeroepen tot werelderfgoed van Unesco. Het valt niet mee om de schaal van het geheel tot je door te laten dringen. Het is ontzettend groot. Toen we de volgende ochtend uit de bus stapten, zou je de indruk kunnen hebben dat we bij een vakantiekamp waren aangekomen. Er waren borders met prachtige bloemen. Er was een winkel waar je allerlei dingen kunt kopen: eten, ansichtkaarten, souvenirs. Ook nu was het weer een stralende zomerdag. De zon scheen. De hemel was blauw.

Maar in elke barak staat een vitrine waarin wordt uitgelegd wat er gebeurd is. Je loopt naar binnen en ziet duizenden paren kleine schoenen. En je denkt aan die Joodse kinderen, peutertjes, die in die schoentjes hebben rondgelopen en er niet meer zijn. Ze zouden nog in leven moeten zijn, maar ze zijn er niet. Je ziet mensenhaar in glazen vitrines. Misschien zat mijn haar er ook nog tussen. Je ziet duizenden brillen. Hoewel het onbeschrijfelijk aangrijpend is om te zien, kunnen die afgrijselijke spullen nooit invoelbaar maken hoe het was om hier te zijn.

Uiteindelijk kwamen we in Birkenau. Het was heel moeilijk voor me om het deel van het kamp te betreden dat ik zo goed kende. Het was alsof ik stikte. Overal die geur... Misschien lag het aan mij, maar volgens mij was het geen verbeelding. Ik nam de geur nog waar die ik me zo goed kon herinneren.

Een van de wachttorens was opengesteld voor het publiek. Samen met de anderen van onze groep klom ik de trap op en keek ik door het raam. Ik stond op precies dezelfde plek als de Duitse bewakers die ons in de gaten hielden, dag en nacht, met machinepistolen in de hand. Ik had nooit verwacht dat ik hier ooit nog eens zou komen te staan.

Het was zo raar om over zo'n leegte uit te kijken. Ik voelde die leegte heel sterk. Ik kon me nog levendig al die duizenden mensen voor de geest halen die daar op de Appellplatz hadden gestaan. We mochten ons niet bewegen. We waren verdoofd van angst. En nu was er helemaal niets meer. Niets en niemand. Het was zo stil. Vredig zelfs. Nog steeds was er geen vogel te horen. Maar hoeveel angst en hoeveel pijn hadden mensen hier wel niet gehad? Hoeveel mensen waren hier zonder enige reden vermoord? Ik dacht dat de grond rood zou kleuren van het bloed. Die zou rood moeten zijn. Maar dat was hij niet. De grond was grijs. Zelfs de lucht leek nog grijs van alle as.

De tijd leek tot stilstand te zijn gekomen en geen einde te kennen, alsof de tijd überhaupt niet bestond. Vanuit dit andere perspectief probeerde ik bij mijn eigen gevoelens te komen. Hoe voelde het nu om teruggekeerd te zijn naar de plek waar ik net zo goed vermoord had kunnen worden? Ik voelde niet alleen pijn, maar ook een zeker gevoel van genoegdoening.

Het is je niet gelukt, dacht ik bij mezelf. In gedachten richtte ik me niet alleen tot Hitler, of Eichmann, maar tot iedereen die het naziregime had geholpen. Je wilde me doodmaken, maar toch sta ik hier, en mijn dochter is bij me. We zijn hier uit vrije wil naartoe gekomen, en wanneer wij eraan toe zijn zullen we ook weer uit vrije wil vertrekken. Dus het is je niet gelukt om ons allemaal uit te roeien. Je hebt niet gewonnen. Je zult nooit winnen. Niet zolang wij hier zijn en het ons kunnen herinneren.

Ik was niet hun slachtoffer. Ik was een overlevende. In 1944, toen ze me hiernaartoe brachten en ik bijna geen adem meer kon krijgen, samen met mijn hele gemeenschap opgepropt in een goederenwagon, waren ze erop uit om ieder van ons kapot te maken. Misschien zouden er per ongeluk een paar Joden overblijven op aarde, hier en daar, maar ze wilden ons als volk volledig uitroeien. En na de Holocaust vroegen we ons inderdaad af hoe we ooit weer op krachten moesten komen. Maar gelukkig zijn we er godzijdank nog lang niet geweest. We zijn er nog, en wat nog belangrijker is: we hebben een stem. We kunnen spreken, en we kunnen ons uitspreken.

Ik weet niet meer precies in welke bewoordingen ik de groep heb toegesproken, of wat voor vragen er gesteld zijn. Er waren er een paar die vragen stelden, maar de meesten stonden alleen maar aandachtig naar me te luisteren. Voor het eerst drong het moeilijke feit tot hen door dat dit een plek is die onmogelijk in zijn geheel is te bevatten, ondanks alle boeken die erover geschreven zijn. Het is onmogelijk te verklaren.

Maar het is wel mogelijk om er als getuige over te vertellen.

Door iemand aan te horen die zelf in het kamp had gezeten, leek bij mijn toehoorders de geschiedenis in hun geheugen geplant te worden. Toen ze geconfronteerd werden met allerlei getallen op de verklarende panelen in het museum, getallen die in feite zo abstract waren dat ze niet te bevatten waren, konden ze zich tot mij richten, tot één persoon. Eén leven.

Op die eerste reis met Esti gingen we van Auschwitz naar Warschau. Daar bezochten we urenlang de begraafplaatsen en zochten we de graven van onze grootouders en overgrootouders, en de graven van beroemde rabbijnen. We gingen naar het getto en naar de plek waar de Joden bij elkaar waren gedreven om op transport naar Treblinka gezet te worden, en daarna gingen we naar het afgelegen vernietigingskamp bij Treblinka zelf, waar meer dan een miljoen Joden en Roma en Sinti zijn vermoord.

Het was een lange weg door een donker bos, in de buurt van de Poolse grens. Die weg was ooit zwart van de menselijke as.

Ik vond deze tocht buitengewoon choquerend. In zekere zin was Treblinka zelfs erger dan Auschwitz, omdat het enkel en alleen ontworpen was als vernietigingskamp, en mensen er nog sneller en efficiënter werden omgebracht, en in grotere aantallen tegelijk. Er vonden praktisch geen selecties plaats, en er waren nauwelijks overlevenden. Niemand die nu nog leeft. Toen de Duitsers er wegtrokken tijdens de opmars van de Russen, hebben ze het hele kamp met de grond gelijkgemaakt. Daarom is er geen gaskamer meer te zien. Geen crematorium. Geen enkel bewijsmateriaal.

Maar in plaats daarvan zijn er stenen geplaatst. Gedenkstenen. Steen na steen na steen. Honderden, groot en klein.

Maar elke steen staat niet voor één mensenleven, of voor het leven van een familie.

Op sommige stenen staat de naam van een stad. Krakau misschien. Eén enkele steen voor 10.000 Joden. Op een andere steen een volgende plaatsnaam. Misschien staat die voor 5000 Joden. Of 2000. Of 4433. Of 42. Er zijn ook stenen bij die landen symboliseren. In Treblinka staat steen na steen na steen. Alleen maar stenen. En elke steen staat voor een gemeenschap die nooit meer tot leven kan komen.

Esti was stil en in zichzelf gekeerd nadat we naar Londen waren teruggekeerd. Heel serieus. Ik had het gevoel dat er iets tussen ons was veranderd, in positieve zin. Onze gezamenlijke reis had op ons allebei een goede uitwerking gehad. We begonnen meer met elkaar te praten, en het betekende dat ook Bilha en Roni wisten dat ze met me konden praten als ze dat wilden. Niet dat dat gemakkelijk was. Maar dat ik mijn geschreven getuigenis met mijn kinderen kon delen, maakte het er wel gemakkelijker op.

Een paar jaar later, in juli 1996, ging ik er nog een keer heen, deze keer met een veel jongere groep: tieners en twintigers. Drie van hen waren mijn kleinkinderen: Nina, Tali en Daphna. Ze zongen en dansten en brachten leven en hoop naar een sjoel die een gebedshuis voor honderden mensen was geweest en er nu verlaten en verloren bij stond. Ook nu bezochten we Majdanek en Treblinka.

Toen we Auschwitz bereikten, op 9 juli, vond ik het bijzonder moeilijk om erover te praten. Het was precies tweeënvijftig jaar geleden dat ik hier met mijn familie aankwam. Het was toen allemaal zo anders. We hadden er nog geen weet van dat we in de hel waren beland.

Ik besloot deze jonge mensen mee te nemen naar de wachttoren.

'Ik zal jullie vertellen wat ik hier heb moeten doorstaan,' zei ik. 'Ik heb deze toren uitgekozen omdat de Duitsers met hun mitrailleurs vanaf deze plek op ons uitkeken. Ze konden het hele kamp overzien. Ze zagen alles wat bewoog, alles wat we deden.'

Ik vertelde hun wat er met onze familie was gebeurd, en in de wachttoren zeiden we kaddisj voor mijn moeder, mijn broer en mijn zus. Er zijn bepaalde religieuze verplichtingen voor orthodoxe Joden waarvoor een minjan vereist is, de aanwezigheid van tien Joodse mannen die minstens dertien jaar zijn. De kaddisj is een zeer belangrijk rouwritueel waarin we de zielen eren van degenen die niet langer in deze wereld vertoeven, en dat doen we door God te loven. Die dag was er een minjan, en dat betekende dat eindelijk de kaddisj kon worden uitgesproken voor mijn vermoorde familie, voor degenen van wie ik zoveel hield, die waren vernederd, gehaat en vermoord door de nazi's, zonder ceremonie, zonder rustplaats. Op deze manier had ik het gevoel dat ik kon voldoen aan een *chesed shel emes* – letterlijk een 'onzelfzuchtige, ware daad van vriendelijkheid' – voor Anyuka, voor Bela en voor Berta.

Eindelijk kon ik hun mijn diepe respect tonen, eindelijk kon ik ze eren in dit afschuwelijke oord.

Er werden veel tranen vergoten. De jongeren waren er stil van en konden een tijdje geen woord uitbrengen. Er werd niets gezegd.

Ik liet hun zo veel mogelijk zien, en deelde mijn herinneringen aan elk deel van het kamp. Met z'n allen keken we naar de spoorlijn en het perron waar we waren aangekomen. We stonden op de plek waar ik mijn moeder en Bela en Berta voor het laatst had gezien, en ik vertelde mijn kleinkinderen hoe we voor Mengele in de rij moesten gaan staan, en dat hij ons zonder enige toelichting naar rechts of naar links had gestuurd. Het kost me de grootst mogelijke moeite om erbij stil te staan en erover in detail te treden. Maar toen ik daar was met mijn eigen familie, zag ik hoe ze de verschrikkingen en de paniek van die opsplitsing konden navoelen en zich konden inbeelden, veel sterker en betekenisvoller dan wanneer ik ze het verhaal in dezelfde woorden had verteld in mijn flatje in Londen. Doordat we daar met z'n allen op die plek stonden, werden we allemaal op een heel belangrijke manier met elkaar verbonden.

Met z'n allen bekeken we de barakken. Ze waren precies hetzelfde als de barakken waarin ik ooit had geslapen. Ik liet ze de planken zien waarop we hadden gelegen, met niet meer dan een beetje stro, geen deken, en waar we dan lagen met z'n negenen of tienen tegen elkaar aan, als sardientjes in een blik, de ene laag boven de andere. Ze zagen alles door mijn ogen, en dat maakte het zo echt voor ze.

Daphna was in het begin wat onzeker en overdonderd geweest, maar uiteindelijk had ze het gevoel dat iedereen van de zes miljoen die waren vermoord een naam had, een gezicht, een glimlach, een ziel, zoals ik. Bij het vertrek uit het museum leken de jongeren niet zozeer vervuld van gevoelens van wanhoop of haat, maar leken ze vastberaden om weer licht in de zwartste duisternis van onze gemeenschappelijke geschiedenis te brengen, en ze leken zich bewust van hun eigen verantwoordelijkheid om door te geven wat ze hadden gezien.

De genoegdoening die ik voelde toen ik als een vrij mens Auschwitz binnenging met mijn kleindochters, en ook weer als een vrij mens wegging, door die poort van de hel, schonk me veel kracht. Het was een van de belangrijkste dagen van mijn leven. Wie zou ooit hebben gedacht dat dat op een dag zou kunnen? Toen ik in 1944 naar Auschwitz werd gebracht, kreeg ik te horen dat er geen ontsnappen mogelijk was – alleen door de schoorsteen.

Dit was niet jullie plan, dacht ik steeds. Moet je me nu eens zien... Ik ben teruggekomen. Jullie wilden me vermoorden, en toch ben ik hier weer. Jullie moordenaars zijn er niet meer, maar ik wel. En deze keer met de dochters van mijn dochter. We zijn zelfs met nog meer dan eerst, en we kunnen allemaal naar believen in en uit lopen. Jullie wilden ons kapotmaken. Dat is jullie niet gelukt. En dat zal jullie ook niet lukken.

Ik was nog nooit zo trots geweest als ik die dag was.

Maar het was afschuwelijk om daar weer te zijn. Dat lijdt geen enkele twijfel. En ik ben ervan overtuigd dat die moeilijke reis net iets minder zwaar werd door mijn geloof, net als destijds, toen ik jong was en de verschrikkingen onderging. Door het geloof kon je gemakkelijker denken dat je het zou overleven. Door het geloof kun je je gemakkelijker aan de hoop vastklampen. Het is van levensbelang om ergens in te geloven. Als je niet in de mens gelooft, hoe kun je dan kinderen op deze wereld zetten?

Waar komt een dergelijk geloof vandaan? Niet iedereen is daarmee gezegend, zoveel is duidelijk. Ik heb dit met eigen ogen in de kampen gezien. Ik ben mijn ouders dankbaar dat ze me het geloof hebben geschonken. Ze hebben me liefdevol grootgebracht met de zekerheden waar zelfs Auschwitz niet aan kon tornen: niet alleen een groot vertrouwen in ons geloof, maar ook in familiebanden en in de menselijke geest. Ik zie het nu bij mijn kinderen, bij mijn kleinkinderen en ook bij mijn achterkleinkinderen: dat rotsvaste vertrouwen.

1992 - 1993

Niet lang nadat we mijn verhaal samen hadden opgetekend, vroeg Judith me voor het eerst om in het openbaar een praatje te houden. Ik verklaarde me daar gaarne toe bereid.

Het was op een conferentie die ze had georganiseerd over het verspreiden van kennis over de Holocaust, 'Overlevenden als onze docenten'. Ik wist niet goed wat ik anderen zou kunnen leren (mijn schoonzoon plaagde me door te vragen welke taal ik zou bezigen, omdat mijn Engels nog steeds te wensen overliet en ik met een sterk Hongaars accent sprak), maar ik wilde graag iets doen om te helpen. Het was belangrijk voor me, en ik wist dat het ook belangrijk was voor Judith. Het idee dat je op verschillende manieren over de Holocaust zou kunnen leren was nog tamelijk nieuw. De Holocaust Educational Trust was pas in 1988 opgericht.

Gelukkig was het voor mij geen enkel probleem om al die deskundigen toe te spreken. Ik weet niet hoe het komt, maar ik vind het niet eng om een gesprek aan te gaan. Ik gebruik liever geen aantekeningen, want dan ga ik geheid de mist in. Wanneer mensen vol aandacht naar me luisteren, geconcentreerd, krijg ik het gevoel dat ik iets te zeggen heb wat de moeite van het aanhoren waard is. Ik weet hoe belangrijk het is geweest voor de mensen die ik tijdens het bezoek aan Auschwitz had rondgeleid, dat ze mijn ervaringen uit de eerste hand te horen hadden gekregen, want ik heb zoveel brieven van hen gekregen waarin ze me dat vertelden. Dat schonk me ook veel zelfvertrouwen.

Door mijn voornemen om mijn weggestopte pijn niet langer te verdringen was ik sterker geworden. Ik had jarenlang veel van mijn ervaringen weggestopt. De wanhoop die me overviel na de dood van Shmuel was intens geweest, maar nu was ik er klaar voor om zowel het verleden als de toekomst onder ogen te zien. Ik vertelde mijn gehoor dat er veel veranderd was sinds ik het besluit had genomen mijn verhaal te doen, voor mezelf en ook voor mijn familie. Ik legde uit dat het nooit te laat is. Voor overlevenden boden zelfhulpgroepen als de onze een 'tweede kans' om trauma's onder ogen te zien die velen van ons nooit hadden kunnen verwerken. Die tweede kans bestond er deels in dat je je herinneringen opdiepte en erover vertelde. Onderwijzers en overlevenden zouden er gezamenlijk voor moeten zorg dragen dat jongeren informatie over de Holocaust te horen kregen op een manier die hun bij zou blijven.

Judith zei naderhand: 'Je kon een speld horen vallen.'

Lang geleden, op Jom Kipoer 1944, had ik mezelf die belofte gedaan. Als ik het zou overleven, hoe onwaarschijnlijk dat ook leek – en ik had nooit verwacht dat dat werkelijk zou gebeuren – maar áls ik het zou overleven, zou ik de wereld vertellen wat er echt gebeurd was. Ik was er destijds van overtuigd dat ik de wereld zou veranderen, desnoods in mijn eentje. Ik was die belofte niet vergeten, maar bijna een halve eeuw lang had ik ermee geworsteld. Er gebeurde altijd wel iets waardoor het onmogelijk leek om die belofte gestand te doen. Al die jaren van stilzwijgen. Al die jaren waarin ik het gevoel had dat niemand wilde horen wat ik te vertellen had. Hoe kun je je verhaal doen wanneer niemand bereid is naar je te luisteren?

Maar uiteindelijk was dat veranderd. Ik was er klaar voor, en de wereld leek meer dan bereid me aan te horen.

Ik zou niet alleen voor mezelf spreken, maar ook namens de mensen die ik liefhad en die de oorlog niet hadden overleefd. En ook namens de miljoenen die ik nooit gekend heb, maar die samen met mijn vrienden en familie zijn omgekomen, in heel Europa. Ik wil dat de wereld deze afschuwelijke misdaad tegen de menselijkheid nooit zal vergeten. Ik was ooit zo naïef om te denken dat zulke genocides in het vervolg nooit meer zouden plaatsvinden. Ik had het mis.

Maar dat maakt mijn opdracht alleen maar urgenter. We kunnen leren van wat er gebeurd is door het erover te hebben.

Het is zo ontzettend belangrijk om de wereld te vertellen wat er kan gebeuren wanneer we niet tolerant jegens elkaar zijn. Dat is het belangrijkste om te onthouden. Wanneer mensen anders zijn dan jij, betekent dat niet dat ze slechter of beter zijn. Ze zijn alleen anders. Als we dat kunnen inzien, moet het mogelijk zijn om in vrede met elkaar te leven.

Dit was het begin van een heel nieuw leven voor me. Het is onvoorstelbaar hoeveel mensen ik sindsdien gesproken heb. Ik heb zelfs in het Britse parlement een toespraak mogen houden. Maar het begon allemaal met het inzicht dat ik de generaties na me moest zien te bereiken, met name de jongeren, en ik werd gesterkt door het besef dat ze echt naar me wilden luisteren.

Ondertussen breidde onze Survivors of Shoah-groep zich in rap tempo uit. We hadden een nieuw onderkomen nodig, en een nieuwe organisatievorm. Het belangrijkste was voor een ruimte zorgen waar mensen naartoe konden. In het begin van de jaren 1990 probeerde ik samen met Judith om bij Jewish Care aan te kloppen voor een locatie en financiële steun. Er werden twee centra opgericht. Die lopen nog steeds erg goed, staan naast elkaar in Hendon en worden gerund door personeel dat een keur aan talen spreekt: Hongaars en Jiddisj, Hebreeuws, Frans, Duits en Servo-Kroatisch.

In het ene gebouw is het Holocaust Survivors' Centre gevestigd, waar mensen elkaar kunnen ontmoeten en gezamenlijk iets kunnen gaan eten in het dagcafé of daar een spelletje kunnen doen, er is muziek en er worden culturele activiteiten georganiseerd. Elke maand wordt er een sjabbatmaaltijd georganiseerd, er zijn veel gastsprekers, op reguliere feestdagen kan er gezamenlijk gegeten worden en er worden concerten gegeven. Overlevenden kunnen in het gezelschap van lotgenoten vertoeven, op de manier die het beste bij hen past. Er wordt een goedgevulde, voedzame soep geserveerd, men wordt aan tafel bediend en er hoeft niet uit grote bakken te worden opgeschept. Je hoeft niet in de rij te gaan staan. Er is altijd meer dan genoeg brood. Overal is het schoon en licht, niets is geel geverfd en nergens zul je gestreepte patronen aantreffen. Niets wat verkeerde associaties zou kunnen oproepen.

In het aangrenzende pand bevindt zich Shalvata, dat in 1990 door Judith is opgericht. De naam is afgeleid van het Hebreeuwse woord voor 'gemoedsrust'. Shalvata is weliswaar gevestigd in een apart gebouw, maar is vanuit het Holocaust Survivors' Centre gemakkelijk te bereiken. Shalvata biedt counseling, therapie en ondersteuning voor overlevenden en hun familie. Herinneringen aan traumatische gebeurtenissen kunnen soms na jaren opduiken. Het is niet te voorspellen wat de aanleiding hiertoe kan zijn. Belangstellenden kunnen opbellen of langskomen om een afspraak te maken. Dat is belangrijk, want als je tijdens de Holocaust psychisch of lichamelijk niet in orde was, of je had een handicap, dan betekende dat de dood, en daarom kan het moeilijk zijn om dat publiekelijk toe te moeten geven.

Zelf heb ik nooit de behoefte gevoeld om in therapie te gaan of counseling te krijgen. Ik verwerk de dingen het liefst in mijn eentje. Ik wil liever steun geven. Ik denk nooit dat ik steun nodig heb, en ik put juist kracht uit mijn onafhankelijkheid. Voor mij is de beste therapie het helpen van anderen, wanneer ik het gevoel krijg dat ik iets kan bijdragen aan het levensgeluk van een ander. Ik was blij dat ik gekozen werd in de adviserende commissie van bezoekers en vrijwilligers, en ben nog steeds betrokken bij het centrum.

Er is niet veel fantasie voor nodig om te bedenken dat er in de begindagen van het HSC flink wat heftige persoonlijke conflicten plaatsvonden, en soms waren er aanvaringen tussen verschillende groepen die van het centrum gebruikmaakten. Wie telden er echt als 'overlevende' mee? Hoe stond dat met de ondergedoken kinderen? Of degenen die aan de vervolging waren ontkomen door al vóór de razzia's te vluchten? Het viel niet mee voor overlevenden van de kampen die met traumatische herinneringen en ervaringen worstelden, nog zo vers in het geheugen, om zich te verhouden tot het lijden van anderen die in de oorlog 'alleen maar' als jonge kinderen waren opgegroeid.

'Wat weten zij er nou van af?'

Sommige ruzies waren behoorlijk heftig. En ik snapte beide partijen wel.

Maar uiteindelijk kwamen we er met z'n allen uit. Dit soort meningsverschillen werden terzijde geschoven, en het centrum floreerde. De bestaande verschillen konden sneller worden overbrugd wanneer we leerden om ons te richten op andere dingen, zoals bridge of kunst.

Elke maandagmiddag zaten we met zo'n zestig personen te bridgen, heel serieus. We vergrootten onze vaardigheden onder leiding van onze bridgelerares, Shirley. Zo gefocust. Zo geconcentreerd. Je geconcentreerd richten op cijfers en getallen (wat ik altijd al leuk had gevonden) en je tijd met anderen doorbrengen door gebruik te maken van een gemeenschappelijke taal: dat was allemaal natuurlijk ontzettend leuk. Veel van ons lukte het om onder het bridgen afstand te nemen van duistere gedachten en nare herinneringen.

Toen ik jong was, vond ik altijd dat Imi en Piri degenen waren binnen onze familie die 'goed in kunst' waren. Mijn rol was de verantwoordelijkheid dragen en alles organiseren. Nu had ik een minder grote verantwoordelijkheid, er viel minder te regelen, en na tientallen jaren een bestaan voor mijn gezin te hebben opgebouwd, meer dan eens, had ik eindelijk tijd om mezelf te ontwikkelen. Ik ging een creatieve cursus doen en ontdekte het schilderen.

Onze docente, Barbara, gaf ons altijd de vrije hand. Ze zette stillevens op en leerde ons wat we met waterverf konden doen en hoe we een schilderij laag voor laag konden opbouwen. We schilderden fruitschalen en replica's van de Lewis-schaakstukken (wat me natuurlijk deed denken aan Shmuel, die in Tel Aviv schaakte, met een van onze dochters op schoot). Maar als we vanuit onze fantasie wilden schilderen, mocht dat ook. Als we een boom of bloemen wilden schilderden, of iets waaraan we mooie herinneringen bewaarden, dan was dat ook prima. Een man die eerst liever apart zat, in z'n eentje aan een tafel, schilderde voornamelijk doeken van zichzelf in Auschwitz. Zo werd kunst een manier waarop overlevenden vorm konden geven aan traumatische herinneringen die zo moeilijk in woorden te vangen waren.

Ik merkte dat ik me erg aangetrokken voelde tot de schilderijen van Marc Chagall, een Joodse kunstenaar die ooit had gezegd dat schilderen voor hem een soort venster was waardoor hij had kunnen vluchten naar een andere wereld. Ik was dol op zijn fantastische schilderijen van zijn eigen jeugd in een klein chassidisch plaatsje in het Russische Rijk. Misschien deden de besneeuwde straten van het nabijgelegen Vitebsk me denken aan mijn eigen jeugd in Bonyhád. Beide Joodse gemeenschappen zijn nu voor altijd verdwenen. Ik wierp me op het reproduceren van de eenvoudige vormen en kleuren van Chagalls schilderij, de daken met het levendige blauw erboven, de zwierige sleesporen en de zwevende figuur van de marskramer met zijn staf en zijn zak, hoog boven de daken. Een ontheemde, wandelende Jood, die al zijn bezittingen in een kleine zak op zijn rug meetorste.

Het centrum was er voor ons op het moment dat we daar veel behoefte aan hadden. Het werd een levensader voor mij en mijn vrienden, in een heel belangrijke periode in ons leven. Het stelde ons in staat om weer een nieuwe gemeenschap op te bouwen. Vol trots hielden we exposities van onze schilderijen, en we nodigden vrienden en familieleden uit om ons werk te komen bekijken. Een andere groep voerde er toneelstukken op. Anderen kwamen er bij elkaar om te kletsen en grappen te vertellen in het Jiddisj, de taal uit hun jeugd. Weer anderen bespraken recente ontwikkelingen. Dit gaat allemaal nog steeds door. We zitten niet de hele tijd aan de Holocaust te denken. Integendeel.

Langzamerhand ben ik minder betrokken geraakt bij het runnen van het centrum, omdat mijn andere werk, het verspreiden van informatie over de Holocaust, me meer in beslag nam. Maar tot de pandemie kwam ik daar zeker eens per week over de vloer, zonder uitzondering, en meestal nog wel vaker. We misten het centrum vreselijk tijdens de lockdowns, en we misten elkaar.

In het Holocaust Survivors' Centre werd een begin gemaakt met het vastleggen van gesprekken met overlevenden, met ondersteuning vanuit Shalvata. In augustus 1993 werd mijn eigen verhaal voor het eerst opgenomen. Ik ging tegenover een jonge Zuid-Afrikaan zitten, die me meer dan tweeënhalf uur interviewde. Tegenwoordig is die opname ook in de British Library te vinden, en online kun je hem te allen tijde beluisteren. Het was ontzettend vermoeiend om te doen, om alle herinneringen naar boven te halen en erbij stil te staan, maar ik was vastberaden om het toch te doen.

Wat mij was overkomen kon overal gebeuren, zei ik tegen de interviewer. We dachten destijds dat we nog Hongaarser waren dan de Hongaren. Onze familie woonde al eeuwen in Bonyhád. Onze zelfgenoegzaamheid bleek een ontzettende fout. Daarom wil ik mijn verhaal vertellen, zei ik. Iedereen moet ervan doordrongen raken dat er van alles kan gebeuren, op elk willekeurig moment. We moeten ons geen illusies maken. We moeten altijd op onze hoede blijven voor intolerantie. Het begint met woorden en ideeën. Maar dat is nog maar het begin. Je weet nooit waar die toe leiden.

We wilden dat overlevenden naar scholen gingen, om hun belangrijke verhalen met een zo breed mogelijk publiek te delen, maar vooral met de jongere generaties. Als anderen zoals ik eenmaal de eerste stap hadden gezet door hun verhaal op te nemen, zouden ze hun ervaringen willen delen middels educatieve programma's op scholen, universiteiten en in musea, en bij openbare evenementen. Shalvata bood trainingen aan waarmee je je de benodigde vaardigheden eigen kon maken.

De Holocaust Educational Trust lanceerde een campagne om ervoor te zorgen dat de Holocaust werd opgenomen in het Britse landelijke onderwijscurriculum. In 2001 werd de eerste Holocaust Memorial Day georganiseerd, op 27 januari, de dag dat Auschwitz-Birkenau werd bevrijd, en sindsdien nemen velen van ons aan deze internationale herdenkingsdag deel. Dit is voor mij altijd een van de drukste weken van het jaar, en iets wat me buitengewoon veel voldoening schenkt. Ik put kracht uit de honderden brieven van waardering die ik na praatjes en bezoekjes krijg, vooral van kinderen: warme, positieve woorden, geschreven door Joden, moslims en christenen, mensen van allerlei andere godsdiensten, of mensen zonder godsdienst, van over de hele wereld.

Maar toen ik voor het eerst mijn verhaal voor publiek zou vertellen, op basisscholen, wist ik niet goed hoe dat zou uitpakken. Basisscholen! Hoe moest ik kleine kinderen over de Holocaust vertellen, wanneer ik er zo lang over had gedaan om het er met mijn eigen kinderen over te hebben, die toen al volwassen waren? Judith en ik hebben lang en diep nagedacht over welke woorden ik het beste kon gebruiken, en hoe ik mijn verhaal kon inbedden om mijn boodschap over te brengen op zo'n manier dat de kinderen er geen nachtmerries van zouden krijgen.

Dat viel niet mee. Steeds wanneer ik een praatje hield, kwamen er herinneringen boven die ik eigenlijk het liefst zou vergeten. Elke keer was het een stap in het onbekende. Ik kon niet voorspellen wat er bij me op zou komen. Een van mijn eerste bezoekjes was aan de school waar mijn kleinkinderen op zaten, een Joodse basisschool in het noorden van Londen. De onderwijzers verwelkomden me buitengewoon hartelijk. De kinderen zaten op de grond en keken stil en vol verwachting naar me op. Het was een groep negen- tot elfjarigen, echt nog heel jong, en een paar van mijn eigen kleinkinderen zaten er ook bij. Ik bleef even vooraan in de klas staan om de juiste woorden voor zo'n jong publiek te zoeken. En toen ik naar hun onschuldige gezichten keek, merkte ik dat ik helemaal verstijfde.

Ik werd verlamd door een afschuwelijke gedachte. Een gedachte die ik moest zien te verdringen. Een gedachte die ik niet mocht uiten.

Als jullie daar waren geweest, zou geen van jullie het hebben overleefd.

De jaren 2010

Ik heb altijd minder moeite gehad met het beantwoorden van vragen van onbekenden, met het toespreken van grote groepen in het openbaar, dan met het bespreken van mijn verleden met mijn eigen familie, thuis. Mijn familie wil ik in bescherming nemen, zoals mijn ouders mij ook altijd beschermd hebben. Dat is nu aan het veranderen. Dat komt deels doordat ze naar me luisteren. De eerste keer dat mijn dochter Bilha naar een van mijn praatjes kwam, vertelde ik aan mijn gehoor dat ik mijn verblijf in Auschwitz jarenlang voor mijn eigen familie geheim had gehouden. Na afloop kwam ze naar me toe en zei: 'Ima, dacht je dat we het niet wisten? Dacht je al die tijd nu echt dat we geen idee hadden dat je in Auschwitz had gezeten? Natuurlijk wisten we dat. We zagen je tatoeage toch?'

Dat nummer in blauwe inkt. A-10572. Ik weet niet hoelang ik mezelf voor de gek heb gehouden. Ik heb nooit geprobeerd het verborgen te houden. En natuurlijk hadden ze de nummers van mijn zussen ook gezien: A-10571, A-10573. Natuurlijk hadden ze het een en ander vermoed. Terwijl ik de hele tijd hoopte dat ze er nooit achter zouden komen.

'Maar jullie hebben nooit iets gezegd...' verklaarde ik verbijsterd.

'We wilden je niet van streek maken. Want we wisten dat we daar in geen geval over mochten beginnen.'

Waarom had ik mezelf voor de gek gehouden? Ik wilde absoluut niet dat ze er als kind iets over te weten zouden komen. Toch had dat litteken op mijn arm Bilha al van jongs af aan gekweld. Het was iets zichtbaars. Iets tastbaars. Het was iets mysterieus en toch had het een duidelijke betekenis. Deed het pijn, had ze zich vaak afgevraagd. Wanneer had ik die tatoeage gekregen? Hoe? En waarom? Ze moest steeds denken aan de pijn die ik in haar beleving gevoeld moet hebben toen het klaar was. En ik had er geen weet van gehad dat ze door dat soort gedachten geplaagd werd. Ik was er steeds van uitgegaan dat ik haar daartegen had beschermd door het er niet over te hebben. Per slot van rekening betekende die tatoeage heel wat anders voor mij. Toen ze de moeite namen om dat nummer op mijn arm te zetten, zag ik dat als een teken dat ik een kans had om te blijven leven. Misschien was dat de reden dat ik het nooit nodig vond om lange mouwen te dragen om het nummer te verbergen.

Je weet nooit hoe je kind op dat soort zaken zal reageren, ook niet als ze volwassen zijn. Zoals ik al zei was Esti de eerste die op uiterst onbarmhartige manier met het verleden van haar familie werd geconfronteerd, namelijk door met mij Auschwitz te bezoeken. Ik weet niet of ik die reis ooit had kunnen ondernemen als ze niet was meegegaan.

Bilha had meer moeite met dat idee. Ze heeft er nooit naartoe willen gaan. Heel lang werd ze geplaagd door gedachten aan de Holocaust, alsof ze een deel van mijn ervaringen en herinneringen had meegekregen, hoewel ik er nooit met haar over had gesproken. Haar kennis over die afschuwelijke tijd had ze voornamelijk uit boeken en films gehaald. Jarenlang heeft ze me niet verteld hoezeer ze geplaagd werd door angstige gedachten. Als ze in de spits in een smoorhete trein zat en een klein kind begon te huilen, misschien omdat het dorst had, kon ze overvallen worden door gedachten aan baby's die in veewagons naar adem snakten. Op een ijskoude dag kon het gebeuren dat ze plotseling dacht aan mensen die naakt in de vrieskou stonden te wachten bij de gaskamer, bevangen door angst en paniek, omdat er zoveel in de rij vóór hen stonden. Ze wist dat er in een tijdsbestek van vijfenhalf jaar gemiddeld drieduizend Joden per dag de dood hadden gevonden. In een volle concertzaal of bij een ander drukbezocht evenement waar veel mensen in één ruimte bij elkaar waren, keek ze om zich heen en dacht dan: al deze mensen plus hun families, en dan zit je nog niet aan het aantal Joden dat elke dag tijdens de Holocaust werd vermoord.

En in plaats van dat ze genoot, hielden die zorgelijke gedachten haar bezig en kon ze de traumatische gebeurtenissen die hadden plaatsgevonden voordat ze was geboren niet van zich afzetten. Ze werd gekweld door haar eigen fantasie, waardoor ze angstig en overstuur raakte en ten prooi viel aan haar eigen emoties. Door haar therapeutische werk met anderen heeft ze geleerd om dergelijke gedachten en gevoelens te signaleren wanneer die de kop opsteken en ze voorbij te laten gaan, als golven in de zee.

Mijn zoon Roni is ook in Auschwitz geweest – niet met mij, maar op een aparte groepsreis langs verschillende Holocaustsites in Polen – en hij vond één keer wel genoeg. Hij gelooft in leven in het hier en nu. Hij richt zich liever op de toekomst dan op het verleden. Ik weet niet of hij goed begrijpt waarom ik er zo'n behoefte aan heb om over mijn ervaringen te praten. Maar het is alleen maar logisch dat we allemaal anders door onze familiegeschiedenis worden beïnvloed. Bij sommigen is dat duidelijk, bij anderen minder duidelijk. Mensen zijn nu eenmaal verschillend. De een is niet beter of slechter dan de ander. Er bestaat niet één juiste manier om erop te reageren. Er bestaat ook geen foute manier. Het heeft lang geduurd, maar uiteindelijk kwam ik erachter dat je niet kunt opgroeien als kind van een Holocaustoverlevende zonder dat dat zijn sporen nalaat.

Bijna zeventig jaar nadat ik op transport ging naar Auschwitz werd ik geconfronteerd met een persoonlijk trauma dat nog ingrijpender voor me was dan mijn lijden daar. Mijn geliefde oudste dochter Esti werd ernstig ziek. Toen ze in de dertig was, had ze zich laten behandelen voor kanker zonder er ruchtbaarheid aan te geven. Destijds sprak ze er bijna niet over, omdat ze bang was dat ze ons anders ongerust en overstuur zou maken. Dat was een familietrekje. Waarom zou je mensen ongelukkig maken als je het kunt voorkomen?

Tientallen jaren was ze in remissie, maar toen kwam de kanker terug en zaaide zich uit. Esti hield haar ziekte zo veel mogelijk voor zich en sprak er alleen met haar naaste familie over. Ze wilde geen medelijden. Ze wilde anderen niet tot last zijn. Als iemand die het gewoon was om zich over anderen te ontfermen, wilde ze iedereen, zelfs mij, het liefst beschermen tegen de pijn en de zorgen waarvan ze wist dat haar ziekte die zou oproepen. Ze was een ontzettend toegewijde dochter en moeder.

Esti had altijd graag mensen om zich heen, en ze was zeer geliefd. Wanneer ze de deur uit ging – ook al was het alleen maar om even boodschappen te doen – wist je nooit wanneer ze terug zou zijn. Altijd kwam ze wel een bekende tegen, en daarna nog iemand, en nog iemand, en elke keer mondde dat uit in een lang en openhartig gesprek. Ze kon gewoon niemand aanhoren die het moeilijk had zonder daar helemaal in op te gaan en er iets aan te willen doen.

Je kunt je voorstellen dat ze hierdoor een geweldige lerares was, en leerlingen hadden nog jarenlang contact met haar nadat ze les van haar hadden gehad. Ze had honderden brieven waarin mensen haar bedankten. Ze was heel intelligent en was dol op Joodse Studies. Ze bleef studeren, ook toen ze al zo ziek was dat ze het huis niet meer uit kwam.

Niets is zo erg voor een moeder als haar eigen kind te moeten verliezen. Toen Esti overleed, in 2012, verdampte alle gevoel bij me. Ik denk dat ik in shock raakte. Ik kon het niet aan dat ze er niet meer was. Ik heb gewoonweg geen woorden voor de pijn die ik toen voelde en altijd zal blijven voelen vanwege Esti's dood.

Hoe ga je om met zo'n verschrikkelijk verlies? Je hebt geen keuze. Of je gaat door, of je gaat eraan onderdoor. Er is geen tussenweg.

Dat waren geen gemakkelijke jaren voor me. Mijn zus René was twee jaar daarvoor overleden. Mijn broer Imi is in 2014 gestorven. We werden er telefonisch vanuit Israël van op de hoogte gesteld, toen we midden in de festiviteiten voor Poerim zaten. Bij elk sterfgeval raakte ik volslagen verdoofd. Alsof ik bevroor. Ik kon er gewoonweg niet over praten.

Maar het is wonderlijk hoe de menselijke geest zich weer kan oprichten, zelfs wanneer je denkt dat dat onmogelijk is. Ik ben een survivor.

2020

Het maakt niet uit wat voor huidskleur of nationaliteit je hebt, want voor alle mensen geldt hetzelfde: ons bloed is rood, en wanneer je ons met een mes steekt, doet dat pijn.

Dat is iets wat ik kinderen wil meegeven wanneer ze mijn verhaal horen. Ik dacht dat er na de Holocaust nooit meer een genocide zou plaatsvinden. En toch zijn moordcampagnes aan de orde van de dag: in voormalig Joegoslavië, Rwanda, Cambodja, Soedan, Myanmar en China. Die genocides mogen we niet vergeten, en we moeten ons er resoluut tegen uitspreken. Als we ons de geschiedenis niet blijvend herinneren, kunnen we de toekomst niet veranderen.

Ik heb een wonderbaarlijk jaar achter de rug. Het begon met iets wat ik nauwelijks kon geloven: mijn achterkleinzoon, nog maar zestien, begon me vragen te stellen. Ontzettend veel vragen. Hij wilde echt alles over mijn leven weten. Dat Dov zoveel belangstelling voor mijn verhaal aan de dag legde en er al zoveel mee gedaan heeft, is iets wat me heel gelukkig maakt. Het viel niet mee om met mijn kinderen over mijn verleden te praten. Het werd makkelijker met mijn kleinkinderen. Nu ben ik er klaar voor om terug in de tijd te gaan en alles uit mijn geheugen op te diepen waarover mijn achterkleinkinderen iets willen weten.

'Vraag maar raak!' zeg ik tegen hem.

Ik ben ontzettend trots op alles wat Dov heeft gedaan om zoveel nieuwe informatie boven tafel te krijgen, om me documentatie te laten zien die mij onbekend was, en om nieuwe manieren te vinden om die informatie te delen, vooral met zijn eigen generatie. Over een paar jaar kan het te laat zijn. Het helpt me enorm dat we hier samen mee aan de slag zijn gegaan en dat ik zie hoe betrokken hij is bij mijn belofte, hier en nu. Het geeft me veel energie. Hij is zo vastberaden. Hij lijkt me iemand die nooit zal opgeven.

Toen ik jong was, hooguit een paar jaar ouder dan Dov, waren er twee mannen die me hielpen om een betere toekomst voor ogen te houden: rabbijn Herschel Schacter en Hyman Schulman. Dat was in een tijd waarin het grootste deel van de wereld niets van de oorlog wilde weten. Die oorlog had vele duizenden kinderen van hun ouders beroofd, maar er waren niet veel landen die ons wilden opnemen. Er bleven ontzettend veel deuren gesloten. Toen rabbijn Schacter zich met hart en ziel over ons ontfermde in een poging een veilige omgeving voor ons te creëren, deed hij dat omdat hij zag dat de toekomst afhing van jonge mensen.

Dat is nog steeds zo. Ik weet – ik maak mezelf niets wijs – dat ik niet het eeuwige leven heb. Nu ik er zeker van ben dat Dov mijn verhaal zal overnemen, ook wanneer ik er niet meer ben, geeft dat me ontzettend veel rust. Ik heb de belofte gehouden die ik mezelf in het kamp deed. Ik heb de wereld verteld wat er gebeurd is. En het bijzondere is dat ik nu hulp heb. Dov zal mijn verhaal blijven vertellen. Ook hij zal mijn belofte gestand doen.

DOV

29 december 2020

Lily wordt vandaag zevenennegentig, en mijn moeder bakt een chocoladetaart voor haar. Maar we hebben geen zevenennegentig kaarsjes.

Ik denk na over wat ik Safta al zo vaak heb horen vertellen, en toch nog niet vaak genoeg.

'Niemand moet denken dat ik beter ben dan wie dan ook. Dat was het probleem. De nazi's dachten dat ze bovenmenselijk waren, en ze wilden ons van onze menselijkheid beroven. En daarin zijn ze geslaagd. Op het laatst voelde ik me bij vlagen geen mens meer.'

Ik denk na over het gegeven dat een toevallige ontmoeting met een Joodse soldaat uit Brooklyn het geloof van mijn overgrootmoeder in de mensheid heeft hersteld, toen ze dacht dat dat niet meer mogelijk was. En over het gegeven dat een anonieme vreemdeling onze families weer bij elkaar heeft gebracht. Ik weet nog steeds niet wie me dat Twitterbericht over Hyman Schulman heeft gestuurd, en ik zou die persoon dolgraag op gepaste wijze willen bedanken. Dat bericht veranderde alles. Ik hoop dat die persoon dit leest.

Ik denk na over het feit dat ik mijn overgrootmoeder nu veel beter ken dan een jaar geleden, toen we haar verjaardag vierden in Bournemouth met onze familie, die vier generaties omspant. Ik denk na over alle gesprekken die we gevoerd hebben, en over het feit dat onze band daardoor gegroeid is. Wat een geschenk was dit gezamenlijke project. Het heeft me doen beseffen hoeveel we met elkaar gemeen hebben. Ik denk dat we daarom ook zo'n goed team vormen. Ze zegt graag plagend dat ik haar baantje van haar afpik.

Sinds de afgelopen zomer heb ik veel mensen gesproken die derde- of vierdegeneratieoverlevenden zijn. Voor de meesten van hen is het te laat om te doen wat ik nu met Lily heb ondernomen. Velen vertellen me hoe gefrustreerd ze zijn, en hoezeer ze het zichzelf kwalijk nemen dat ze nooit hebben doorgevraagd. Ik heb ontzettend veel geluk gehad.

Lily en ik blijven samen plannen maken. 'Laten we iets gaan doen, Dov,' zegt ze nog steeds tegen me.

Er zijn heel wat dingen die ik wil gaan doen. Bijna dertig jaar geleden begon een Duitse kunstenaar, Gunter Demnig, handmatig kleine vierkante stenen te maken met koperen plaatjes erop waarin de namen en geboorte- en sterfdata van slachtoffers van de Jodenvervolging door de nazi's gegraveerd staan. Hij noemt ze *Stolpersteine*, struikelstenen, en plaatst ze op trottoirs om de laatste plek te markeren waar de desbetreffende individuen uit vrije wil woonden of werkten voordat hun de vrijheid werd ontnomen. Volgens de Talmoed, zo brengt Demnig ons in herinnering, is een mens pas vergeten als zijn naam is vergeten. Lily's ouderlijk huis in Bonyhád is verwoest. Haar oude synagoge is een pakhuis. Er wonen maar weinig Joden meer in de stad. Maar dankzij het Stolpersteine-project hoeven we nu niet bang te zijn dat de namen van Nina, Berta en Bela Engelman vergeten worden.

Dit is heel belangrijk voor me. Maar Lily heeft zelf gemengde gevoelens over de Stolpersteine van haar familie. Haar vertrouwen in Hongarije is blijvend onderuitgehaald sinds al haar familieleden uit hun huizen werden gehaald en bijna iedereen van hen is vermoord. Dat vertrouwen is moeilijk te herstellen wanneer er in dat land opnieuw oude vooroordelen tegen Joden oplaaien, antisemitisme steeds vaker de kop opsteekt en de Holocaustontkenning diepgeworteld is. Het is het oude liedje. Hongarije heeft zich nooit uitgelaten over de eigen rol in de Holocaust. Lily is niet geïnteresseerd in herdenkingsstenen die kunnen worden uitgegraven en weggegooid, zoals dat met de grafzerken van haar voorouders is gebeurd. Ze wil gewoon dat de haat stopt.

We staan dus verschillend tegenover de Stolpersteine.

Maar wanneer het gaat om het verspreiden van haar verhaal denken we er allebei precies hetzelfde over.

Doordat Safta door de pandemie gedwongen werd om haar verhaal online te doen, heeft ze miljoenen mensen méér kunnen bereiken dan daarvoor. Straks zal ze de eerste Holocaustoverlevende zijn die te zien is op Twitch, het toonaangevende platform voor gaming en streaming. Ik heb voor ons beiden een TikTok-account opgezet – Lily Ebert en

Dov Forman – en daar posten we ook filmpjes. We krijgen er elke week duizenden nieuwe volgers bij, en Duitsers sturen Safta berichten om zich te verontschuldigen voor wat Duitsland in de oorlog heeft misdaan, of voor de wandaden van voorouders die nazi's waren.

We moeten creatief zijn om een nieuw publiek aan te boren. Voor jongeren is het makkelijker om nieuwe manieren te vinden om je tot je eigen generatie te richten. Het is onze verantwoordelijkheid. En niet alleen om de Holocaust te gedenken, maar ook om elke genocide aan de kaak te stellen. We moeten verbinding zoeken.

Ik bel Lily om te horen wat ik voor haar verjaardag op Twitter moet zetten.

'Ik had nooit gedacht dat ik Auschwitz zou overleven en een gezin zou stichten,' vertelt ze me. 'Nu vier ik mijn verjaardag met tien kleinkinderen en vierendertig achterkleinkinderen.'

Dat zet ik in een tweet en ik plaats er een prachtige foto van Lily bij, en foto's van haar talrijke nakomelingen.

Bijna onmiddellijk begint mijn tijdlijn vol te lopen met liefdevolle berichten en felicitaties. Ik wil ze zo snel mogelijk met Safta delen.

Maar ze voelt zich vandaag niet zo goed, en we zitten sinds de kerst weer in een strenge lockdown. Daarom neem ik vandaag alleen mijn moeder, mijn oom Roni en mijn tante Linda mee wanneer we later op de dag bij Lily langsgaan, met bloemen en de taart en een cadeau. Er zijn ballonnen en verjaardagskaarten, en ze is heel blij ons te zien.

Die foto's die ik op Twitter heb gezet, van al haar kleinkinderen en achterkleinkinderen? Daar hebben we een ingelijste collage van gemaakt, een soort verjaardagskaart van de hele familie. Mijn tante Daphna, die nu de oorbellen van háár overgrootmoeder Nina in bezit heeft en ze bewaart in het kleine zakje dat Lily in Altenburg heeft genaaid van de stof van haar kampkleding, koos een citaat uit Spreuken (17:6) dat in het midden is geplaatst:

Ateret zekenim Bnei banim utiferet banim avotam.

[Kleinkinderen zijn] voor grootouders de kroon op hun leven, kinderen zijn trots op hun voorouders.

We vormen allemaal een schakel in een lange en onverwoestbare keten.

Ik lees een paar gelukwensen voor die op Twitter zijn binnengekomen. Er is te weinig tijd om door alle afzonderlijke berichten te scrollen. Volslagen vreemden en trouwe fans hebben hartverwarmend gereageerd. Er zijn meer dan tweeduizend berichten. Drie miljoen views. Geen enkel antisemitisch commentaar. Twitter kan een fijne plek zijn. Het kan licht in de duisternis laten schijnen.

Ook online weet Lily bij praktisch iedereen met wie ze contact heeft een snaar te raken. Vele duizenden mensen vieren niet alleen haar leven, maar ook haar levenshouding.

De volgende twee weken verkeren we in uiterste onzekerheid. Lily eet niet. Ze is uitgeput en lijkt met de dag zwakker en vermoeider te worden. De huisarts, die elke dag bij haar langskomt, is er zeker van dat ze corona heeft. Gelukkig is ze al één keer gevaccineerd, en dat lijkt te helpen. Natuurlijk zijn we doodsbang dat ze in het ziekenhuis zal belanden en we haar nooit meer zullen zien.

Maar Lily is een echte vechter, een echte survivor. Het is alsof er weer een wonder is geschied wanneer ze er toch weer bovenop komt.

'Zolang je hoop hebt, kan er van alles gebeuren,' zegt ze wanneer we voor het eerst weer samen naar buiten gaan voor een wandelingetje. 'Het enige wat je kunt doen is echt nooit de moed opgeven, want er is altijd hoop.'

Ik ben trotser op haar dan ik kan zeggen.

Woord van dank

Het heeft vijfenzeventig jaar gekost om dit boek te schrijven. Lily had destijds nooit durven dromen dat ze Auschwitz zou overleven, laat staan dat ze een gelukkig en compleet leven zou leiden met uiteindelijk drie kinderen, tien kleinkinderen en vierendertig achterkleinkinderen (tot op heden). Ze kende al de vreugde van een prachtig, liefhebbend gezin, en met het schrijven van deze memoires op zevenennegentigjarige leeftijd is weer een van haar dromen uitgekomen.

Lily en ik willen graag iedereen bedanken die heeft meegeholpen met het ontwikkelen van deze officiële getuigenis.

Allereerst gaat onze grootste dank uit naar dr. Lydia Syson voor alle hulp en voor haar onschatbare bijdrage aan dit boek – werkelijk niets was haar te veel. *Lily's belofte* zou nooit geschreven kunnen zijn zonder haar input en uiterst grondige research. Lydia, we zijn je eeuwig dankbaar voor de tijd en de ongeëvenaarde moeite die je in deze memoires hebt gestopt. Onze dank gaat ook uit naar Jennifer Christie, die ons met Lydia in contact heeft gebracht.

We willen Andrew Roach graag bedanken voor het feit dat hij contact met ons heeft gezocht op Twitter, en voor het zetten van de eerste stap in de verwezenlijking van dit boek. Hij heeft ons in contact gebracht met Diana Beaumont van Marjacq Scripts. We zijn Diana, onze literair agent, en haar collega, Guy Herbert, zeer verplicht voor hun inzichten en ondersteuning, want zonder hen zou dit project nooit van de grond zijn gekomen.

Natuurlijk zijn we ook dank verschuldigd aan de ongelofelijke medewerkers van Pan Macmillan, die onvermoeibaar hebben doorgewerkt om Lily's droom te realiseren. Met name Ingrid Connell en Matthew

Cole mogen hier niet onvermeld blijven vanwege hun zinnige en deskundige aandacht voor het boek in alle stadia van de productie. Onze dank gaat ook uit naar iedereen bij Pan Macmillan die aan dit inspirerende project heeft bijgedragen.

We zijn immens dankbaar dat we onze inmiddels goede vriendin Bashi Packer zijn tegengekomen, en dat we aanzienlijke middelen tot onze beschikking hebben gekregen van het United States Holocaust Memorial Museum en de Arolsen Archives. Zonder die middelen zou Lily's verhaal nooit de juiste chronologie hebben gekend. We zijn Bashi eeuwig dankbaar voor haar grondige research, en voor het feit dat ze haar eigen familiegeschiedenis met ons heeft gedeeld en ons het voorrecht heeft gegund dat verhaal namens haar te vermelden.

Ook de medewerkers van het Staatsmuseum Auschwitz-Birkenau, met name Paweł Sawicki, willen we graag hartelijk danken voor alle hulp en positieve ondersteuning die ze ons gegeven hebben op de sociale media door het verspreiden en delen van Lily's boodschap. Zonder hun aanmoediging hadden we nooit dertig miljoen views op de sociale media gehad en waren we nooit zoveel over Lily's getuigenis te weten gekomen.

We zijn ook buitengewoon dankbaar dat we contact hebben kunnen leggen met zowel de familie Shulman als de familie Schacter. De emotionele impact die dat heeft gehad, niet alleen op Lily maar op onze hele familie, is onvoorstelbaar groot.

Een persoonlijk bedankje van Lily aan Judith Hassan OBE, die Lily aanmoedigde om haar verhaal te delen, en die haar het zelfvertrouwen gaf om anderen te inspireren. Er is meer over Judiths werk te vinden in haar boek, *A House Next Door to Trauma: Learning from Holocaust Survivors How to Respond to Atrocity* (2003).

Karen Pollock CBE, en het team van de Holocaust Educational Trust willen we ook graag bedanken voor hun bijzondere inzet om Lily en mij bij dit project te steunen. Jullie doen geweldig werk als het gaat om het stimuleren van de bewustwording en het verspreiden van informatie over de verschrikkingen van de Holocaust.

Ook willen we de volgende mensen graag bedanken voor de tijd en de moeite en de research waarmee ze aan dit boek hebben bijgedragen: dr. Mona Becker, dr. Madeleine Lerf, professor Rafael Medoff en Kurt

Wyss, en Jane Rosen en Sophie Fisher van het Imperial War Museum, en de archivarissen en bibliothecarissen van de USC Shoah Foundation, de British Library, het Archiv für Zeitgeschichte van de ETH Zürich, het Family Research Department van de Central Zionist Archives, de National Library of Israel, en The London Library. We hebben veel te danken aan het werk van Leslie Blau, wiens boek *Bonyhád: A Destroyed Community* in 1994 verscheen.

We zijn overdonderd door de steun die we het afgelopen jaar op Twitter en de sociale media hebben mogen ontvangen. Met name Jack Mendel van de *Jewish News*: bedankt dat je me ertoe hebt aangezet om over Lily's vreselijke ervaringen te schrijven en ons werk op de sociale media te delen. Dankzij jouw oorspronkelijke publicaties hebben we enorm veel online publiciteit gekregen.

Mark Bridge vormde voor ons het omslagpunt. Zijn eerste artikel in *The Times* gaf de aanzet tot deze hele onderneming. We zijn Mark veel dank verschuldigd voor de moeite die hij zich getroost heeft om Lily's getuigenis te publiceren.

De bijdragen van mijn vrienden, Leo Weiniger en Carmelle Miller, mogen ook niet onvermeld blijven. Hun finetuning en ondersteuning bij elke stap van deze reis zijn buitengewoon waardevol gebleken.

De steun en medewerking die ik van mijn medestudenten en de faculteit van Immanuel College kreeg werden zeer gewaardeerd. Lily en ik willen met name mijn geschiedenisdocent, de heer Geordie Raine, bedanken voor zijn medewerking aan Lily's eerste Zoom-sessie, en voor zijn aanmoediging en inspiratie.

Onze hartelijke dank gaat ook uit naar Imi Weiss, en naar de kinderen van Lily's broer Imi en zussen René en Piri. Ook Daphna Peters en Shuli Elituv: hartelijk dank voor jullie bijdragen.

Lily's dochter en schoonzoon, Bilha en Julian Weider, mijn grootouders, willen we graag hartelijk danken. Deze hele onderneming zou niet mogelijk zijn geweest zonder hun talloze bijdragen en onuitputtelijke begrip. Saba en Safta, we houden van jullie en zijn jullie eeuwig erkentelijk voor alles wat jullie voor ons doen.

Aan Lily's oudste kleindochter Nina, mijn moeder, en haar echtgenoot Saul, mijn vader: jullie zijn bijzonder liefdevolle en toegewijde ouders. Jullie betrokkenheid bij dit hele proces was ongeëvenaard, en

Lily en ik zijn jullie eeuwig dankbaar. Orli en Jake, mijn zus en broer en Lily's achterkleinkinderen, bedankt voor jullie begrip en liefde, hulp en ondersteuning.